◎ 国家社会科学基金艺术学项目
◎ 江苏省高校优势学科建设工程资助项目（设计学）

U0663485

著

南 方

传统书院

景观与人居环境

中国建筑工业出版社

图书在版编目（CIP）数据

南方传统书院景观与人居环境 / 江牧著 . —北京：
中国建筑工业出版社，2022.8（2023.11重印）
ISBN 978-7-112-27509-0

Ⅰ.①南… Ⅱ.①江… Ⅲ.①书院—研究—中国②居
住环境—环境设计—研究—中国 Ⅳ.①H649.299
②TU-856

中国版本图书馆 CIP 数据核字（2022）第 100755 号

责任编辑：费海玲 张幼平
责任校对：王 烨

南方传统书院景观与人居环境
江 牧 著

*

中国建筑工业出版社出版、发行（北京海淀三里河路 9 号）
各地新华书店、建筑书店经销
华之逸品书装设计制版
建工社（河北）印刷有限公司印刷

*

开本：787 毫米×1092 毫米 1/16 印张：19 字数：323 千字
2023 年 1 月第一版 2023 年 11 月第二次印刷
定价：**68.00** 元
ISBN 978-7-112-27509-0
（38993）

本项目为国家社会科学基金艺术学项目和
江苏省高校优势学科建设工程资助项目（设计学）

目录

第三章
儒家思想的生态智慧 | **099**

第七章
南方传统书院景观设计的观念与原则 ｜ **231**

第八章
南方传统书院景观对当代人居环境营造的启示 | **255**

第一章

南方传统书院景观的
范畴与研究现状

研究概念的界定

一、书院景观

本书以书院景观作为研究对象（"书院景观"这一概念与以往研究中的"书院园林"一词有所区别），包括书院内部园林景观、书院建筑空间序列以及书院外部自然环境。

作为中国古代哲学三大支柱之一，儒家思想可以追溯到周代的礼乐制度，这种礼制被孔孟加以阐述和发展，对中国文化的各个领域都产生了深远影响。儒家思想及意识观念在园林景观营建中也具有较高的指导地位。长期以来，现代景观园林创作经常将儒学精义如入世、治世、仁政、德行、同乐、娱人、孝义、礼乐、中庸、重农等奉为主题，在皇家园林和私家园林中相关案例比比皆是。它有多种表现形式，如主景创作、环境营造、对联匾额、绘画、雕刻等，有时还融合多种表现形式，情、景、名相得益彰，使审美主客体之间的交流更加便捷，生动典雅。而书院更是儒家发展过程中最常见的建筑群，是儒家文化的象征、儒家文化的精神家园。以儒家传统书院为代表的文教景观，在功能、组成与建筑布局、环境营造与装饰等方面都独具特性，拥有较为独特的景观，探索其设计可知儒家思想在书院景观中的体现方式。

二、儒家书院

曾长期作为中国官方意识形态存在的"儒家"学派，是中国古代主流思想的重要组成部分。传统书院作为儒家教育的重要场所，是介于官学与私学之间的一种特殊性质的教育机构，具有民办官助的特征，承载了儒家传统文化。最早的书院出现于唐代，经唐、五代的初步发展，此后历经宋元明清的盛极而衰，谱写了一段传承儒家文化的千年历史，至清末湮灭于历史的长河中。唐至清末庚子新政全国书院改制这一时间段内的传统书院都在本书研究之列。

三、生态智慧

本书中关于儒家"生态智慧"的思想主要来源于以下两个方面：

其一是儒家典籍中关于生态伦理方面的相关内容，儒家思想是先秦诸子百家学说之一。儒家思想也称为儒教或儒学，由孔子创立，并逐渐发展成为以仁为核心的思想体系，它不仅是中国最具影响力的学派，也是中国古代主流意识的展现。儒家思想包含了丰富的内容，本书将从环境伦理、生态哲学的角度，对传统社会诸如"天人合一"论等生态思想进行探讨。

其二是儒家书院景观在构建的过程中体现出的人与自然和谐共处的设计原则。书院景观是儒家生态观念与人居环境营造实践相结合的典型案例，从而真切反映了儒家思想中的生态智慧及其在人居环境营造中的价值与意义。

第二节

传统书院历史发展沿革

一、我国早期的文教场所

人类文化在长期的历史进程中不断演化，并物化形成文化景观，书院便是中国古代文化发展的一种物化成果。书院作为中国古代特殊的一种教育机构，介于官学与私学两种教育制度之间，要了解书院的历史，不仅要了解大的着眼点——区域政治、经济、文化状况，也要关注具体的中国古代教育制度的发展概况。

人类存在于社会生活之中，而现实的社会生活需要人类学习并掌握知识经验，这些都是同教育活动直接相关的，可以说，"教育是人类社会所特有的一种社会现象，是一种有意识的活动。"[1] 人类自诞生始，就要开始学习基

---

[1] 梁崇科，刘志选.中外教育发展史[M].陕西：西安地图出版社，2003：1.

本的生存知识与技能，比如工具的制造与使用，火的来源与使用，以及采集食物等基本技能。

早在原始社会时期，为了实现基本的生存需求，人类社会就出现了教育因子，其教育的主要形态称为生存教育、生活教育或自然教育。关于教育起源问题的追问，有诸多理论解释，如"生物起源说""心理起源说""劳动起源说""需要起源说"。在原始社会末期便出现了一些具有萌芽形态的学校：相传为"神农"时所设的明堂、"五帝"时所设的成均、虞氏之庠、序与校，这些学校仅传输伦理观念及教授专门技能，与后世创立的学校有着实质的区别。而作为教育的场所——严格意义上的学校，其产生需以系统文字的定型为前提，并以传播文字及文字承载的知识为中心任务。

中国古代的考选制度对古代教育有着十分深刻的影响。夏、商、周时期便有了专门化的学校教育。夏朝"以射造士"，其学校仅在追记中可见。《礼记·王制》："夏后氏养国老于东序，养庶老于西序"，《孟子·滕文公上》中有"夏曰校"，郑玄注仪礼有"夏后氏之学在后庠"，可见，夏朝学校大体有"序""校""庠"三种。商朝"以乐造士"，在商代学校的追记中，可见"瞽宗""学（'右学'和'左学'）""序""庠"四类学校。西周"以礼造士"之法对学校的发展起到了刺激的作用，依据后世的追记，此期不仅集前代学校发展之大成，而且形成了学制系统的基本雏形——"两级两类"（图1-1），图中"小学"（初等教育设施）、"大学"（高等教育设施）即为"两级"。由中央政府出资开办的"国学"与由地方政府出资开办的"乡学"称为"两类"。西周的教育内容大体包括属社会教化的"六德"与"六行"，及属学校教育课程的"六艺"。在六艺教育的形成过程中，以传授文字为主的学校才得以真正定型。

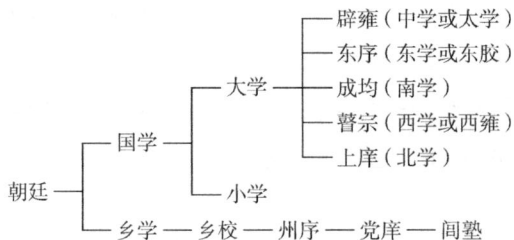

图1-1 西周学制系统图

春秋战国时期是古代正式学校教育的萌生期，此期天下群雄争霸，政治情况复杂，所以初期并没有较固定的文教政策。春秋时期，周天子虽大权旁落，却仍遵循重礼的传统，这为儒士的产生提供了温床。但战争的基础是足够的军事力量，因此，"礼文戎实"便顺理成章地成为春秋时期的文教政策。战国时期，诸国历经春秋战乱后深觉"礼"的迂阔、无用，各国多进行变法，重视法家思想，体验到"法"的明快与实用，因此，"崇法尚武"成为战国时期的文教政策。可战争纷乱是春秋战国时期的主要内容，这也导致了官学不兴的状况。关于古代学校的教育，"每当官学消沉时，私学便相对兴盛；每当官学兴盛时，私学则相对消沉……治世则官学兴盛，乱世则私学兴盛"①。此期的文字记录中，对于官学的记载相当少。东周更是"礼乐崩坏"，学校教育以往的辉煌不复存在。这说明，此期官学的消沉恐为事实。值此动荡的社会，私学却逐渐兴盛，儒、墨、道、法这四种私学可谓春秋战国之"显学"。而谈到学校教育机构，较为出名的是稷下学宫，具有高等学府的性质，《史记索引》载"齐有稷山，立馆其下，以待游士"，这也是中国教育发展史上第一个有系统文字记载的学校，其性质为"官私联营"，由各家私学所共聚，英国知名学者李约瑟更是认为书院渊源于稷下学宫，毫无疑问的是，此时期形成了官学与私学共存的格局。

　　两汉和魏晋南北朝时期是学校教育的定型时期。两汉"治世"期间，良好的经济、政治基础为教育的发展提供了助力。汉初，黄老昌炽，此后，"罢黜百家，独尊儒术"政策的颁布使得儒学凸显，渐成一家独大之显学，此期官学系统也日渐完善，其特征依旧可用"两级两类"来概括，但与西周学制有所差异，其中中央官学为高等教育机构，地方官学则为初等教育机构，太学即为西周时期的大学（图1-2）。两汉时期的私学发展情况不恒定，经历了四个发展时期。①复兴时期：西汉立国后，多位统治者实行宽惠的政策，使得私学得以在春秋战国的动乱后逐渐复兴，百家私学竞相发展；②相对消沉时期：汉武帝时期的"罢黜百家"使得官学兴盛而私学发展受限，许多学子受官禄诱惑而走进官学；③与官学并兴时期：私学引领的"古文经学"和太学引领的"今文经学"这两股文化潮流在分庭抗礼的同时亦并荣并存；④独盛时期：太学在东汉灵帝继位后便每况愈下，许多读书人追求真才实学便竞相投奔私学，各地名师纷纷结庐授学，使得私学在汉末独盛。两汉时期，私学按教学程度分为三级：书馆、经馆、精庐。书馆，亦称"书塾""书舍"，以习字为主，属于初等教育设施；经馆是教授一般经典的机构，按其程度也有低级与高级之分；精舍也称为"精庐"，是专经教育的机构。以上三种教育机构的办理都是儒家私学兴盛的表现，经学成为教育

---

① 喻本伐，熊贤君. 中国教育发展史 [M]. 武汉：华中师范大学出版社，2011：26.

之主流，但其他如黄老、阴阳等学说也仍继续发展着。

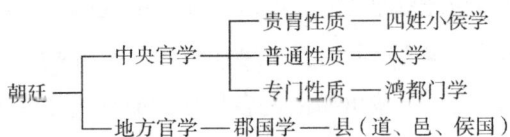

```
                    ┌─ 贵胄性质 ── 四姓小侯学
         ┌─ 中央官学 ─┼─ 普通性质 ── 太学
   朝廷 ──┤          └─ 专门性质 ── 鸿都门学
         └─ 地方官学 ── 郡国学 ── 县（道、邑、侯国）
```

图1-2　两汉官学系统图

魏晋南北朝时期，"独尊儒术"的格局已不复存在，儒、道、释三教在文化发展上对立、竞争，形成了此期多元化文教政策的发展。社会动乱、经济萧条使官学教育的发展十分不稳定。三国期间，魏国十分重视儒学，复立太学，执五经课试法。蜀国则儒、法兼重。吴国偏重兵、法、纵横诸家。两晋、南北朝、十六国期间，中央多"尊儒"，西晋整顿太学而又另创国子学、书学，十六国立太学，北朝除太学外另立国子学，东晋太学与国子学并设，南朝承东晋遗绪。十六国期间的"分科设教"打破了独尊儒术的局面，南朝的官学多元化也打破了传统官学以经学为主体的特色。此期私学教育兴盛，私学呈现百家争鸣的格局。儒家设精舍以讲学、佛教于寺庙传经、道家于道观习经及一些各家兼综之私学，呈现多元化局面。但儒家私学依然是此期私学的主体。名儒结庐讲经，或终身不仕而结庐讲学，或隐退而创设私学，或为官利用业余时间讲学。总言之，魏晋南北朝时期呈现官学不振、私学炽盛之态。

隋朝时期，隋文帝统一中国后便加强中央集权，进行经济改革、发展工商业，社会呈现欣欣向荣之气象。这也是隋代学校教育发展的良好背景。隋代"崇儒"，以儒学为教育主体的意向明显，且各帝王都振兴儒学，隋初便复设了国子学和太学、四门学。隋文帝晚年一度弃儒尚法，不过隋炀帝登基后又重振儒学，复兴学校教育。但就历代官学发展来看，各朝官学教育仍然兴废无常，具体的学校制度见图1-3。而隋朝私学的开办则肩负了传承文化的重任，并确立了儒家私学的主体地位，儒家私学依旧主要分为书馆、经馆、精舍三级，其中精舍讲学的影响较为深远。但除了儒家私学，寺庙传经

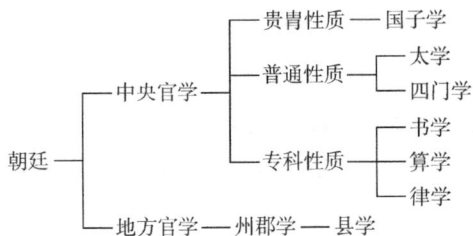

```
                           ┌─ 贵胄性质 ── 国子学
                           │                ┌─ 太学
              ┌─ 中央官学 ──┼─ 普通性质 ──┤
              │            │                └─ 四门学
              │            │                ┌─ 书学
   朝廷 ──────┤            └─ 专科性质 ──┼─ 算学
              │                             └─ 律学
              └─ 地方官学 ── 州郡学 ── 县学
```

图1-3　西周学制系统图

与道观习经也在各地持续进行。

唐朝历代君王恪守重儒的传统，承袭隋"三教合一"的思路，依旧以儒家思想为主体地位，辅以佛道，采取"内圣外王"的治国方略。此外，中央采取科举选才之道，并力求学校教育服从于政治需求，从而实现"政教合一"，并形成了一套较为完备的官学系统，其特征依旧可以用"两级两类"来概括（图1-4）。唐代私学的发展则经历了兴盛—消沉—重新活跃的历程，其在发展中还出现了专习文字、诗歌的现象。并且隐居读书讲学之风盛行，这一隐居之风与唐末书院的产生也有着很大的渊源。

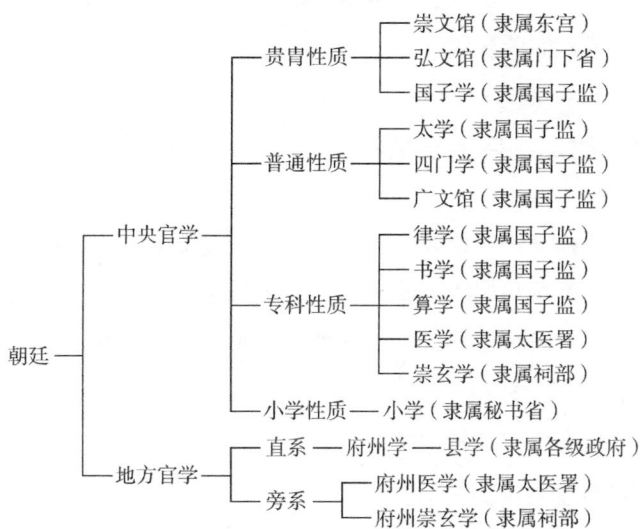

图1-4　唐代学制系统图

二、唐、五代时期书院的初步发展

书院作为中国士人创办的教育机构，经历唐初到五代近350年的演变，已初具规模，可谓书院发展的初期。书院的初期发展大体可以分为三个时期，唐代书院发展可分为两个阶段，五代十国书院发展自成一格。

第一阶段为唐初至唐中叶的近100年（618～712年），这一阶段书院基本处于在民间自生自长的状态，数量较少，共5所。此时期书院的发展特点是：书院基本是私学，成立于士人个人读书、治学、藏修之用的环境下，逐渐进行招生教授，成为至今一直为世人所夸赞的具有学校性质的教育场所。第二阶段为唐中叶到唐末（713～907年）的近200年时间，此时期中央政府开始重视书院这一民间的教育机构，并给予了一定的支持，在实现政府相关需求的基础上成立了3所丽正书院及5所集贤书院，君臣一起开展了多种政治、文化、学术教育活动，并赋予了书院一些新的功能。此时期民间创办的书院有44所，官民共建的书院总数达52所，由此，书院的教育成为一种介于私学与官学之间的办学形式。第三阶段为五代十国时期（907～960年），历经了大半个世纪。五代十国时期社会动荡不安，但不甘心文化凋亡的人们为了阻止斯文扫地，联合官府和民间的力量共同创办了13所书院，这13所书院遍布南北各地，为读书人赓续了希望与火种。

比较以上三个阶段书院发展的状况，初期书院的发展速度仍然不是很快，但总的趋势处于增长状态，可见书院的发展适应了社会的需要，经历住了考验，得到了人们的认同。

三、两宋时期书院的发展

两宋时期，社会经济繁荣，那些从门阀制度下解放出来的读书人满腹豪气，凭借社会的繁荣与印刷术的发达，学术氛围十分热烈，文化事业达到空前发达的状态。同时，书院这一文化教育机构也大受重视，此期的数量达到720所，是唐、五代书院总和的10倍多，此时期的书院在书院发展史上占有重要的地位，培育出一大批饱学之士与经世之才。

1. 北宋时期

北宋历经九朝，共167年（960～1126年），是书院教育发展史上的重要时期，初期就出现了一批在古今都颇具影响力的书院，如岳麓书院、白鹿洞书院、睢阳书院、石鼓书院等。统治者实行的文教政策也对书院的发展有巨大的推动作用。北宋统治者采取了"偃武修文"的政策，维护社会的稳定与经济发展，巩固中央集权制度。在此背景下，出于对维护统一与社会安宁的期盼，读书的士人领会到他们将有一展拳脚、实现抱负的机会，因此读书求学的积极性被激发出来，各地书院也努力创造学习的机会与条件。但此时官府的经济基础和办学能力仍难以满足社会的需求，这便是书院作为私学教育发展的根本性原因。一些名儒大师积极创办书院聚徒讲学，或从事私人课徒讲学的工作，涌现了"宋初'四先生'、闽中'海滨四先生'、浙东'庆历五先生'"[①]等一批名士名师，二程、周敦颐、李觏等人也都对书院的发展做出

---

① 宋初"四先生"为戚同文、孙复、石介、胡瑗；闽中"海滨四先生"为陈襄、陈烈、周希孟、郑穆；浙东"庆历五先生"为王致、楼郁、杨适、杜醇、王说。

了巨大的贡献。

此外书院的兴起和发展与理学这一重要的儒家哲学流派有着密切关系，两者相互推动、休戚相关。北宋初期，理学正处于萌芽阶段，尚不能以完备的状态面向社会，亦不可作为完整的研究理论进行招生教学。这也是一批名儒，如邵雍、王安石、张载等在北宋时期与书院无法产生直接联系的重要原因。后期理学这一思想体系逐渐完善、成熟，成为书院教育蓬勃发展的重要条件，后世诸多书院以北宋理学大儒们的读书教学处及他们的名号来命名书院，"或广泛传播他们的学说，或纪念他们的功绩，恰好证明这一点，北宋书院教育的发展不仅对北宋时期文化教育发生了重要影响，而且为后世书院教育的发展奠定了基础，积累了经验。"[①]

北宋时期，中国古代书院有了长足发展。统计数据表明，此时期书院总数在73所以上，如果考虑到书院究竟建置于北宋或南宋的详细时间及诸多书院重建等不确切因素，"实际存在的书院当在百所左右，几乎相当于唐五代时期的3倍"[②]。这73所书院分布于14个省区，每省平均有5.2所，其中有52所分布于长江流域，此时期各省书院数量统计表见表1-1。

北宋书院分省统计表 表1-1

省区	新建书院	重建书院	合计		曹松叶统计数
			总数	名次	
直隶	3		3	5	1
河南	5	1	6	3	4
陕西	1		1	6	2
山西	1		1	6	1
山东	4		4	4	2
安徽	4		4	4	3
江苏	4		4	4	2
浙江	4		4	4	6
江西	23		23	1	9
福建	3		3	5	3
湖北	3		3	5	1
湖南	8	1	9	2	7
广东	4		4	4	2

---

① 李国钧.中国书院史[M].长沙：湖南教育出版社，1994：38.

② 白新良.中国古代书院发展史[M].天津：天津大学出版社，1995：5-6.

省区	新建书院	重建书院	合计		曹松叶统计数
			总数	名次	
贵州					1
四川	4		4	4	1
合计	71	2	73		45
省区平均数	5.071	0.143	5.214		3.000

这一时期书院数量的增加、书院教育职能的增长及其在社会上日益增大的影响力都说明了书院有着旺盛的生命力，其教育事业在社会的地位将随着历史的演进而愈发强大。

2.南宋时期

南宋时期书院发展十分迅速。靖康之变后，衣冠南渡，使得中华南部区域文化水平得以提升，文化教育需求增多。南渡之后，由于南宋政权的衰落，政府财政苦难，用于振兴官学的资金十分有限，政府开办官学的力量不足，使得"诸生无所仰食，而往往散去，以是殿堂倾圮，斋馆荒芜"[①]，不少官学由此败落。于是只能在官学之外鼓励私人创办书院予以补充，这大大刺激了书院的发展，为私人创办书院提供了良好条件。另外，此时雕版印刷术的成熟与普及促进了文字以书面形式的广泛流传，为书院的发展又创造了极有利的条件。

在北宋时期，政府对道学进行过打击，但时过境迁，南宋时道学已发展成熟，朱熹、张栻、陆九渊等一批理学大家逐渐走上学术舞台，尽管他们之间的学术观点并不完全一致，但他们却继周敦颐、张载、二程之后摆脱了经学研究的表面形式，而注重内在意蕴的探讨。"在哲学上，尤其是关于认识世界的方法论上，他们比道学前驱更进一步，从而将道学发展到了一个新的阶段——理学阶段。"[②]理学家通过讲学来传播自己的思想，在智者的带领下，文教行业不断发展，促进了古代书院的迅速建立。高宗之后，南宋统治者对理学的态度逐渐缓和，曾一度变得十分热情，于是此后官办书院数量亦急剧增长。

据统计，"南宋时期书院总数为422所，是北宋书院数量的6倍，就是唐

---

① 王云五主编，朱熹撰.丛书集成初编2378朱子文集（6）——建宁府崇安县学田记[M].北京：商务印书馆，1936.

② 白新良.中国古代书院发展史[M].天津：天津大学出版社，1995：18.

五代北宋共500余年间所有书院的总和（143所）"[1]，在422所书院中，有125所不能确定建于北宋还是南宋，还有317所可确定建置或复兴于南宋。书院主要分布于江苏、安徽、浙江、江西、福建、湖北、湖南、广东、广西、贵州、四川共11个省区，其中分布于长江流域的就约占总数的77%。表1-2是此时期各省书院数量统计表。[2]

南宋书院分省统计表　　　　表1-2

省区	新建书院	重建书院	南宋有而未详南北宋建	合计		曹松叶统计数
				总数	名次	
河南						1
山东						2
江苏	16	2	5	23	6	14
安徽	12	2	2	16	8	7
浙江	60		27	82	2	70
江西	94	7	46	147	1	116
福建	47	1	9	57	3	43
湖北	4		5	9	10	5
湖南	26	3	14	43	4	46
广东	17	3	15	35	5	29
广西	7		4	11	9	9
贵州	1			1	11	0
四川	15		3	18	7	10
合计	299	18	125	442		352
省区平均数	27.181	1.636	11.364	40.182		29.333

南宋时期的书院数量与分布规模空前强大，其发展也是有史以来的第一个高潮。书院的内部规章制度愈发完善，不少学者至书院讲学，许多求学之士纷沓而至，书院具备了超过官学的社会地位与影响力。

四、元朝书院的发展

13世纪初，金、南宋、西夏、大理各政权互相争斗，社会动荡不安之际，我国北方草原上的蒙古族迅速崛起，至13世纪70年代，南宋政权灭

① 邓洪波.中国书院史[M].武汉：武汉大学出版社，2011：118.

② 邓洪波.中国书院史[M].武汉：武汉大学出版社，2011：121.

亡。至元八年（1271年），元世祖忽必烈建立了元帝国，八年之后统一全国。由此，中国古代书院的发展进入一个新的时期。

宋元两朝交替之际，南宋书院蓬勃发展的盛况被终止，许多书院在战乱中被不同程度地损毁与破坏，此外，一些书院还遭受了僧、豪的占用与抢夺，从而处境艰难，或支离破碎，或被迫倒闭。13世纪30年代，太极书院在京师兴建，成为蒙元进入中原后最早创办的书院。此后，直隶元氏封龙书院、紫阳书院、白鹤书院等书院逐渐创办。宋元决战时，元世祖还特意制订了开明的书院政策。元朝统一全国后，接受宋遗民兴学，将书院看作官学，接纳入元不仕的南宋遗民通过书院进行讲学和创办书院，授以山长官位。一时之间，南宋遗民创办的书院如雨后春笋，各地多有创建，尤其在江南已成为常见的现象。"统计至元时期，新建书院34所，修复、重建前代书院15所。"[1] 世祖以后，元朝历代统治者仍继续执行之前的书院政策。

元朝统治时期（1271～1368年），书院整体的数量相比南宋时虽说锐减，但于一个少数民族政权来说，书院的发展在这一时期还是退中有进的。"统计数据表明，是期书院总数为406所，绝对数字比南宋的442所少一点。"[2] 包括282所新建与124所复建的，但考虑到朝代年数，元代每年平均数则远高于南宋，总体来说，此时期仍处于书院发展的上升时期。

这406所书院，主要分布于15个省区，表1-3是此时期各省书院数量统计表。观察其分布地区我们可以发现地区书院数量与区域经济密切相关，越是发达的地区，书院数量越多，且书院有向北方推进的趋势。相比宋朝，黄河流域书院数量占比增加，长江流域及珠江流域的书院占比都相应减少（表1-4）。导致此结果的重要原因就是受到科举制度的影响，此期科举取士按南北比例分配，并且更倾向于北方。此外，元政府利用书院的北移意在将理学推进到北方地区，"以及接受'汉化'蒙古、色目等少数民族士人急起直追，参与书院建设，也是书院向北方推进的重要原因"。[3]

元代书院分省统计表   表1-3

省区	太宗	世祖	成宗	武宗	仁宗	英宗	泰定	文宗	惠宗	未详	小计	合计
直隶	1/		1/				1/	1/	5/	11/2	20/2	22
河南		1/		1/	1/	1/			/1	12/1	16/2	18

———————————

[1] 白新良.中国古代书院发展史[M].天津：天津大学出版社，1995：28-29.

[2] 邓洪波.中国书院史[M].武汉：武汉大学出版社，2011：201.

[3] 邓洪波.中国书院史[M].武汉：武汉大学出版社，2011：232.

省区	太宗	世祖	成宗	武宗	仁宗	英宗	泰定	文宗	惠宗	未详	小计	合计
山西		1/		1/	1/		2/1		2/	7/	14/1	15
陕西				3/		1/	1/			3/	8/	8
山东		1/	1/	2/			1/		5/	12/1	22/1	23
江苏	2/1	1/1	1/		1/		2/		4/1	7/4	18/7	25
安徽		4/2		1/1			2/		7/	13/2	27/5	32
浙江		8/5	5/	1/	1/1		1/		6/3	14/13	36/22	58
江西		10/2	4/3		4/		2/		11/5	22/28	53/38	91
福建		1/	/1			1/			7/2	5/13	15/16	31
湖北		3/	1/			1/			1/	14/3	20/3	23
湖南		3/1	4/1	2/	2/		1/		3/4	7/3	22/9	31
广东		/2	/2				/2	1/1	2/8	3/15	18
广西			/2						1/	1/	2/2	4
四川		/1			1/			1/	1/	2/	6/1	7
小计	1/	34/14	18/10	4/1	15/1	5/	7/1	13/2	54/17	119/78	282/124	406
合计	1	48	28	5	16	5	8	15	71	197	406	

宋元两代黄河、长江、珠江流域书院统计表　　　　表1-4

流域	宋代		元代	
	书院数	百分比	书院数	百分比
黄河	13	3.25	43	18.94
长江	297	74.43	152	66.96
珠江	89	22.30	32	14.09
合计	399		227	

五、明朝书院的发展

14世纪中叶起，天下大乱，群雄争霸，朱元璋起兵征战，推翻元朝、统一全国，建立了明朝政权。从此书院发展进入明朝270多年的新历程。

明代书院在书院发展史上具有承前启后的历史意义。按其发展的过程，可分为四个阶段：

第一阶段为明初百年沉寂的时期，时间上从洪武至天顺年间（1368～1464年），共97年。这一时期书院数量非常少，创建与复兴的数量共143所，时间上与元代相近，总数却只有元代的35%。近百年来，书院基本处于沉寂的状态。此外，宋元以来闻名遐迩的岳麓书院与白鹿洞书院的凋敝更体现了此时期的萧条。相较之下，明代兴盛的官学与书院的冷寂形成了鲜明的对比，这与明初书院政策有很大关系，明太祖颁布"改天下山长为训导，书院田皆令入官"①的条令，光明正大地将山长这一职位取消，剥夺了书院赖以生存的学田，大力倡导和发展各级官学教育，并"在城乡地区设立社学，将其纳入官学，以教养童蒙子弟，是明代文教政策的重要内容"②，此外，明代的政策与元代不同，明代以"驱逐胡虏、恢复中华"为口号，加之明代中央重视八股取士，将举业与学校直接挂钩，许多读书人为了仕途而纷纷离开书院，走进官学。上述原因使得书院的发展更加雪上加霜，但书院并不是完全停止了活动；正统之后，地方官绅致力于开办书院的举动对中央政府产生了积极影响，中央政府一改往日态度，并对书院予以支持，预示着书院将逐步恢复发展。

第二阶段为明中期半个世纪的恢复时期，即明宪宗成化至明孝宗弘治年间（1465～1505年），共41年。这一阶段比沉寂阶段的书院数量多了30所，总数有173所，显示了书院将逐渐摆脱凋敝无闻的状态。此外，宋元时期一些著名书院得以修复，书院的教学活动得以开展，如湖南岳麓书院恢复旧观，并开始聚众讲学，书院发展从此呈上升趋势。成化初年，当时的官学不振使得官方和民间都期望书院崛起与复兴，以为补偿。这一阶段书院逐渐向边远地区拓展，不少名儒学者开始光顾书院进行教学，书院建设虽处于恢复阶段，但发展形势甚好。

第三阶段为明中后期书院的普及。正德、嘉靖、隆庆、万历年间（1506～1619年），社会经济与文化得以发展，明朝书院进入快速发展时期。此时期科举仍以八股文为主，但人们为了入仕变得不择手段，世风每况愈下，官学教育较为失败，这也进一步刺激了书院的发展。此外，这一时期以王守仁、湛若水为代表的学术大家对官学教育进行批判，并为书院的建设贡献了巨大的力量。王守仁开展了二十多年的书院实践活动并有自己独特的书院观，而湛若水更是足迹所至，必有讲学，他们将书院与学术并行发展：新的理论在书院中崛起，新崛起的理论又一次推动了书院勃兴……可以说，明代书院的辉煌是王、湛及后学在正德、嘉靖、隆庆与万历年间

① 〔清〕曹秉仁修，〔清〕万经等纂. 宁波府志. 卷九. 清雍正十一年修乾隆六年补刊本。
② 邓洪波. 中国书院史[M]. 武汉：武汉大学出版社，2011：289.

（1506～1619年），历时百年，以联讲会、立书院的形式营造出来的。①这个时期，创办与复兴书院共1108所，占整个明代数量的72.37%，可谓明代的巅峰时期。

第四阶段为明代后期书院的继续发展与衰落迹象。天启、崇祯年间（1620～1644年），明朝政治情况不太乐观，受此因素的影响，书院发展速度稍微减缓，但整体数量仍在上升。此一时期，书院已完全取代官学成为文化传播的主要机构，但因为科举八股文的长期存在，部分书院开始代替以往官学的职能，以培养科举人才为终极目标，成为科举考试的附庸。同时，全国书院发展速度明显减慢，书院自然损毁数量逐步增多，这表明书院的发展已进入了衰败时期，但仍产生了一批敢于针砭时弊的书院，如无锡的东林书院，其在明代乃至整个古代中国书院发展历史中都占据着重要的地位。

纵观整个明代的书院分布情况（表1-5），其遍及了19个省市，每省平均约103所，比元代书院数量大幅增加，其繁荣景象可见一斑。其中长江流域数量仍然高居榜首，但较之元代，已有减少。其次是珠江流域。此外，黄河流域的数量有所下降，详细情况见表1-6。书院逐渐向边陲地区拓展，西南的云南、西北的甘肃、东北的辽东地区都是首次出现书院建筑。

明代书院分省统计表　　　　　　　　表1-5

省区	新建书院		重建书院		合计		曹松叶统计数	最新统计数
	统计数	名次	统计数	名次	总数	名次		
直隶	88	9	9	9	97	10	37	
北京								6
河北								70
河南	89	8	10	8	99	9	81	112
山西	59	14	7	11	66	14	26	61
陕西	42	16	6	12	48	16	24	28
甘肃	17	18			17	18	18	8
青海								1
宁夏								2
辽东	6	19			6	19	3	
辽宁								7
山东	87	10	9	9	96	11	43	69
江苏	103	7	16	5	119	6	46	66

① 邓洪波.中国书院史[M].武汉：武汉大学出版社，2011：321.

省区	新建书院		重建书院		合计		曹松叶统计数	最新统计数
	统计数	名次	统计数	名次	总数	名次		
上海								5
安徽	131	5	13	6	144	5	73	99
浙江	139	3	31	3	170	4	120	199
江西	210	1	60	1	270	1	251	287
福建	136	4	44	2	180	3	138	107
湖北	104	6	8	10	112	7	43	69
湖南	78	12	22	4	100	8	102	102
广东	195	2	12	7	207	2	94	156
海南								17
香港								1
广西	50	15	5	13	55	15	61	71
云南	79	11			79	12	50	66
贵州	28	17			28	17	18	27
四川	66	13	3	14	69	13	11	63
合计	1707		255		1962		1239	1699
省区平均数	89.842		13.421		103.263		65.210	

元明两代黄河、长江、珠江流域书院统计表　　　　　表1-6

流域	元代		明代	
	书院数	百分比	书院数	百分比
黄河	43	18.94	229	18.48
长江	152	66.96	646	52.14
珠江	32	14.1	364	29.38
合计	227		1239	

六、清朝书院的发展

自唐以来，经过八个多世纪的发展，清代时期，书院发展进入空前的繁荣状态。至清末，除了新疆、西藏等一些偏远地区，书院在我国各地已经十分普及，包含创建与兴复的书院共有5836所，城乡地区也已书院林立。书院种类之多、规制之严谨、教授讲学名师之多、学术成就之卓越等都反映了书院的盛况。但清代晚期由于世界大势，书院逐渐为新式的学堂所取代，直至最终消亡。

清代书院的发展基本有以下四个阶段：

第一阶段为清初书院的恢复时期（顺治、康熙时期）。明末清初的社会动乱，使得一大批书院毁于战乱，全国书院呈现出十分凋敝的局面。清初顺治二年（1645年）始，为了笼络汉族知识分子，清政府在管辖区内开科取士，一些汉族官员则提出修建书院的主张，在他们的主持下，一批书院得以建立和修复。但好景不长，顺治亲政后为了防止汉族人士利用书院抨击清政府或进行反清活动，出台了十分严厉的书院政策，书院又陷入危机。但随着清朝统治巩固，书院政策开始出现松动，顺治十四年（1657年），顺治帝下令官府修复衡阳石鼓书院，这一举动使得全国书院数量稍有回升，但仍然摆脱不了书院总体凋敝之况。康熙时期，康熙皇帝审时度势，在各个地区推动书院的建设，各省督抚也纷纷行动起来，"或在省城建立书院；或'发金置田'，檄令属下州县建立书院"①。康熙后期，康熙皇帝将"崇儒重道"发展为"尊崇理学"，对书院的修复与建立更是不遗余力。康熙时期也是自明万历之后的百年里少见的书院得以迅速发展的时期，此时期新建、修复与重建的书院加之顺治朝原有的书院，全国书院数量达到近千所。

第二阶段为清朝中期书院的兴盛时期（雍正、乾隆时期）。雍正时期，书院的政策发生了改变。雍正继位后为了加强个人专制统治，提升君权的地位，下令"各直省现任官员自立生祠、书院，令改为义学，延师授徒，以广文教"②，在他看来，各地官员自立生祠、书院，就是标榜臣权，侵犯了君权的至高无上，在他的压制下，各省书院发展骤然冷寂。雍正前期，虽多数地区书院发展滞缓，但福建、广东、云贵等地的书院因为一些特殊的原因而发展迅速，主要因为这些地区官员乡音太重，任职外地或处理公务时麻烦诸多，于是雍正下令设立书院以教习，许多地方建立了正音书院，广东、福建地区书院数量增速尤为迅速；云贵地区则因地处边界，加之战乱动荡，书院发展长期落后，但自雍正四年云桂总督鄂尔泰实施改土归流，在当地兴办学校，实行科举后，云贵地区书院数量得以迅速增长。清初以来，各地纷纷建立书院，雍正皇帝经过深思熟虑，最终放弃了压制书院的政策，反而积极扶持书院，并在推进书院发展中又予以严格控制。清政府

---

① 白新良.中国古代书院发展史[M].天津：天津大学出版社，1995：128.

② 〔清〕素尔讷纂修.霍有明，郭海文校注.钦定学政全书校注：卷六十四.义学事例[M].
武汉：武汉大学出版社，2009.

态度的转变使得全国书院有了新动力，迎来了书院发展史上最鼎盛的年代。乾隆时期，清朝统治进入全盛时期，与此同时，书院的发展亦生机蓬勃。乾隆皇帝本人对汉族文化十分喜爱，因此在他的统治时期，陆续采取了多项措施，积极倡导、鼓励士人兴建书院，同时也加强了对书院的控制，如：改书院山长一职为院长，并引进"教职官员，兼充院长，以责专成"[①]，由于先后采取了多种措施，全国上下都出现了整顿与建立书院的热潮。至乾隆末年，全国除个别地区都已出现书院林立的盛况，成就卓越。"乾隆间，全国兴建、修复及重建书院达1298所，若加上清初以来新建与修复书院的数量，总数不下2500所。"[②] 值得关注的是，乾隆后期对一些理学名臣的党派之争及标榜理学的行为感到厌恶，甚至感到君权被侵犯，因此乾隆对书院教学内容进行了更改，由原来的以教授程朱理学为主转变为教授博习经史词章为主。

第三阶段为清代后期书院的衰弱时期（嘉、道、咸时期）。经历一个多世纪的繁荣后，到嘉、道、咸时期，清政府的专制统治开始衰落，民间学术思想更加活跃起来，因此书院的发展产生了变化。各书院仍然将儒学经典作为讲授内容，但是由于指导思想的不同，书院逐渐发展为三种类型：其一，兴起于乾隆时期的讲授汉学、博习经史词章为主的书院；其二，以程朱理学为主要教授内容的书院；其三，主张"通经致用"的经今文学派创办的书院。但这个时期清政府面临内忧外患，时局动荡，国家财政也产生了很大的危机，受此影响，书院发展进入衰落的阶段，师资水平严重降低，各地书院损毁情况频现，又因财政困难、太平天国运动等的影响，清代书院不可避免地进入衰落时期。

第四阶段为清代末期书院的废止时期（同治、光绪时期）。同治初年，清政府在镇压太平天国运动和北方捻军用尽了精力，为了维护政治及思想统治，同治二年（1875年），清政府下令整理战后书院状况并修复前代被损毁的书院，此后，民间兴建书院的活动也络绎不绝，书院进入短暂的复兴时期。同光时期书院发展有两个特点。第一个特点是汉学与宋学合流。咸丰之后的农民起义，让两派有了共同的政治基础，加之清政府在中间调和这两派，一些书院即使不是兼讲汉宋，也互不干扰。第二个特点是书院仍以学员

---

① 〔清〕昆冈、李鸿章修：钦定大清会典事例.卷三九五.礼部·学校·各省书院.光绪二十五年八月石印本.

② 白新良.中国古代书院发展史[M].天津：天津大学出版社，1995：172.

科举出仕作为自己的主要培养目标。这个时期，虽然清政府花费大量力气来积极发展书院，但此时封建统治已经十分腐败，诸多旧式书院已走向尽头。19世纪60年代后，帝国主义加强了对中国的侵略，书院的功能已满足不了社会发展的需要。第一次鸦片战争之后，一些西方传教士在中国境内建立西式书院，试图进行文化侵略，一些有识之士如洋务派官员就提出对书院进行改革，书院课程变得十分丰富，用以培养社会人才。总的来说，洋务派书院改革的尝试范围太局限，但影响力却日益增加。"但在此后的梁启超与康有为等资产阶级维新派的推动下，清朝政府进行了一场自下而上改良运动"①，彻底改变了书院的命运。早在同、光初期，康有为就建议改革书院的教学内容，并宣传他的变法思想，为当时书院改革树立了样板，此后甲午战争的失败使得全国上下颇受触动，康有为又指出中国社会的落后是由于教育的落后，而书院作为主要的教育场所，其之前的教育内容需深刻的改变。一时间，各地有思想的官绅都开始建立新型书院，光绪帝深受维新思想的影响，从而对书院的改革十分支持。借助于戊戌运动，书院改为学堂的运动轰轰烈烈地开启了，光绪二十四年（1898年），康有为向光绪上书，鼓吹彻底改变教育体制，将书院改为学堂，光绪帝立即采纳了他的建议，这一改革直接导致了发展千年之久的书院走完了它最后的历程。

纵观整个清朝，书院数量高达5863所，其中包括官绅新建书院4961所及修复重建者875所。这些书院分布于全国24个省区（表1-7）。每省平均数量更高于明代书院2倍多。书院分布仍在清代经济发达地区数量最多，如浙江、江西、福建、广东、四川五个省区，其中广东地区以659所高居第一。而不发达地区平均数量不到100所，这也体现了书院分布的不平衡性。以上数据统计都以清代行政区域划分为准，若以今日省区为单位，清代书院则分布于31个省区，分布范围很广。

书院作为一种文教机构和儒家士子的求学场地，历时千载，虽最终消失于历史的长河中，但不可否认的是，书院发展为我国古代的文教事业做出了突出的贡献，时至今日，人们仍为书院所传达的精神所感动，此间历代学者的学术精神也值得我们学习，书院所承载的儒家文化值得后世之人进行深入的探讨。

019

① 白新良.中国古代书院发展史[M].天津：天津大学出版社，1995：257.

清代书院分省统计表

表1-7

省区	新建书院		重建书院		合计		曹松叶统计数	最新统计数
	统计数	名次	统计数	名次	总数	名次		
直隶	212	6	39	7	251	7	4	
北京								18
天津								15
河北								151
内蒙古								5
河南	166	10	45	5	211	11	76	276
山西	141	13	27	11	168	14	127	107
陕西	144	11	16	14	160	15	5	109
甘肃	96	15	5	17	101	17	91	62
青海								7
宁夏								11
新疆								10
东北	33	17			33	19	11	
黑龙江								6
吉林								10
辽宁								20
山东	189	9	24	13	213	10	8	149
江苏	228	5	25	12	253	6	24	115
上海								37
安徽	142	12	46	4	188	12	165	95
浙江	275	4	61	2	336	5	31	395
江西	321	2	71	1	392	2	60	323
福建	302	3	49	3	351	4	361	162
台湾								56
湖北	142	12	30	9	172	13	68	120
湖南	193	7	40	6	233	8	341	276
广东	482	1	49	3	531	1	270	342
海南								39
港澳								26
广西	103	14	14	15	117	16	82	183
云南	191	8	28	10	219	9	161	229
贵州	76	16	7	16	83	18	11	141
四川	321	2	32	8	353	3	6	383

省区	新建书院		重建书院		合计		曹松叶统计数	最新统计数
	统计数	名次	统计数	名次	总数	名次		
合计	3757		608		4365		1902	3878
省区平均数	197.736		32		229.736		100.105	129.266

第三节

研究现状综述

一、南方传统书院的景观学研究

目前国外有关书院园林的研究较少，只有少数学者对之有研究成果。如日本学者大久保英子对书院的发展过程及书院与社会的阶层关系进行了系统研究。小野和子的《明季党社考》针对东林书院在明朝政治中的重要地位，通过对特定时期历史人物的描述探讨了书院与国家发展的相关性。

即使在国内，较之书院建筑的研究，书院园林方面的研究成果也更为稀少，胡佳的《浅议我国古代书院的营造艺术》、张燕妮的《试论古代书院的环境经营》、刘婉华的《论中国古代书院的环境营造及其文化意向》，总体论述了书院的环境营造特征和园林艺术成就，杨布生等的《中国书院与传统文化》、何礼平等的《我国古代书院园林的文化意义》、孙玉平的《明清时期河东书院园林模式思想探议》、王福鑫的《宋代书院与休闲》等文献对于书院园林文化内涵进行了较为深入的探讨。李永红等的《杭州万松书院复建工程规划设计》、张平一的《清代保定莲池的发展及其园林艺术成就》，对所选取较为典型的书院园林艺术进行了论述。[①]

近年来随着对书院研究的重视，书院园林的相关研究也开始增多，对书院园林的研究主要有汪昭义的《书院与园林的胜境：雄村》、姜海鱼的《吴地书院园林艺术研究》、梁南南的《徽州古书院园林艺术研究》、何礼平等的《我国古代书院园林的文化意义》等，对书院的园林艺术及文化进行了研究，说明书院园林除了明确的功能性，还具有较高的园林艺术特色。曾孝明的

---

① 姜海鱼.吴地书院园林艺术研究[D].南京：南京农业大学，2009：4.

《湖湘书院景观空间研究》、柳璇的《论岳麓书院环境景观设计》、邹裕波的《中国传统书院景观设计浅析》等对书院的景观设计及空间进行了研究，认为传统书院园林对现代景观设计亦有很强的借鉴性。冯玉能的《现代大学校园园林建设对传统书院园林的借鉴阐释》、陈金陵等的《书院对大学校园建筑环境的借鉴》等研究了书院园林对现代大学校园建设的可借鉴性。[①]

1. 关于择址

书院的三大功能是祭祀、讲学和藏书，故书院多重视其内部园林场所的塑造和外部自然环境的选择。选址是书院营造的第一要事，许多知名书院都建在山环水抱的优美环境中，如白鹿洞书院、岳麓书院和嵩阳书院都选址在著名的风景区中，因而有学者就书院择址方面展开了相关研究。刘昌兵在其文章《白鹿洞书院的环境艺术》中，指出"居山水为上"是白鹿洞书院选址所体现出的理想环境模式。梁南南和鞠建新撰文对竹山书院考究的选址进行了论述。书院选址和环境的重要性，从宋代书院兴盛时期书院主持人的称谓——"山长"就可窥见一斑。书院的选址深受民间风水观念和传统士人文化的双重影响，因此堪舆学和士文化也是传统书院选址研究中必谈的两个内容。传统书院选址是区别于佛寺和道观的，吴其付在《风水景观的人文透视——以书院寺观为中心》一文中指出，对案山的青睐是书院择址的特点，对发脉的选择是佛寺择址的重心，而道教宫观的侧重区域在于建筑的布局与方位。张燕妮在《试论古代书院的环境经营》中概括了书院的环境选择、书院的环境模式和书院环境中人文因素的表现形式，文中还指出，书院追求清净的环境是其自始至终不放弃的。明末至清代许多书院多选取"半依城市半郊原"的城乡交界处应对官府要求书院迁建或兴建于城内的规定。在以自然环境为主的书院基址模式中，作者将其归纳为背山面水、三面环山一面向水、三面环水一面背山和依山傍水型四种。

2. 书院植物

我国传统书院植物造景遵循古典园林的风格与手法，但迥异于一般园林的是，传统书院的植物配置更加突出和强调"君子比德"思想。在书院营建中，不仅要为学生提供欣赏自然草木的空间和场所，还着重于隐喻和象征植物的品性与文人和求学者的内在素养，从而实现人格升华。同时书院植物的隐喻意义也常被借引，以求学子仕途顺畅，梁南南、鞠建新在《从竹山书院略觑我国书院园林的环境特色及文化内在》（2008年）一文认为竹山书院中

---

① 占瑶.江西古书院园林研究[D].江西农业大学，2014：7.

南方传统书院景观与人居环境

植以"竹、桂、杏、桃"4种植物：以竹喻文人气节，植桂谓魁星高照、文运亨通，植杏数丛，寓意"杏坛讲学"，而大片桃花形成了桃花坝景观。刘昌兵在《白鹿洞书院的环境艺术》一文中也指出"自然比德思想"对白鹿洞书院植栽选用的影响，例如松树、竹林、莲池、丹桂等。松象征长寿不朽，竹象征正直与攀高，莲花象征君子高洁，桂与贵谐音，"折桂"象征入仕。比德思想在历代书院园林中广泛存在。林琼和肖娟《石鼓书院植物景观资源评价与保护》（2008年）一文对衡阳石鼓书院植物景观资源的评价是目前传统书院植物资源量化研究中为数不多的一篇论文。

3.区域书院研究

朱汉民、邓洪波、高峰煜所著《长江流域的书院》以长江流域为研究区域，在第一、二章中概述了长江流域书院的历史演进，统计了历朝历代的书院遗存状况。此外，金敏、周祖文的《儒家大学堂——长江流域的古代书院》一书也定位于长江流域，介绍了长江流域的书院分布与发展情况，并概述了其主要功能空间、选址与文化意向、建筑与等级制度等情况。邹裕波《中国传统书院景观设计浅析——以霞山书院设计为例》一文论述了包括建筑角度因素在内的景观设计要素，比如基础设施、布局、空间形态等，并对岳麓书院、白鹿洞书院、嵩阳书院进行举例分析。孔素美、白旭《中国古代书院建筑形制浅析——以中国古代四大书院为例》一文分析了古代四大书院的建筑形态及形成机制，指出古代书院多方面的精髓所在：功能、技术、文化、美学等，以期为现代的文教建筑设计提供参考。

二、南方传统书院的建筑学研究

书院建筑研究近年来取得了很大进展，其成果主要集中在以下两个方面。一是以图片资料为主的，例如上海教育出版社出版的《中国书院》画册拍摄了全国著名书院的现场照片，并用图片和文字描述了这一独特的文化遗产。台湾学者王镇华的《书院建筑与教育——台湾书院研究》也以图片的形式记录了台湾地区的书院情况。杨慎初的《中国书院的文化与建筑》收集了许多地方志中的书院图片。一是关于书院建筑的专题性论文，例如《书院建筑的文化意向浅论》《中国古代书院建筑初探》《书院建筑与传统文化思想》《广州陈氏书院建筑艺术》《我国古代书院园林的文化意义》等。然而，这些研究主要从细部层面讨论书院，很少有专著专门讨论学院建筑。

还有一些著作仅针对学宫或书院中的一种进行研究，如《中国建筑艺术全集——书院建筑》、杨慎初的《中国书院的文化与建筑》、冯骥才的《古风——老书院》、朱汉民的《中国书院》、王镇华的《书院教育与建筑》等著作结合大量实例照片，从建筑艺术角度研究中国书院建筑的艺术特色。对于学宫建制的研究和认识，以刘致平的《中国建筑类型及结构》、郭黛姮主编的《中国古代建筑史·宋辽金西夏建筑》、潘谷西主编的《中国古代建筑史·元明建筑》、孔祥林的《世界孔子庙研究》等的论述较具典型性。张亚祥的《江南文庙》、王志发的《岭南学宫》和《岭南书院》、徐泓的《明南京国子监的校园规划》、江东成的《元大都孔庙、国子学的建筑模式与基址规模探析》、沈旸的《中国古代城市孔庙研究》等对学庙的空间布局、建置等级及与古代城市规划的关系问题加以论述。而对学宫组群中代表性建筑或空间的考析成果并不多，如张亚祥的《泮池考论》、彭林的《杏坛考》、赵克声的《明代地方学宫中的乡贤祠与名宦祠》等，几篇论文都是就书院某一部分进行研究，但对学署部分的空间组合规律研究不多，不足以构筑对学宫整体空间的清晰认知。①

在书院建筑研究方面，首推湖南大学建筑系的杨慎初教授。他撰写的专著《中国建筑艺术全集·书院建筑》，系统地介绍了各地书院建筑在环境选择与建设、布局方法、建筑形制、装饰格调等方面的辉煌成就。《中国书院文化与建筑》一书则从书院的沿革、文化特色，特别是建筑特征、研究保护方面深层次地介绍了书院建筑的情况。《岳麓书院建筑与文化》一书图文并茂地记录了岳麓书院的历史沿革与建造特色，揭示了书院建筑的哲学意蕴、营造程式和艺术风格。②

近年关于儒家传统书院的研究主要集中在建筑空间、建筑文化、建筑艺术以及建筑保护等方面。卢山的《书院建筑的文化意向浅论》、吕凯的《关中书院建筑文化与空间形态研究》等对书院建筑空间及文化特色做了深入的研究。程孝良《论儒家思想对中国古建筑的影响》从分析介绍儒家文化主要精神和思想影响下的中国古代建筑发展及特色入手，总结出了仁、礼、中庸、天人合一等一系列思想内核，并对中国传统建筑产生了深远的影响。

在区域性书院建筑研究方面，针对湖南一带书院建筑的著作和论文相对较多，除杨慎初的《湖南传统建筑》和邹律姿的《湖南文庙与书院》两本著作阐述了湖南古代文教建筑两大基本类型的实例以外，关于书院建筑文化的

① 罗明.湖南清代文教建筑研究 [D].湖南大学，2014：7.

② 姜海鱼.吴地书院园林艺术研究 [D].南京农业大学，2009：4.

研究多以岳麓书院为研究对象，如杨慎初的《岳麓书院建筑与文化》，江堤的《山间庭院》，朱汉民的《岳麓书院》《湖湘文库·石鼓书院志》等，即使涉及其他书院，也多以单个实例的分析为主。仅汤羽阳的《湖南现存书院建筑调查》和冒亚龙的《湖南南岳书院建筑空间形态与文化表达研究》对湖南地区的多处书院建筑进行了较为详尽的综合研究，前者通过调查湖南地区现存的八处书院，总结了湖南书院建筑的建置简况和建筑特点，后者则还是以岳麓书院为代表综述了南岳地区书院空间形态与文化的关系，而关于清代文教建筑的整体系统研究则极为缺乏[①]。湖南大学杨慎初《岳麓书院与岳麓山——兼谈岳麓山规划的指导思想》谈到了岳麓书院是我国具有代表性的文教建筑，分析了书院及岳麓山的景观规划，并倡导对于像岳麓书院这样重要的古代文化教育基地加强保护。罗明《湖南清代文教建筑研究》以儒家文教建筑学宫和书院为研究对象，分析了影响清代文教建筑的因素，并具体阐述了湖南清代学宫和书院建筑的历史沿革、遗存现状、选址、规模和布局、功能分区和建筑形制、装饰艺术并举例进行实际分析。

此外，姜海鱼《吴地书院园林艺术研究》一文从书院园林艺术的角度研究苏州、无锡一带书院，主要包含书院园林的表意形式、园林符号的组合结构、园林符号系统的编排规则等内容。

三、南方传统书院的历史学研究

针对传统书院在历史、教育领域的研究，国内著述颇丰，集中于探讨书院历史、书院教育管理等方面的相关内容，如书院研究知名学者李才栋所著的《白鹿洞书院史略》（1989年）、《江西古代书院研究》（1993年）和《中国书院研究》（2005年）等专著，邓洪波主编的《中国书院章程》（2000年）和《中国书院史》（2004年），杨慎初著的《中国书院文化与建筑》（2002年），以及王炳照著的《中国古代书院》（2009年）等。

邓洪波《中国书院史》一书按历史发展顺序，阐述了全国各地书院的起源与发展，以及时至今日书院的遗存现状，包括遗存数量和书院建筑遗存部分，并在书中罗列了大量书院的分布图、发展轨迹参考图、各朝代书院统计表等。丁钢、刘琪《书院与中国文化》论述了书院文化在历史长河中的发展与演变，及其对书院建置（包括书院分布、择址、景观环境、内部格局、空

---

① 罗明.湖南清代文教建筑研究[D].湖南大学，2014：7.

间组构与功能）的影响。江堤所著《书院中国》一文第三章"在延续中顺流而下"也简述了"南宋四大书院"白鹿洞书院、岳麓书院、象山书院、丽泽书院的历史修建情况与当今的遗存现状。王涵《中国历代书院学记》选取了历史上具有代表性的二十家著名书院及其相关教育文献34篇，概述了各个书院的地理位置、书院环境、历史沿革等。金其桢《中国书院书斋》一书的上篇细致地分析了书院环境，如书院的兴起发展情况、书院的类型与特色、书院建筑艺术、依山傍水的书院景观、书院联匾等艺术特色。杨布生、彭定国的著作《中国书院与传统文化》第五章讲述了书院与建筑艺术，包括书院的历史发展、书院建筑的基本特点、书院环境艺术、书院与学官和文庙建筑的比较等内容，比较详细地分析了书院的景观状况。江堤所著《书院中国》也以历史为轴线，概述书院在发展历程中的浮浮沉沉以及存留状况。

此外部分学者对于历史中影响力较大的书院个体进行了研究，也取得了一定的成果。王观在《岳麓书院》第一章历史沿革中介绍了书院的发展史，包括书院的遗存现状；第三章"规制演变"概述了书院的功能分区及其各自的发展史、书院职务以及其他状况；第六章"景观介绍"以简短的篇幅介绍了岳麓书院的选址、地理等外环境以及建筑、书院内部景观等内环境。

李才栋《白鹿洞书院史略》详述了白鹿洞书院在不同历史时期的修缮与发展沿革历程。由明代李安仁、王大韶撰，邓洪波校点的《重修石鼓书院志》讲述了历朝历代石鼓书院的重修状况以及石鼓书院的历史沿革、书院形胜、书院单体建筑等。杨慎初《岳麓书院建筑与文化》一书论述了书院建筑与传统文化，介绍了书院千年历史演变与书院代表人物等。朱汉民《岳麓书院史话》从书院的建立开始，分析了各朝代岳麓书院的发展状况，并分析了院中建筑物以及景观小品等设计的妙处。邹律姿《湖南文庙与书院》一书清晰地向我们展示了湖南地区文庙与书院的分布情况，并逐一对文庙与书院做了简要介绍。蔡志荣的《书院与地方社会——以明清湖北书院为中心考察》概述了明清湖北书院发展的规模和分布及其教学环境。

四、儒家生态思想的研究

1.国际上对儒家生态哲学的研究

目前国际上对儒家生态哲学的研究，主要是中国学者和美国学者对中国哲学和历史的研究。"超越启蒙心态"的问题较早地被杜维明提出，他认为"己所不欲，勿施于人"应该成为取代自私自利现象的社会金则，"天人合一"

应该向"更为全面的环境伦理学"发展。他从中国哲学的自然观出发，提出了"存在连续性"的启蒙概念以及"儒学生态学"的概念，认为中国哲学中的"气"是物质与思维的统一，构成了中国哲学中的"存有的连续的本体论"；成中英提出，儒学是包容性的人本主义，在圣人那里，天地人在道和太极的本体宇宙论上三位一体，人是"自然的完成者（consummator）而不是征服者，是自然的参与者而不是掠夺者"。罗泰勒认为，"仁"作为人性之核心亦成为宇宙之中心，"成仁"就是要超越人类自身，儒家的仁就是生态学。安乐哲《儒学与生态》收集了许多儒家生态保护方面的论文资料，描述了人类目前所面临的生态危机，解决这一问题需要我们传统优秀的价值和观念资源。

2. 国内儒家生态哲学研究

生态哲学和环境问题在20世纪90年代开始受到国内学术界的重视并逐渐展开深层次研究。中国政府签署了以人类可持续发展为主题的《里约宣言》。此后，"可持续发展"成为政治和学术界的热门话题。由于以"究天人之际"为主题的传统哲学和"可持续发展"以及人与自然和谐的理念相重合，引发了中国哲学史上关于天人关系的学术讨论。

（1）以"天人合一"为儒家生态思想研究的核心内容

儒家生态思想的核心研究内容是"天人合一"，这与余谋昌先生"天人合一的思想可以作为现代环境伦理学的哲学基础"的观点无二，"天人合一"的命题是学者在研究儒家生态思想中无法回避的中心点。对于"天人合一"含义及其与生态环境的关系问题，众多学者如季羡林、汤一介、张世英、余谋昌、牟钟鉴、陈来、蒙培元、李存山、柴文华、何成轩、胡伟希、陈国谦等都在其著作中有所论述。

牟钟鉴在1993年出版的著作《生态哲学与儒家的天人之学》中，表明了"天人合一"是人与自然关系的集中体现的观点。"儒家的'天'或'天地'的概念，大体上相当于'自然界'的概念，当然也包括自然界的神秘性和超越性；其'人'的概念，大体上相当于'社会人生'，群体与个体都在其中了。因此，天人关系基本上同于人与自然的关系。"[①] 同年，季羡林先生的《"天人合一"方能拯救人类》一文在《东方》创刊号发表。李存山先生在1994年发表的文章中认为，"天人合一"之"合"有两层含义：一类是"客

---

① 桑子敏雄.朱熹的环境关联性哲学[A]. Mary Evelyn Tucker，John Berthrong，安乐哲.儒学与生态[C].彭国翔，张容南，译.南京：江苏教育出版社，2008：131-144.

体就在主体之内，或客体是由主体的活动所产生"；另一类是"主体与客体的相互接触与符合"。

陈国谦"环境境界"的概念是在吸收了冯友兰哲学思想的基础上形成的，他认为："环境哲学是对人与环境相互作用的形而上学反思"；环境哲学的功用"是提高人的环境精神境界，使人的环境意识从人与环境的彼此分离提高到人与环境相融一体"。① 在将中西哲学关于主客关系的思想进行比较梳理后，张世英认为中国主要秉持天人合一的思想而西方主要崇尚主客二分的思想。这种天人合一和主客二分主张在20世纪90年代关于天人关系的讨论中成为主调。

对于"天人合一"，胡伟希认为应从语义学的角度进行剖析，"'天人合一'这一古语，翻译成现代汉语就是'自然与人类合一'的意思"②。他从人与自然的关系角度指出"天人合一"提倡人类要与自然环境和谐相处，这一观点"深化了对儒学的认识，并为传统儒学如何现代化提供了一个新的维度和前景"③。汤一介对于"天人合一"思想的现实意义也作出了相应解答："儒家的'天人合一'思想不可能直接解决当前人类社会存在的'生态'问题。但是，'天人合一'作为一个哲学命题，一种思维模式，认为不能把'天''人'分成两截，而应把'天''人'看成是相即不离的一体，'天'和'人'存在着内在的相通关系，无疑会对从哲学思想上解决'天''人'关系，解决当前存在的严重'生态'问题提供一有积极意义的合理思路。"④

赖功欧从天道自然、顺天协变、天人合一三个方面考察了儒家生态理念的思维取向，认为古人对自然的基本立场一定程度上受到儒家生态理念的影响，应从自然界的伦理视角去理解"与天地万物为一体"的生存方式。他指出，作为一种整体观的中国天人合一的生态理念与西方"原子"式个体至上的思维不同，前者所注重的是人与自然的"互化"式的情感交融与道德交融，生命美感与乐感是其深涵的因素，这种因素让人在自然的怀抱中欣赏自然，并且从这一整体观中衍生出的"天生人成"理念还蕴含着某种生态责任意识。

① 陈国谦.关于环境问题的哲学思考[J].哲学研究，1994：32-37.
② 范慧，乔清举.儒家生态哲学研究综述[J].理论与现代化，2015：126.
③ 范慧，乔清举.儒家生态哲学研究综述[J].理论与现代化，2015：126.
④ 汤一介.儒家的"天人合一"观与当今的"生态问题"[J].国际儒学研究，2005：15.

（2）以生态伦理为儒家生态思想研究的主导方向

生态伦理学，也称环境伦理学，"主张把道德对象的范围从人际关系的领域扩展到人与自然的关系领域，把伦理'公正'概念扩大到对生命和自然界的关心，道德'权利'概念扩大到自然界的实体过程，尊重生命的生存权利"[1]。20世纪40年代形成于西方工业国家的生态伦理学是作为一门独立学科而存在的，但是，蕴涵在中国传统儒家思想中的生态伦理学早在中国先秦时期就已经产生了。儒家的生态伦理学随着儒家生态哲学研究的不断深入逐渐成为学者们所青睐的研究方向，越来越多的学者试图探索儒家生态伦理思想及其现实意义。苑秀丽、何小玲的《儒家思想与中国生态伦理》一书探索了儒家思想与当代公共伦理及当代生态伦理的关系，其中先论述了儒家思想与当今生态危机的影响，接着从儒家的"天人观"与其他观念的角度论述了其与当代生态伦理的关系，最后论述了儒家思想的现代转型与社会主义生态文明的建设。

儒家思想中的"仁"是一个非常重要的概念。对于"仁"的传统理解多集中于人与人的伦理关系。近年来，"仁"的概念随着儒家生态思想研究的不断深入已经由人与人的伦理关系扩展到生态伦理的层面。王正平《"天人调谐"：中国传统的生态伦理智慧》中认为儒家"仁"的思想，在生态伦理思想史上具有重要意义："中国先哲从'天人谐调'思想出发，确信'天地之大德曰生'。'天只是以生为道'，尊重天地间的一切生命，歌颂生命价值，倡导'仁者以天地万物为一体'，'物我兼照'，'衣养万物'，'歖歖焉为天下浑其心'的超我的仁爱观念，是人类生态伦理思想的重要先声。"[2]对于"仁"的生态意义扩展，是根据"仁"的人的伦理推导出来的。张永刚指出："儒家主张'天下归仁'，把万物作为人类道德关怀的对象，把原本用于人类社会的道德原则和道德情感扩大到天地万物之中，维护着天地的'生生之德'。"[3]

在《道德的生态观——宋明儒学仁说的生态面向及其现代论释》一文中，陈来认为，宋明理学将自然的"生"等同于道德的"仁"，使"生"同时具有宇宙论和人类道德的双重意义。蒙培元的多篇著作都围绕生态哲学问题展开探讨，他就儒家哲学的"生"、自然的目的性、仁的差异性与普遍性等

---

① 汤一介.儒家的"天人合一"观与当今的"生态问题"[J].国际儒学研究，2005：16.

② 王正平."天人调谐"：中国传统的生态伦理智慧[J].自然辩证法研究，1995：32-36.

③ 张永刚.先秦儒家生态伦理情怀的现实观照[J].洛阳理工学院学报（社会科学版），2008：70-73.

生态思想进行了系统深入的论述。他认为作为生命整体的自然界是有其内在目的的，那就是生生，是向完善、完美发展，故可称为善，善即是目的。自然目的的"实现原则"是人，也因此特别强调"为天地立心"，"不是为天地立法"的儒家论断。何成轩也认为，中国古代"天人合一"的思想与当今生态伦理可以相吻合。任俊华在《论儒家生态伦理思想的现代价值》中认为，天人合一的生态伦理信念，万物平等的生态价值以及仁爱好生的生态伦理情怀是儒家生态伦理思想的集中体现。

陈义军《儒家生态伦理思想初探》认为，"仁"是儒家生态伦理思想中的一个核心概念和中心问题。"由于'仁'内在天然地具有一种可以不断外推的特征和心理机制，'仁'的实现过程，就是一种不断推己及人的过程，如此推衍，行'仁'就不但要爱自己、爱别人，而且可以扩展到自然界的一切事物，这是儒学内含的由人道推衍天道的具体体现，也是人类道德视野的一次革命性拓展。"他进一步说明董仲舒将"仁"扩展到爱鸟兽昆虫，无所不爱才是真正的"仁"，"从此，施仁的内在规定性便有了实质性进展，并且获得了生态道德的意蕴"[①]。学界有很多学者持这种观点，赵媛、方浩范《儒家生态伦理思想及其现代启示》也指出："儒家的生态道德是一种真正地推己及人，由己及物的道德。它以'仁爱'为基点，把人类社会的仁爱主张，推行于自然界，其维护自然生态环境的目的，首要是人类自身的生存需要，其次才是对自然万物的爱护和同情。……同时，儒家已经清楚地认识到，尽管人类的价值高于自然万物的价值，但是人类社会与自然界又是相互依存的，人类也是自然大家庭中的一员。为了使自然界为人类提供更多的物质财富，必须把管理社会的原则推广到自然界中去，对天地万物施以仁爱的精神，在人与自然界中建立起协同互济，相互制约的秩序。"[②]

吴黎宏在《浅论儒家生态伦理思想及其启示》一文中认为古代儒家生态伦理思想的精华，特别是儒家"天人合一""惜生爱物""顺应天常""取用有度"等生态伦理观念，在现代生态文明的建设中具有重要意义。徐朝旭在其《儒家核心价值观的生态伦理审思》中从生态伦理学的角度论述了蕴藏在儒家核心价值观中"为己之学"与"推己及人""宁俭勿奢"与"节用以礼""一体之仁"与"爱有差等"的精神资源。蒙培元在《人与自然——中国哲学生

---

① 陈义军.儒家生态伦理思想初探[J].济源职业技术学院学报，2009：77-79.
② 赵媛，方浩范.儒家生态伦理思想及其现代启示[J].前沿，2008：150-153.

态观》^①一书中，认为儒家的"以人为中心"要解决的中心课题是人的存在价值与意义的问题，且儒家是要在人与自然的统一中解决人的存在价值与意义问题的，这也是儒家思想区别于人类中心主义最根本的特征。儒家"以人为本"有两层含义。一是就人在自然界中的地位而言，人具有重要的价值；二是就人在自然界中的作用而言，人对自然界负有参赞化育的义务。儒家思想的"以人为中心"是以人的"问题"而非"利益"为中心。

（3）以释读概念为儒家生态思想研究的主要方法

学者们在研究儒家生态思想时，主要的方法是选取儒家思想中的重要概念和命题进行分析，从而探索具有生态意义的内容。上述"天人合一"和"仁"是学者们十分重视的概念。学者们通过对儒家思想中这些重要概念的详细阐释，找到了生态思想的因素。并对如"时""通""民胞物与""尔汝群物"等概念也做了详细的解析。

"时"是学者们比较关注的一个概念。生态意蕴是儒家"时"的重要范畴。生态意义贯穿于孔子的"使民以时"、孟子的"待时"、荀子的"应时"思想中。"儒家认为'天'即自然界有着独立不倚的运行规律，'天何言哉？四时行焉，百物生焉，天何言哉！'荀子基于对自然界的认识，提出了'天行有常'的著名论断，即人类社会出现种种殃祸，正是有悖规律所导致的。尊重自然规律，当然要体现在生产和生活实践上，根据日常生活经验和农业生产实践，儒家提出了'取物以顺时'等符合生态农业规律的思想，认为人们应该根据时节，即按照大自然的节奏、生命万物的节律以及四季来决定什么时候该'取物'，什么时候不该'取物'。"^②儒家生态伦理思想也在何怀宏的《生态伦理——精神资源与哲学基础》一书中进行了详细阐述，他将行为规范纳入儒家生态伦理思想的范畴，并将这种行为规范归纳为一种"时禁"。古代儒家学说依据时序禁止某些行为、允许某些行为，而非绝对地、普遍地禁止杀生。包括《礼记》《孟子》《荀子》在内的诸多古代儒家典籍对这种"时禁"都有记载。韩金梅的《儒家生态思想研究》论述了包括儒家生态思想的具体内容、基本特征，儒家的制度规范，儒家的生活消费观念以及儒家生态思想的现实意义在内的儒家生态思想哲学基础。

乔清举曾对"通"这一概念进行全面解析，论述了"通"的生态意义。

① 蒙培元.人与自然——中国哲学生态观.北京：人民出版社，2004.
② 杨明园.顺时 有度 和谐——儒家自然生态观对当代生态文明建设的启示意义[J].枣庄学院学报，2008：64-67.

"通"的意义在于自然规律向生态规律的转化。"'通'的范畴可以深化我们对于儒家自然哲学关于自然物体之间、人与自然之间的联系的认识，由此使我们可以对天人合一获得一些新的理解，认识到人和自然的生态一体性、相关性与依赖性。尤其是，人与自然的精神的沟通能够促进当今人类在面对生态危机时，能承担更大的责任。"[1] 他在《论儒家自然哲学的"通"的思想及其生态意义》一文中指明了儒家自然哲学中"通"的重要性，不仅解释了"通"这一概念，还阐述了自然界不同实体之间的"通"以及人与自然的"通"的特征与关系，辩证地介绍了不"通"的危害以及"通"的意义，最终得出人与自然的精神性"感通"的结论，儒家哲学的生态本性及对于当今建立生态哲学的意义，在这种超出了物理意义并进入了精神和审美领域的关系中被阐明。

① 乔清举.论儒家自然哲学的"通"的思想及其生态意义[J].社会科学，2012：113-123.

第二章
南方传统书院的景观

儒家书院的选址

一、书院的分布特征

受到古代中国政治、经济和文化的影响，儒家书院的选址有着鲜明的特点。以下将从书院的全国分布及各省区分布情况对书院的选址特点进行概括。

从全国看，书院的分布呈现出区域不均衡的状态。七大流域中，长江流域书院数量居多，且其书院办学规模与质量都居国内前列；而从各省区的角度分析，书院择址反映出多种特点，以下将按时间和区域来具体分析书院的选址情况。

1.全国各地书院分布不均衡

唐代，书院进入最初发展的阶段，分布较为零散，但总体而言，南方书院多于北方，尤其是长江流域的几个省份最多，江西成为书院最集中的地区。五代书院分布的区域除了增加北京外，其他都在唐代书院区域的范围中。北宋时期，书院在安徽、江苏、湖北的发展速度较快；而江西仍然保持着书院发展的良好势头，仅一省就有23所书院，北方地区仍无多大的发展。南宋时期书院的发展状况依然显示出区域发展不平衡的状况。元代，南方地区如江西的书院数量多达91所，形成以江西为中心的书院聚集区，而数量最少的广西仅有4所。虽然南北方地域差距仍存在，但北方地区书院发展速度已明显提升。明代书院蓬勃发展，已达到每省约103.26所，但书院地区分布依然不平衡，其中江西书院数量仍居榜首，为全国书院最密集区；其次，由于受到明廷相关政策的影响，广东地区书院数量快速增长至207所；书院发展有向边陲地区扩张的明显形势，"西南的云南、西北的甘肃、东北的辽东地区，都是第一次出现书院的记录，虽然数量不多，但意义非比寻常"[①]。清

---

① 邓洪波.中国书院史[M].武汉：武汉大学出版社，2011：278-279.

代，书院已拓展到全国24个省区，广东、四川分别以659所、602所书院数量超过江西，名列第一、二名，书院最少的黑龙江、吉林、内蒙古、奉天、新疆地区总数却只有50所，可看出书院区域分布仍有不平衡性；四川、云南等西南地区发展迅速，总体超过中原，这是之前不曾出现的新特点；此外，至清代，书院大量发展的区域不断扩增，出现十省相连的书院汇集区（表2-1）。

中国古代书院的分布省份统计表　　　　　　　表2-1

地区＼朝代	唐	五代（民间）	北宋	南宋	元	明	清
东北							√
黑龙江							√
吉林							√
辽宁						√	√
内蒙古							√
奉天							√
河北	√				√	√	√
直隶			√		√	√	√
北京		√			√	√	√
天津							√
河南	√	√	√		√	√	√
山东	√		√		√	√	√
山西	√		√				√
青海						√	√
新疆							√
陕西	√		√		√	√	√
宁夏						√	√
甘肃						√	√
江苏			√	√	√	√	√
上海					√	√	√
浙江	√		√	√	√	√	√
安徽			√	√	√	√	√
江西	√	√	√	√	√	√	√
湖北			√	√	√	√	√
湖南	√		√	√	√	√	√
重庆							

朝代 地区	唐	五代 （民间）	北宋	南宋	元	明	清
贵州	√		√	√	√	√	√
四川	√			√	√	√	√
云南					√		
广东	√	√	√	√	√		√
广西				√	√	√	√
福建		√	√	√			
台湾							√
港澳						√	√
海南						√	√
总计/所	50	13	73	442	406	1962	5836

2. 长江流域分布的书院居多 [①]

　　书院初现于唐朝，此期书院数量不多，在全国的分布范围也还不广泛，处于初始期缓慢发展的状态。按今日省区将唐代书院（新建与修复的书院）的分布加以整理，可确认有院址的共12个省区，其中长江流域书院数量约占72%。五代可统计的书院是民间书院，数量较少，共13所；除了北京，其余分布都在唐代书院分布的区域内，江西省的数量就占了8所。北宋时期，书院分布于14个省区，相较于唐代，新增了安徽、江苏、湖北以及直隶这几个省区，其中，长江流域书院数量共约占71%。南宋时期书院分布共11个省区，长江流域书院超过前代的记录，数量的占比高达76.7%。元代书院的分布占有15个省区，其中长江流域书院数目约占66%。至明代，书院分布逐渐扩展到19个省区，相比于前代增加了甘肃、辽宁、云南及贵州四个省区，但由于各种因素，此时期长江流域的书院数量占比为52.14%，而珠江流域书院占比增加至29.38%，黄河流域基本不变。清代，书院分布已扩展到24个省区，其普及广泛程度可见一斑，其中长江流域书院数量约占56.79%（图2-1）。

　　纵观中国古代各个朝代书院的分布，书院主要集中于长江、黄河、珠江流域这三大区域，其中长江流域地区更是书院择址最多的区域，这与长江流域文化、经济的发达密切相关。

---

　　① 本节书院相关数据参考邓洪波《中国书院史》（2011年版）。

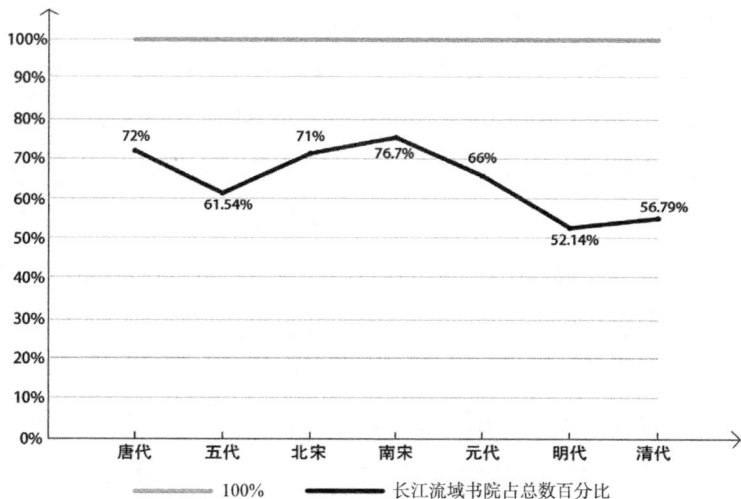

图2-1　长江流域历代书院数量占比

二、书院择址的影响因素

书院是中国文化发展的产物，而文化的形成和发展往往与一个朝代的政治、经济、思想有着密不可分的关系，因此书院的选址也与这些要素密切相关；书院的创办者、山长以及历代名儒往往对书院中的学子有很深的精神影响，名人先贤的踪迹所在之处便成了儒家书院择址的主要地点。书院是儒家建立的教育场所，其选址自然深受儒家审美思想的影响，如"中和之美"、"比德"之说、"藏修息游"之向往，这些也在书院择址中发挥作用。书院的现实发展也深深地影响着书院的择址，如战乱的影响与日常的所需、书院的经费需求以及书院学术交流与传经布道的需求等。此外，中国古代的宗教及民俗也对书院的择址有所影响，中国的风水文化与思想亦是书院选址的重要考量。

古代书院的中心任务是讲学，文人们读书的朗朗之声与大自然中的风声雨声等交织构成一幅美丽的画卷，而这样优美的场景需要有大自然声音的衬托，所以书院的选址就显得特别重要，尤其注重环境的自然特征。

1.书院择址的环境因素——对自然山水与名人胜地的推崇

作为独具中国特色的教育机构，书院以讲学、祭祀、藏书三大功能为主，呈现出鲜明的文化特色。因而，书院为满足这些基本的功能，其在环境的选择上十分慎重。

书院的性质介于官、私学之间，所受束缚较少，所以其对于环境的选择具有很大的自主权和自由度。《汉书》载，李寻提出"五行以水为本"，表现出古人对水的重视；《国语》提出"川，气之导也"，是说古人逐渐意识到河流的生态作用。而对于山的认识，《国语·晋语》中"国土山川"，表明山川是国家的根本与依靠，有主导的作用。孔子《论语·雍也》中载"仁者乐山，智者乐水"，表现出人与自然和谐统一的境界。这些古代文献的记载似乎都证实了人类亲近与偏爱自然山水的迹象。白鹿洞书院"居山水为上"的择址理念便较为深刻地反映出儒家士人的理想环境观。

石门书院位于浙江省青田县石门洞景区，著名政治家刘伯温曾在此处求学，书院依山傍水，风景秀丽（图2-2）。据柳贯《待制集》记载，石门书院的环境特点是这样的：

图2-2　石门书院环境图

> 书院据穹林雪瀑之胜……必有讲有习，而于山水瑰特之观……庠序之教，复于唐，盛于宋，联而属之备且悉矣，然四书院之作，尤为统有宗而会有元，若李渤之于鹿洞，朱洞之于岳麓，往往择胜林樾，寄怀泉石，抚云霞之舒卷，揽霁曀之往来，所以为高深，为流峙，未尝不与阴阳之降升、理欲之消息者，相寻于无穷，学岂有他术哉。[①]

石门书院创建者将地址选在了"穹林雪瀑"之美景中，就像朱洞选择岳麓，李渤选白鹿洞，往往选址于胜景，便可寄情于山石，享受青山绿水的自然环境，感受时光的变化，穷尽一生来学习圣教。

---

① 〔元〕柳贯.待制集.卷之十五.新修石门洞书院记[M].中国基本古籍库，212.

因此，优美的山林之地，往往成为许多书院的追求，如象山书院、南岳书院等都择址于美丽的山水之中。但随着封建社会晚期书院官学化的趋势明显，书院被官府更加紧密地控制着，其选址逐渐靠近城镇之所，如湖南的城南书院设立于长沙城内，周边环境十分嘈杂，于是有人觉得"是以实学潜修之士虽入院课而不居业其中，甚不足储育英贤，兴崇文教"[①]，不利于教习，最终许多书院采取了折中的方式——"半依城市半郊原"，譬如清代的大部分书院都位于城郊处，既方便莘莘学子就学，也与市井嘈杂之所保持距离，还能游赏大自然的旖旎美景。

此外，中国古代文人通过追寻历代名士的踪迹来见贤思齐，或缅怀先贤品行，或追寻历史古迹，从而成就自己的修行，可谓"还尘俗之嚣，聆清幽之胜，踵名贤之迹，与尚友之思"[②]。比如，宋代四大书院中，有两个就地处湖南，因为宋代一些孔教名士如周敦颐、朱熹、张栻等人及其门下弟子都曾在湖南各地讲学、创立书院，由此影响深远，也为岳麓与石鼓两大著名书院的诞生奠定了基础。

2.书院择址的文化因素——对儒家思想的回应

除了环境因素的影响，文化因素也至关重要。儒家的教义或典籍中的思想与文化如"隐逸文化""比德文化""风水文化"等都对书院的整体环境营造与择址有较大的影响。

（1）隐逸文化对书院择址的影响

儒家对于人与人、人与社会、人与自然的关系尤为注重，在人与自然的相处关系中，儒家典籍中汇集了一批古人的智慧成果，如"天人合一"注重人与自然和谐共生，"比德山水"注重向自然山水学习，孔子的"隐居以求其志"提倡远离世俗、归隐山林等。其中，儒家的"隐居"文化与儒生的读书风气有着很深的渊源，因此对书院的基址选择大有影响。

众所周知，最早的书院建立于唐朝，但中国儒家文化起源于先秦，且私人讲学的风气亦可追溯至此。由孔子创立的儒家学派将私人讲学之风推向一个新的高度，并成为绵延两千多年重要的中国传统教育方式，使得在社会中自由流动有独立思想的"士"在社会发展的历程中起到了巨大的作用。春秋战国时期，私学作为一种松散且私密的学术政治团体开始广招门徒、讲学

① 见《重修城南书院记》，转引自：丁钢，刘琪.书院与中国文化[M].上海：上海教育出版社，1992：188.
② 孙海林.张栻与城南书院研究[J].湖南第一师范学报，2005：16.

论政。汉代经官方正式推动，无论在朝在野的经学大师均有一众弟子伴其左右学习。在汉朝私学风气日盛、生徒增多及隐士避乱不出仕的社会风尚中，"精舍"①、"精庐"等作为固定讲授与读书学习的场所逐渐产生。这一私学教育的发展在《后汉书》中深有体现：

> 刘淑"少学明五经，遂隐居，立精舍讲授，诸生常数百人，州郡礼请，五府连辟，并不就"。②
>
> 姜肱"博通五经，兼明星纬，士之远来就学者三千余人"。因有德行，盗亦"乃就精庐，求见微君"。③
>
> 承宫"少孤，年八岁为人牧豕。乡里徐子盛者，以《春秋经》授诸生数百人，宫过息庐下，乐其业，因就听经，遂请留门下，为诸生拾薪，执苦数年，勤学不倦。经典既明，乃归家教授"④。

精舍，可谓私学书院的前身，是古代随师游学之风转变为固定场所教学之后的读书讲学之所。在西汉、东汉朝代更替及汉末的战乱中，精庐、精舍成为避乱隐居的学者建立在山野大泽之间的读书讲学之所。故南宋理学大师朱熹曾说"前代庠序之教不修，士病无所于学，往往相与择圣地，立精舍以为群居讲学之所"⑤。汉代，儒释道三教文化在互相分别的同时又互相交融，汉末之后，精舍亦盛行于佛道两家，甚至佛道两家的精舍数量超过了儒家。但这些精舍都有一个共同的特点，就是与我国古代的隐士文化有较大的相关性。

"隐士的历史与中国古代文明史几乎是同步的"⑥，孔子曰"隐居以求其志"，庄子云"刻意尚行，离世异俗，高论诽谤"，秦汉之后，道家无为思想、淡泊世俗的观念，与孟子"穷则独善其身，达则兼济天下"的观念结合，并受佛教"远离世俗"观念的影响，隐居读书成为古代文人志士的风

---

① 精舍，中国古代读书、讲道、习佛之处。如佛家修行场所、道家修炼之处、儒家书院等，皆可谓之精舍。

② 〔宋〕范晔撰，〔唐〕李贤注.后汉书·刘淑传.卷九十七　党锢列传第五十七.

③ 〔宋〕范晔撰，〔唐〕李贤注.后汉书·姜肱传.卷八十三　周黄徐姜申屠列传第四十三.

④ 〔宋〕范晔撰，〔唐〕李贤注.后汉书·承宫传.卷十七　宣张王王杜郭吴承郑赵列传第十七.

⑤ 朱熹.衡阳石鼓书院记.朱文公文集.卷七十九,四部丛刊,初编都181册。

⑥ 丁钢，刘琪.书院与中国文化[M].上海：上海教育出版社，1992：15.

尚。唐代的安史之乱成为士人隐居读书及授业解惑的重要导火索，彼时名山大川、荒郊野岭成为儒者士子、文人骚客设立精舍、书院的最佳场所。

白鹿洞书院坐东北朝西南，"畅游"于山水之间（图2-3）。书院最早为唐代洛阳学者李渤、李涉的隐居读书之处，院名中的"白鹿"起源于一个故事：相传李渤、李涉兄弟二人在此养了一头白鹿，在专心读书的同时陶冶自己，得闲情雅致（图2-4）。朱熹曾评价白鹿洞书院："观其四面山水，清邃环合，无市井之喧，有泉石之胜，真群居讲学、遁迹著书之所。"[①] 书院隐于山林之间（图2-5、图2-6），为学子们提供了幽深僻静的读书环境。

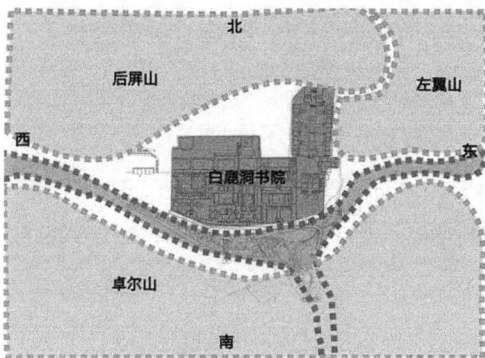

图2-3　白鹿洞书院选址图

图2-4　书院白鹿雕塑

图2-5　白鹿洞书院图

① 〔清〕毛德琦.白鹿书院志[M].中国古籍库，6.

图2-6　白鹿洞书院环境

石鼓书院择址于宁静隐秘的石鼓山上，环境静谧而有气势（图2-7、图2-8）。清李镐的《重修石鼓书院记》中描述了书院的环境："府治出潇湘门，折而北，有石鼓山拔起江际。怒石嵯峨，倒影下垂，若虎豹张牙，森欲搏人。"[①]

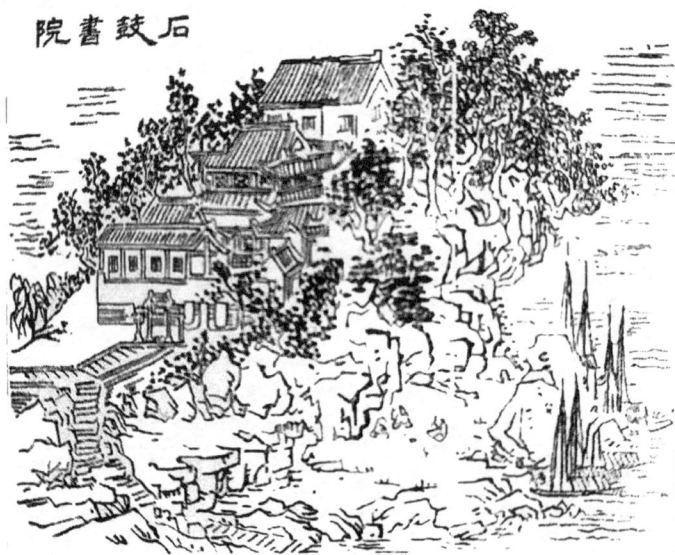

图2-7　石鼓书院图

唐元和三年（808年），士人李宽中将自己的读书堂建于湖南衡阳石鼓山上，至北宋年间，更名为石鼓书院。石鼓书院亦为"宋代四大书院"之一，位

① 清光绪《国朝石鼓志》，转引自：郭建衡、郭幸君.石鼓书院[M].长沙：湖南人民出版社，2014：231.

图 2-8 石鼓书院外环境现状

于蒸水与湘江汇集之处，前临耒水，三水浩浩荡荡聚流于洞庭湖，地理位置十分奇特。四明青华山人王镐游石鼓时为其秀丽绝美的环境所沉醉，作诗曰：

> 天上翼轸星，化作人间鼓。大音自希声，时有烟云吐。[1]

明万历年间，兵部主事朱维京游石鼓书院时亦深深感慨其环境之幽：

> 未讨金科迹，先探石鼓文。千峰杯外落，二水槛前分。古碣余秦篆，荒台断楚云。西窗青一带，岳色远氤氲。[2]

自古以来，中国私人讲学及隐居读书的风气十分浓郁，除了上述两个书院之外，还有诸多书院创建者将隐居读书修行当作书院办学的主要目的，倾向于选择幽静之处。

（2）风水文化对书院择址的影响

风水文化在古代中国一直颇有影响，儒家也十分推崇。儒家经典《周易》便是风水文化的重要来源。风水文化对儒家书院的基址选择会产生一定的影响，表现较为明显之处便是对书院环境——山水地势的选择，并形成了六种主要的择址模式（图2-9～图2-12、图2-16～图2-17）。诸多书院选

---

[1] 四明青华山人王镐《石鼓山》，转引自李安仁，王大韶，李扬华：《石鼓书院志》下部，第107页。

[2] 朱维京的《游石鼓书院》，转引自李安仁，王大韶，李扬华：《石鼓书院志》下部，第113页。

图2-9　背山面水型环境　　　　图2-10　三面环山、一面向水型环境

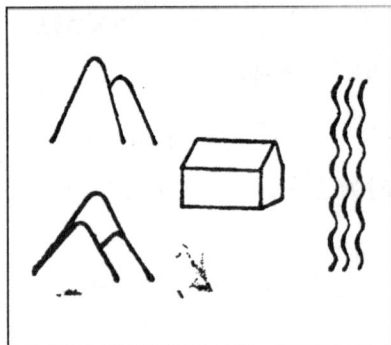

图2-11　依山傍水型环境　　　　图2-12　三面环水、一面背山型环境

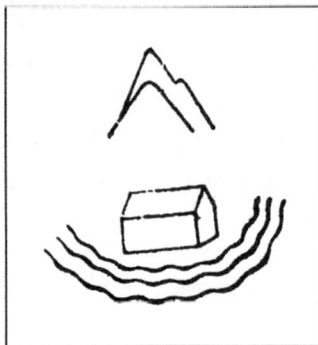

择了第一类背山面水的环境，就是背靠山脉，前临水流（图2-9），湖南省平江县的天岳书院（图2-13）、浏阳的文华书院等都是这种形式的环境，属于"吉形"。第二类书院的基址环境呈三面环山、一面向水之态（图2-10），此类书院案例也较多，如湖南的岳麓书院、云山书院等。岳麓书院因地制宜，依岳麓山的地势而建置，坐西向东，南临凤凰山，北临天马山，东靠湘江，三面环山，正面开阔临水，与主城区遥相相望。岳麓书院被三山——凤凰山、天马山与岳麓山"环抱于怀"，将"吉气"扣于中心，是为最佳吉形（图2-14），其周边环境"逾洞庭而南，山益峻，水益驶，献秀争奇，地与景迥"[①]。《五士游岳麓图》中这样描写岳麓书院："朝暾未生起微风，中流咿哑挟鸣橹。长林秀色已在望，有如出语见肝腑。"[②]可见其择址之佳。

第三类环境为依山傍水型，书院两侧临山伴水（图2-11），苏州同里古镇的同川书院就是如此：书院西南方临水，西北方靠团圆山，环境幽深秀

----

① 〔清〕赵宁、〔明〕吴道行修纂，邓洪波、谢丰校点.岳麓书院志[M].长沙：岳麓书社，2012：10.

② 邓洪波、谢丰校点.岳麓书院志[M].长沙：岳麓书社，2012：38.

图2-13　平江的天岳书院

图2-14　岳麓书院图

丽，这里藏风聚气，选址甚好。第四类是三面环水、一面背山型（图2-12），如衡阳的石鼓书院：石鼓山（图2-15）树木葱郁，书院建置于石鼓山上，被湘江、蒸水、耒水三江环绕，书院内人文与自然景观互相融合，文化浓郁，给人以古朴简洁、细腻精致之感。如果自然地理条件不理想，可以人工修整改造："以地气之兴，虽由天定，亦可人为"，蓄水、引水、造桥等手段都很重要。第五类为完全环山（图2-16），第六类为完全临水型书院（图2-17）。完全环山型书院一般是受地理环境的限制，如衡山的邺侯书院（图2-18）与白沙书院。衡山古木参天，终年苍翠，且南岳地势较高，所以建于这里的书院一般都离水较远；完全临水的书院一般建置于岛上，如衡阳的船山书院（图2-19）就择址于衡阳市雁峰区东洲岛上，四面临水。江西吉安的白鹭洲书院亦是如此。这类书院的选址目的是远离尘俗，以便静心读书。

图2-15　石鼓书院平面图

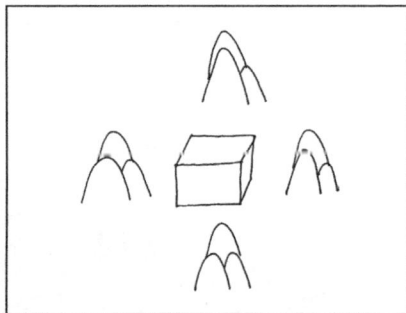

图2-16　完全环山型环境

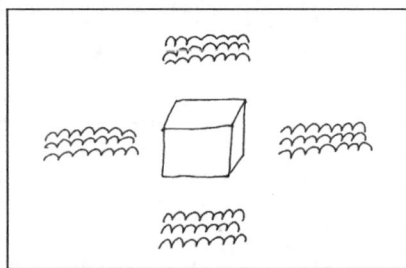

图2-17　完全临水型环境

图2-18　郴侯书院

图2-19　船山书院

3.书院择址的政治经济因素——对现实诉求的考虑

　　书院的择址蕴含着儒家的智慧，如朱熹的"格物穷理"强调要从接触、了解世间万物中来揣摩万物之天理，并且自己及弟子也在亲近大自然中探索真谛。每有闲暇时光，他便率领弟子一边游历名山胜水，一边探讨学问，他认为这种治学方式体现了"君子之于学也，藏焉、修焉、息焉"的深刻精神。国内外教育界也都有这样的看法：幽静的环境更能促进心性的修养、气质的形成，在潜移默化中提升个人的品格，在这一点上，书院的择址体现出儒家的生态智慧。当然，书院的择址也要受一些现实需求的约束，因此，交通物产等也成为书院选址的考虑因素。

（1）远离战乱及日常资源的需求

战乱的影响是书院长期存续所必须考虑的因素。书院往往选择避世的山野城郊之地。唐末天祐四年（907年），张玉于江西省宜丰县北云峰之麓，创建留张书院。是年朱温灭唐建立后梁政权，张玉为避战火，便退而隐居，并讲学其中。同时期为避乱隐居读书所建的书院有很多，南方如江西吉安的匡山书院，创建者罗韬避世而"以疾辞归，从游益众，名其学曰匡山书院"①，南唐罗靖、罗简兄弟所建梧桐书院与五代胡仲尧所建华林书院也均避居于僻静之处。

但书院的修建与日常生活及教育经费等是书院生存所面临的重要问题。譬如，书院建筑需要经常维护，其建筑材料往往就近收集，食宿的问题也是如此，而书院自身往往不能完全承担起这样的资源索求，所以书院往往还将周边环境资源丰富作为择址的一个重要指标。如著名的白鹿洞书院位于庐山，庐山自古有名，其间遍布瀑布、溪涧、池潭，山上更有丰富的野生动植物，近代还设立了庐山植物园。江西九江白鹿洞书院位于五老峰下，前临贯道溪，后屏山、卓尔山、左翼山三山环抱，其间物产丰富，日常所需的建造材料、食物等基本物资都可便利获取。

（2）生存经费的需求

经费是书院的经济命脉，决定着书院的生存与发展，因此，书院开办经费的需求尤为现实与急迫。在中国古代，"学田制"成为书院获得经费的重要途径，经费的宽裕成为书院集资养学、提供膏火及奖励、修建院舍的重要条件。徐锴《陈氏书堂记》中说道："（东佳）为书楼，堂庑数十间，聚书数千卷，田二十顷，以为游学之资。"明朝学者娄性的《白鹿洞学田记》中记载："书院不可无田，无田是无院也"，"院有田则士集，而讲道者千载一时；院无田则士难以集，院随以废。"可见学田之于书院的重要性。论集资养学，岳麓书院是较为成功的案例，它所拥有的学田从岳麓山脚直至湘江边，学田广阔且肥沃，收益极为丰裕，如同治年间，岳麓书院的学田面积就高达一千五百多亩，其中90%以上的集资用于教学方面，这也促使岳麓书院发展为中国古代著名的四大书院之一。清代时期，河南嵩阳书院的学田资源较为富足，《登封县志》中描述："学道吴子云置学田一百亩……抚院鹿祐置学田一百四十亩，以供餐饔、膏火之资。岁久，神祠、学舍俱就圮。乾隆

---

① 〔明〕万寿堂刊本《明一统志》卷五十六，转引自：李才栋.江西古代书院研究[M].南昌：江西教育出版社，1993：31-32.

四年，知县施奕簪入地一百十三亩，以为岁修之费。"

而学田的来源方式主要有三种：一为皇帝御赐，二为地方政府划拨，三为私人捐赠，其中尤以第三种最为突出。学田的经营方式主要是出租，或直接出租给佃户，或租给地主由其转租，或由地方官府代为经营，往往书院对于学田都是采取"间接经营"的方式。但不管直接或间接，书院总是要与社会产生关联，因此，书院既要给学生一个安静以"格物穷理"的环境，使学生不至于受到外界的干扰，又不能完全远离城市，以方便各类物资的供应。

（3）交通便利的需求

书院除了基本的功能外，其文化传播、对外学术交流的功能亦十分重要，这些功能的实现都需要书院选址于位置不偏僻且交通尚可的地方。

古代书院一般具有很强的文化包容性，允许儒家不同学派的人共同讲学，甚至鼓励不同学术观点之间的辩论与诘问。书院中交流探讨与辩论的方式不仅仅存在于单个书院的师生之间，还常与地方上的学术活动进行联合，甚至即使相隔遥远，耆硕名儒之间也会相约进行学术交流。历史上较为有名的书院学术交流活动如"鹅湖之会"，可谓"中国思想史上的里程碑"。这场学术辩论由理学大家吕祖谦主持，辩论双方分别是心学派陆九渊、陆九龄兄弟与程朱理学的代表朱熹，此消息一出，一时间社会名流聚集于此，虽然最终结果并未有胜负，也没有实现学术观点的统一，但这次重大的辩论对儒学思想与文化的交流推动起到了极其重要的作用。宋淳熙十五年（1188年）冬，鹅湖书院又进行了第二次著名的学术交流活动，参与者为江东才子陈亮与著名词人辛弃疾（朱熹因身体状况而未能参加），二人在鹅湖"长歌相合，极论世事，逗留弥旬"，也产生了较大的影响，可见学术交流对于儒家思想文化的宣传具有深远的影响力。因此，为方便书院多开展此类论讲，以及儒家游历于社会中进行传经布道的活动，书院往往还选址于交通方便或者临近主要交通干线的地方。如江西书院众多与江西的水系发达直接相关。江西在相当长的一段时期内是粤地北上通往江浙、中原、京津的交通要津。江西境内河流众多，著名的五大水系更是辐射面积宽广，贯穿四方，汇于鄱阳湖，终与长江交汇，形成四通八达的水运路线。如鹅湖书院选址于驿道附近，陆路交通十分方便。九江星子县的白鹿洞书院位置则更佳，因为古代的水路交通的优势是大于陆路交通的，书院的地址靠近鄱阳湖（图2-20）至长江的水道，交通十分便捷。书院虽处于郊野，远离喧嚣，但却不封闭，是一个开敞的学术交流空间。

图2-20 白鹿洞书院地形图

4.书院择址的审美因素

书院是儒家思想文化的物质承载者，其环境更透露出儒家的审美理念，如"中和""比德""隐逸"等。

（1）"中和"之美

孔子曾评价《关雎》："乐而不淫，哀而不伤"，意思是快乐但不是没有节制，悲哀却不至于过于悲伤，也由此奠定了中国古代儒家以"中和"思想来说诗的基调。中和之美不仅体现了诗歌的品级，也反映了儒家所认识的人与自然、社会以及人自身的关系。儒家的诸多典籍中都提到"和"的思想：《礼记·乐记》中的"乐者，天地之和也"；《论语·学而》中"礼之用，和为贵"等，并衍生出许多与"和"相关的词语如"和谐""和睦""祥和"等。儒家书院之所以选址于自然山水之间，与儒家的"中和"审美思想有着很大的相关性。中国古典美学最为推崇的境界就是自然与人文相结合的审美境界。孔子在与弟子探讨各自的志向时，曾激赏曾点的回答："暮春者，春服既成，冠者五六人，童子八七人，浴乎沂，风乎舞雩，咏而归"[①]，"这种人与大地自然共通和谐的境界才能达到生命圆满的和谐，体会与天道自然同体的悠

---

① 孔子著，杨伯峻、杨逢彬注译，杨柳岸导读.论语·先进篇[M].长沙：岳麓书社，2018.

游之心。"①《新修石门洞书院》中载录："然观灵运寻最高顶、新营所住诸作，不过蜡屐好游、伐山开径之一事。而若仰抱云霏，俯灌岩溜，于以悟仁智动静之体，得内外交养之机"②，谢灵运在游历自然山水、寻找心仪景色时，被石门洞的风景所感染，而从中悟道，领悟内外交养的真谛。而他的"内外交养之机"便可理解为达到人与自然和谐的状态，"人格与心灵、道德与审美的和谐，既顺应生命天性，又可以在此基础上提升生命境界"③，得中和之审美境界。因此书院在选址时往往会考虑到自然环境能否帮助自己达到天、地、人和谐统一的中和的至高境界。

（2）"比德"之说

我国是农业社会，先民对于土地、自然不仅充满了尊重与依赖，更有一份深厚的情感，这种情感便是通过"比德"的审美方式来实现的，亦体现了中国古人的生态平等观。书院的环境选择也与这种审美方式大有关联。《论语·雍也》："仁者乐山，智者乐水，君子比德于山水"，将君子与山水的品质相比拟，这是儒家"比德"之说最早的出处；《诗经·秦风·小戎》提到"言念君子，温其如玉"，将君子的品质比作玉。"比德"的手法将人的品格与自然界的事物相比较，用自然事物的特性寓意君子的高尚品格，寄予"天人合德"的深意。儒家认为"比德"将人与自然合二为一，是一种很高的精神追求，因此古人常通过"比德"来对自我进行审视与反思，以此陶冶情操。书院也希望通过追寻能与人达到和谐统一的环境来为师生提供良好的修行场所。如独峰书院位于秀丽的好山山麓（图2-21、图2-22），远离喧嚣，隔绝俗世，氛围旷达悠远，学子们在这种宁静环境中以大自然为师，将儒学大义与自身修养结合起来，不断提升修养，完善自己。

（3）"藏修息游"之向往

《礼记·学记》中记载："不兴其艺，不能乐学。故君子之于学也，藏焉，修焉，息焉，游焉。夫然，故安其学而亲其师，乐其及而信其道，是以虽离师辅而不反也。"④这里阐述了孔子教育学生的方式，值得探究的是孔子提到学习的过程中"休息、游乐"的重要性。不仅仅孔子，大儒朱熹也曾提出相似的理念："游者，玩物适情之谓。"⑤朱熹常教育自己的弟子应多去自然

---

① 卢政.中国古典美学的生态智慧研究[M].北京：人民出版社，2016：78.

② 〔元〕柳贯.待制集.卷之十五——新修石门洞书院记[M].中国基本古籍库，211.

③ 卢政.中国古典美学的生态智慧研究[M].北京：人民出版社，2016：78.

④ 李昂.读书方法探寻[M].北京：长征出版社，1983：105.

⑤ 朱熹.四书章句集注[M].济南：齐鲁书社，1992：63.

图2-21 独峰书院入口景观

图2-22 独峰书院全景图

环境中感悟自己，提升自己的心性，做到真正的"格物致理"。王羲之也在《兰亭序》中说道："仰观宇宙之大，俯察品类之盛，所以游目骋怀，足以极视听之娱，信可乐也"，可见，这位大书法家通过仰观俯察的方式找寻到了美的踪迹。而儒家书院的选址也深受这些大儒审美思想的影响。《岳麓书院志》中记载："地以人而胜，人以道而存。海宇之广，名山异境，为藏修游息之所者，不可胜纪"，可见岳麓书院的选址便考虑到了这一点。的确，想要达到"万物同体"或人与自然"天人合一"的境界，第一步便是要融入自然环境之中进行审美格物，再依从往圣先贤的学说义理将自己融入于自然山水，在自然山水中仰观俯察，最终达到心与物合、天人合一的境界。

5.书院择址的宗教与历史因素——对佛道两家的学习借鉴

中国自古以来，儒、释、道三家文化既有抗衡也有交流。书院基址的选择自西汉尊崇儒术以来，儒家取得了国家正统的地位；至东汉，佛教传入中原而渐趋兴盛；与此同时，扎根本土的道教亦逐渐兴起。

东汉起，佛教受着本土道教与外来佛教的双面夹击，儒家在艰难的对抗处境中不断融合与学习佛道文化，完善自身的思想体系，最终维持了其在千年封建时期的正统之位。作为"三方角力"的产物之一，儒家书院环境基址的选择也吸取了佛道修学场所的优点。如佛家讲究心灵修行，打禅是重要的修行方式，安静的环境是佛教徒修行的必要条件，且名山大川是佛教徒心目中的胜地与净土，因此佛教寺庙多选址于"名山胜境"之中；道家则倾向于"洞天福地"，认为这样的地方更适合他们修炼、修行，故茂林修竹、洞窟溪潭亦是心仪的成仙之所。这二者都表现出对自然山水的亲近与推崇，而书院的选址亦有"亲山水"的传统，并且精舍这一建筑类型起源于古印度，为佛教徒传入中原，自东汉起则为儒、释、道三家共用。此外，儒、释、道三家建筑都有可能是在其他类型的修习场所的旧址上修建而成，或者是直接占用的。

隋唐五代以来，佛道两家地位提升，于是儒家诸子通过大力兴办教育事业、复兴儒家传统文化来摆脱困境，宋代书院创建颇多，在宋朝至清朝的近千年时间里，儒家理学家们一方面与佛道两家抗衡，另一方面又困扰于士大夫的僧道化与一般民众对佛道的信仰。朱熹认为"人类的基本关系就在五伦，学校教育的中心任务，应以明人伦为本，整个社会伦理纲常的重建必须依靠教育来完成"[①]，因此书院教育的大力推广成为对抗佛道的重要手段。隋唐时期寺庙道观开始大量兴建，遍布于山林名胜之地，此后，其数量不断增多，对儒家教育的发展形成了事实上的挤压，因为佛家寺庙与道家宫观的建立必然会消耗大量的金钱与人力，留给儒家教育的人财则大大缩减。在宋代，许多儒家名士认识到过崇佛老的现象及僧侣道士免交税款的政策使得赵宋王朝的经济状况更加严峻，而此期正当官学衰败，一些儒者的斗志更加激昂，立誓振兴儒学，私人创办书院的风气由此生发。

淳熙五年（1178年），朱熹知南康军，他发现昔日兴盛的白鹿洞书院荒凉破败，年久失修，而周边的佛寺道观都已逐渐恢复，心中深感不安且觉肩负重任。他写道：

---

① 丁钢，刘琪.书院与中国文化[M].上海：上海教育出版社，1992：22.

窃惟庐山山水之胜甲于东南，老佛之居以百十数，中间虽有废坏，今日鲜有不兴葺。独此一洞，乃前贤旧隐儒学精舍，又蒙圣朝恩赐褒显，所以惠养一方之士，德意甚厚，故乃废坏不修至于如此，长民之吏不得不任其责。[①]

但他此番心意却招来朝野的讥笑，朱熹便反问："先王礼乐之宫与异端老佛之居，孰正孰邪？三纲五常之教与无父无君之说，孰利孰害？"[②]从中可看出朱熹主要是担心不修复书院，所遗空白必然为释道两家填补，为抵消佛道势力的增长，就必须复兴白鹿洞书院。

儒、释、道三家文化教育之间就这样不断地竞争与融合、补充，三者在建筑选址上也达成了惊人的相似。唐宋时期受隐居风气的影响，书院多偏爱山林环境，也借鉴了佛道两家清净潜修，在名川大山、荒郊山野等风景优美、环境优雅之处设立寺庙宫观的经验，这样，儒者的活动范围便与佛道修行者多有重合之处。因此书院与寺庙、宫观往往会相伴而存，比如风景优美的江西上饶铅山县鹅湖山麓上建有著名的鹅湖书院（图2-23），而在鹅湖峰顶上则建置了慈济禅寺（图2-24），两者选址相近，都位于青山碧水之间（图2-25）；又如有"南岳周围八百里，回燕为首，岳麓为足"[③]之称的岳麓山山脚及山腰处各建立了岳麓书院以及麓山寺等（图2-26）。

图2-23　鹅湖书院　　　　　　　　　图2-24　慈济禅寺

元、明、清三代，由于教育的普及以及科举制度的推动，书院的选址从原先的郊野之地逐渐向交通发达、人口稠密的地方延展，甚至多有建在县、

① 朱熹.朱熹集.卷二十[M].成都：四川教育出版社，1996：172.

② 熊震，李昱.白鹿洞书院复兴与书院文化传播的主要因素分析[J].河南广播电视大学学报，2018：60.

③《亲历者》编辑部编著.火车畅游，从北京出发[M].北京：中国铁道出版社，2014：195.

图 2-25　鹅湖书院环境图

府、州、省治所之内，但仍然遵循着选取名胜风景之处的特点，这又与寺观的择址不谋而合。很多地方志中可以看到书院与寺观比邻而处的记载，如在贵州镇远中和山青龙洞风景区，"清代乾隆间陆续建有万寿宫、大佛堂、观音殿、玉皇殿、吕祖殿、藏经楼等。光绪间书院建筑部分恢复"①，可见各家建筑同在一处，蔚为可观。

　　而由于选址的相似性，书院与寺庙宫观产生互相占用的可能。一般书院改为寺观的情况是因为书院衰败或官府默认而得以实现，而寺观改为书院则是由地方官员主持，用行政命令强制实施。资料统计显示，寺观改为书院多发生于宋代，而书院改为寺观则多发生于元代。明代由于理学大家的大力推动，寺观改为书院的案例又逐渐增多。清代则寺观改为书院现象较为普遍，书院改为寺观的情况则较少。如著名的道教圣地云阳山的云阳仙道观在南宋末期改为紫薇书院；明弘治十三年（1500年），河南郏县的高阳寺改为崇正书院；历史上嵩阳书院也曾为佛、道的修行场所，但如今却以"四大书院"之一而名世。

　　综上所述，中国独特的文化土壤造就了书院这一文化景观，但儒家书院

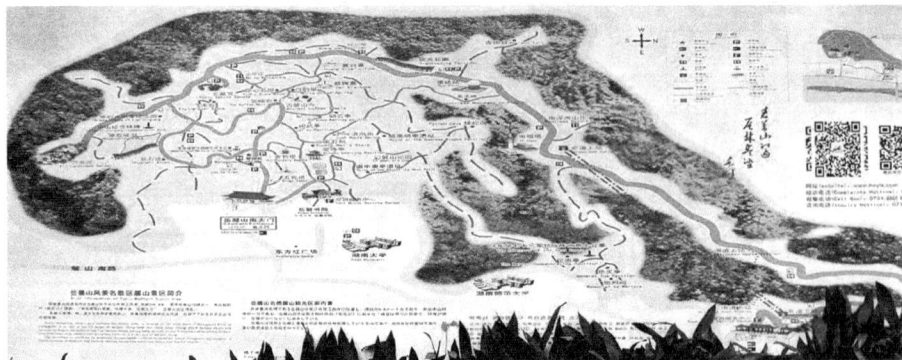

图 2-26　岳麓山风景名胜区岳麓景区全景图

① 丁钢，刘琪.书院与中国文化 [M].上海：教育出版社，1992：43.

在区域分布上呈不均衡的状态，其中中国南方的书院数量较多，分布比较密集，细分来看，长江流域的书院在数量及办学规模上都遥遥领先。这种现象与中国古代的政治、经济、文化、宗教与历史背景直接相关，此外，儒家自身的思想、文化也极大地影响了书院的选址。书院或选址于自然山水与名山胜地，或选址于风水极佳之处，或选址于远离战争、避世清修之所，或选址于资源丰富之地，或选址于交通方便、利于学术交流之地，或邻近佛道两教的寺观，或干脆将佛道的庙宇道观改为书院。总之，儒家书院的选址与中国大的社会背景紧密相连，也与儒家的思想或观念直接相关。如今，书院已不再是教育的场所，也不再是一种办学方式，但书院是与古代文人联系最亲密的场所，它的选址及其空间布局都反映了古代文人的生态智慧与审美情趣，满足了儒生身心发展的多种需求，可以为中国当代教育机构的环境选择与建造提供良好的借鉴。此外，现存的书院景观承载着儒家的思想文化，并且在长期的发展中留存了下来，其景观的设计营造与建筑布局都有独到之处，体现出深刻的文化内涵和艺术特色，对其择址与空间的研究是认知古代优秀传统文化，发扬中华文明，重建文化自信的重要途径。

南方儒家书院的空间布局

书院空间营造在受到中国传统礼制思想影响的同时，必须考虑实用功能，如藏书、祭祀、讲课等，因此合理的书院空间布局显得十分重要。

一、书院的功能分区

《礼记》载："大学之教也，时教必有正业，退息必有居。学，不学操缦，不能安弦不学博依，不能安诗；不学杂服，不能安礼。不兴其艺，不能乐学。故君子之于学也，藏焉修焉，息焉游焉。"随着书院形制的发展，书院的功能不断完备，并影响了书院的空间布局。宋代之前，书院的主要功能是讲学、藏书、祭祀，形成了早期书院的空间形态。后来书院逐渐替代官学，为了支付日常开支以及解决大量读书人的基本生活问题，书院的建设就把"学田"也纳入其中，因此讲学、藏书、祭祀、学田合称为书院的四大基本规制。南宋时期，在理学家们的努力之下，书院的基本规制变得更完备，书院的功能被扩大为研究学问、教学传道、藏书、刻书、祭祀学派祖师、经营田产等六大事业。[①] 与之相对应，书院在空间上也分成了教学空间、藏书空间、祭祀空间等。另外为满足学子日常生活和休憩的要求，书院增加了斋舍空间和休息空间。

传统书院是兼具纪念性、隐逸性和功能性的综合空间（图2-27），为了满足书院复杂多样的需求，书院中功能分区十分明确，大多功能分区都有相对独立的院落，院墙作为阻隔保证了每一分区的独立性。书院以院墙和洞门将各个空间相互分割联系，且将礼制建筑与实用性建筑连为一体，形成院落式的空间格局。而在每一个庭院中，组织都较为完整，形成以建筑为主体，配以植物、铺装、小品等景观要素的完整空间。

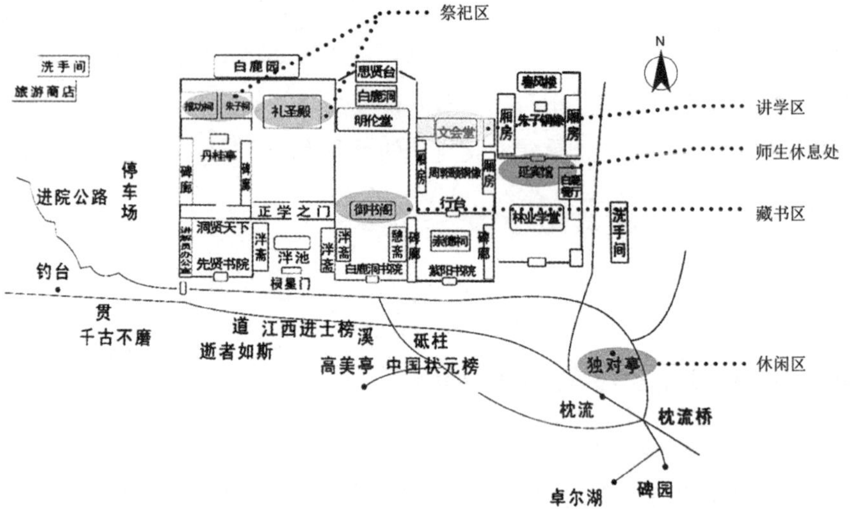

图2-27　白鹿洞书院功能分区图

1.讲学区

讲学区是书院空间布局的中心，一般位于核心位置，无论考察其形制还是体量，都可以看出其在书院空间中的重要性。讲学区的主体建筑是讲堂，为书院教师传业授道之处，亦作为书院讲会、宣教等活动的中心。江西省铅山县的鹅湖书院的讲堂历史上就举办了轰动一时且影响深远的"鹅湖之会"。鹅湖书院的讲堂设置于书院的中轴线上，在仪门之后，并位于书院三大主要空间的最前端。讲堂两侧环绕着东、西号舍，为院中师生居住之处（图2-28）。讲堂一般为三到五开间，并面对院落敞开，方便必要时

① 郑洪波.宋代书院的开拓与进取.中国青年报，2017：5.

扩大讲堂的使用面积。

2.祭祀区

中国上古时期就有祭祀活动，在人类早期的生产生活中，"实践能力的有限迫使人类一切的活动都围绕着生存展开，那时向大自然讨生活是人类社会的主旋律"[①]。人们不能完全地驾驭自然，使用自然资源，并将一切活动都依赖于"天"之赏赐，认为世间事物的发展都被"天"所支配着，从而对天产生憧憬与敬畏，以隆重的礼仪来祭祀"天"，从而发展出祭坛、祭台、神庙等祭祀场所。

图2-28 鹅湖书院号舍

自古以来，尊师重道就是中国优秀的传统文化之一，书院中祭祀区的建立就是为了纪念先贤圣人以及为书院发展做过重要贡献的人，同时作为一种仪式性空间发扬着教育书院学子的作用。《礼记·祭统》言："凡治人之道，莫急于礼。礼有五经，莫重于祭。夫祭者，非物自外至也，自中出生于心也。心怵而奉之以礼，是故惟贤者能尽祭之义。"书院的祭祀功能一直受到历代书院建设者的重视。从宋代开始，随着书院制度的逐渐完善，书院祭祀对象也更加丰富，因此书院中的祭祀建筑也逐渐增多。如江西吉安的白鹭洲书院，书院入口东侧是景贤祠（图2-29），用以纪念乡土先贤，西侧为六君子祠，用以祭祀儒家的理学大家周敦颐、二程、张载、朱熹等人。湖南岳麓书院的祭祀空间更为丰富，包括先圣祠庙和纪念亭，原来共有27处，现在仅保存了8处，分别是濂溪祠、四箴亭、崇道祠、六君子堂、船山祠、山斋旧址、杉庵旧址、时务轩。此后数代，由于科举制度的不断发展，文昌帝君和魁星（奎星）等仙灵也逐渐受到士人的重视，如湖南宁乡的玉潭书院中就出现了文昌阁与奎星阁。

3.藏书区

藏书、修书、校书是书院最初始的职能，书院也因藏书而得名，"书院

[①] 江牧.设计的逻辑[M].北京：中国建筑工业出版社，2019：145.

图2-29　白鹭洲书院景贤祠

之所以称名者，盖实以为藏书之所，而令诸士子就学其中者"[1]。书院的读书与讲学功能都是之后才发展起来的。古代书院的藏书功能深受重视，成为衡量书院质量的标尺，所以众多书院纷纷建设藏书楼。书院中的藏书一般有三个来源：一是书院自行刊刻与购买的书籍，二是书院师生以及社会人士捐赠的书籍，三是皇帝御赐的书籍。一般受到皇帝御赐书籍的藏书建筑称为御书楼或御书阁。

至宋代，由于印刷术的发展和国家对藏书事业的支持，书院的藏书规模越来越大。如湖南岳麓书院御书楼（图2-30）的规模较雄伟，总共三层阁楼，位于书院中轴线的末端位置，御书阁坐西向东，可俯观整个书院。

藏书区一般位于书院的中后端，且多位于建筑轴线上，但也有特例，如白鹿洞书院的御书阁（图2-31）位于教学区之前。此外，许多中小型的书院没有专门的藏书楼，如"湖南现存15处书院建筑群中，仅9所

图2-30　岳麓书院御书楼

---

[1] 戴均衡.桐乡书院志.卷六.书院杂议·藏书籍.清刊本.

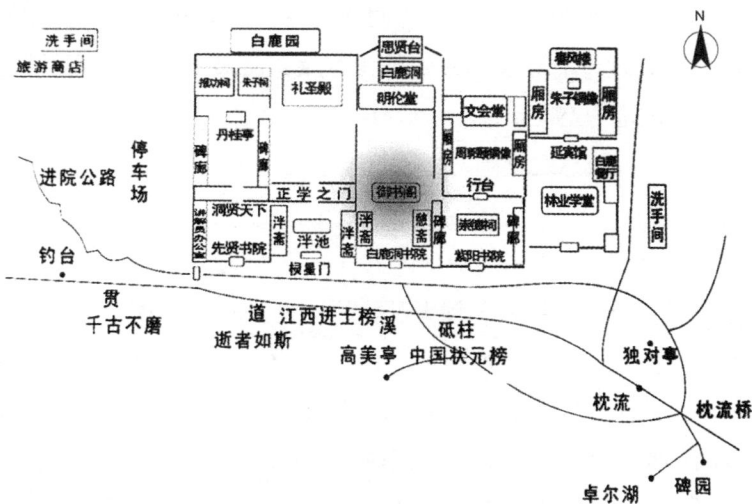

图2-31　白鹿洞书院御书阁的位置示意图

书院设有藏书楼"[1]，说明许多小型书院不具备单独建设藏书楼的条件，尤其清代以来，书院的功利性越来越强，其藏书职能也越发地受到忽略。

4.前导区

　　书院头门之前的空间为前导空间，一般由院门、照壁与院落围墙组合而成。现存书院的前导空间一般为一到三进，一些书院还在前导空间中设立单体建筑，如湖南岳麓书院在前门与大门之间设立了赫曦台（图2-32），鉴湖书院的前导空间中还放置了文昌阁，昭潭书院将明伦堂设于前导空间中，但这些都是较特殊的案例。书院的进入方式一般有两种：一种为中入式，书院的院门都位于一条轴线上，如岳麓书院的前导空间就是在中轴线上分布的：前门—赫曦台—大门—二门；另一种为侧入式，如江西铅山县的鹅湖书院，前导空间为从书院的前门进入，再右转进入书院的大门（图2-33），有时因

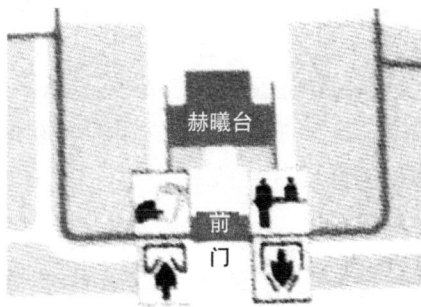

图2-32　岳麓书院赫曦台位置图

图2-33　鹅湖书院前导空间

---

① 罗明.湖南清代文教建筑研究[D].湖南大学，2014：192.

为历史兴废重修复建的缘故，书院空间中的建筑会偏离中轴线，如邵阳的濂溪书院。总体而言，前导空间一般较为宽敞，凸显出书院宁静、隐逸的氛围，并且还通过这一空间形成与书院外围空间的对比，以强化庭院空间的修学环境，营造止心诚意之氛围，增添精神感染力。

5. 生活区

书院的生活区主要为书院师生休憩与学习之处，包括斋舍与山长用房等配套生活用房。斋舍一般处于较为僻静的位置，多位于书院中轴线的两侧，如果书院面积较大，斋舍间数较多，呈并列分布，斋舍一般会设有横向的长廊以方便联系。江西鹅湖书院的斋舍数量较多，明朝万历年间，其斋舍的数量高达百间，四方学子皆慕名而来，轴线两侧的斋舍区域分别设立了两排空间，形成了互不相扰的安静学习环境。两排斋舍的房门并不朝向一个院落开启（图2-34）。而山长的办公及休息处则位于较为偏僻的位置，一般在书院的后方，有较强的私密性。

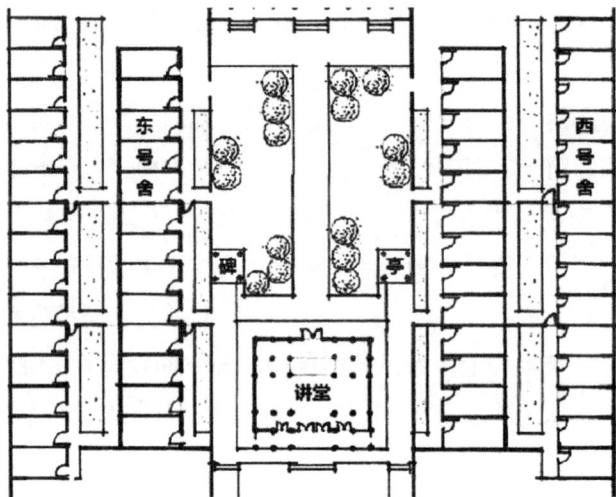

图2-34　鹅湖书院斋舍区

斋舍的规模与书院的规模直接相关，书院的规模越大，往往生员越多，所需的住宅空间就越多。虽然生活功能在书院的各项功能中并不处于首要地位，但生活区的面积往往成为书院各功能区中最大的。

6. 园林区

书院的园林区为书院师生提供了休憩游玩的场所。自古国人就讲究寓教于乐，儒家倡导君子之于学也，藏焉，修焉，息焉，游焉，强调在休息游玩中学习。朱熹也鼓励弟子在游乐中修行自身，以此而"格物穷理"。因此，大部分书院都十分注重书院环境的选择，书院建造时不仅利用外围自然山水的环境，而且在院中建造亭台楼阁，将自然与人工进行很好的结合。鹅湖书院虽然没有单独开辟出一片园林区，但是书院庭院中灵动的植物与书院的建筑、外围的山脉植物相融合，创造出十分古朴、宁静的书院园林景观（图2-35）。而岳麓书院的规模较大，故在书院的西南方向单独开辟出一片园林，园林中植物秀美、亭廊蜿蜒、池水流动，不失为课余游憩畅神之佳处。

图2-35　鹅湖书院园林景观

二、书院空间中的景观要素

书院空间中有一些重要的构成内容，包含着深刻的寓意，因此这些空间在构造时受到古人的重视，其建造也十分讲究，并且形成独特的书院景观。

1.棂星门

棂星门起源于牌坊。唐代之前，棂星门称为"乌头门"，宋之后便称为棂星门。史籍中记载："棂星"即"灵星"，也称为"天田星"，古人认为天田星是掌管世间谷物的[①]，不论天子、百姓均祭祀以寻求保护。汉高祖规定祭天需先祭祀"灵星"，北宋仁宗设用于祭祀的"郊台"和"灵星门"，门由木制，且有窗棂，为了区别于"灵星"，所以又称为"棂星门"。后来，诸多朝代的封建统治者为了维护自己的政权，将儒家思想作为统治思想，因而需要将孔子神化，用极崇高的仪式来祭拜孔子。随着儒学的正统地位越来越稳固，儒家建筑愈发有礼制建筑的色彩，于是各地儒家建筑的入口处都设立棂星门，并且都采取最庄重、威严、肃穆的形制来建造棂星门。中国古代书院多建有棂星门，只是在经历战乱或一些自然灾害之后，一些书院的棂星门已不复存在。书院的棂星门一般位于泮池之前（图2-36、图2-37），既起着道

---

① 张恒，李荣华.灵星祭祀：中国古代农业祭祀文化兴衰的一个考察[J].农业考古，2019（4）：248.

图2-36　白鹿洞书院棂星门

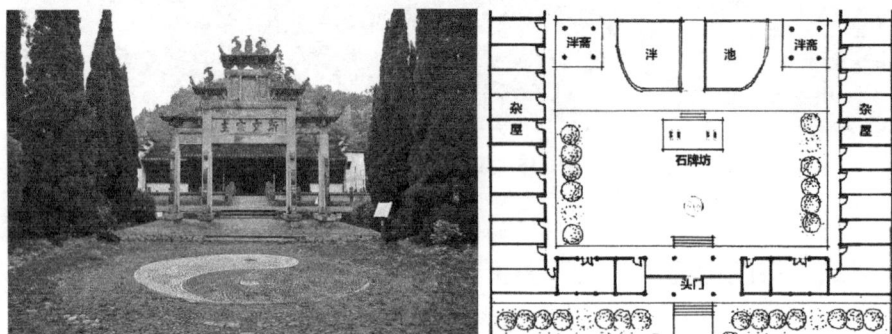

图2-37　鹅湖书院棂星门

德教化的功能，也具有空间分界的作用，以及追思先贤的作用①。同时也代表着文人学士汇聚于此，统一于儒学门下。

2.泮池

泮池最早来源于官学建筑——泮宫，也是官学的标志。《礼记·王制》云："大学在郊，天子曰辟雍，诸侯曰泮宫。"《五经通义》："诸侯不得观四方，故缺东以南，半天子之学，故曰泮宫。"泮池又被称为"学海"，意为"学海无涯"，一般位于大成门（也称"礼圣门"）之前，为半圆形，呈外圆内直之状，"半圆形表示不盈不亏，象征中庸之道。孔子提倡'学无止境'，就像这半圆的水池，永远也不可能成为满圆形的"②。泮池在儒家建筑中象征庄严与神圣性，隐喻着儒家"孔泽流长"的思想。早期的泮池并无一定的规制，直到明代，泮池普及后才有了规范化的要求，明人王圻编写的《三才图会·宫室》中便对天子辟雍和诸侯泮宫有了图示说明（图2-38）。

① 金其桢.论坊的源流及社会功能[J].中华文化论坛，2003（1）：71.
② 张亚祥，刘磊.泮池考论[J].孔子研究，1998（01）：36-39.

图2-38 天子辟雍（左）与诸侯泮宫（右）图

许多书院在建筑群的最前端——引导区中都会设立泮池。泮池一般位于书院空间的中轴线上，现今我们所见的泮池，基本都建于清代，多由石材砌筑。如鹅湖书院、白鹿洞书院、白鹭洲书院等书院的泮池俱是如此（图2-39、图2-40），白鹭洲书院的泮池还称为"鹭池"。泮池一般与棂星门同时建立，历代修复书院的时候，必定疏浚泮池。

图2-39 鹅湖书院泮池

图2-40 白鹿洞书院泮池

3.状元桥

状元桥也是官学机构如学庙、学宫、书院的重要组成部分。状元桥一般架设于泮池上方，为石质拱桥，做连通前后空间之用。状元桥不可随意走过，唯有及第者才可以，所以称为"状元桥"，民间传说有"昔日状元才过桥，今朝过桥即状元"之内涵。鹅湖书院的泮池上是单孔拱形的石桥，桥长10m，面宽2.5m，两边是青石护栏，各有望柱10根。多数书院都沿袭了院前建立状元桥的方法，寓意学子们能高中甲榜，入朝建业。

4.礼圣门

礼圣门是书院的正门，或称为大成门——文庙建筑中也有这类门式建筑。如白鹿洞书院的礼圣门，原称先师庙门，由朱熹出资初建。两侧柱子上的对联更是写道："诏有格言求真才于正学，教无异术修至理于常行"，阐明了此处正学之教育意义（图2-41）。

图2-41　白鹿洞书院礼圣门

书院的空间形态

中国南方书院是在一定历史背景和地域文化中形成的，有自己专属的特征，书院空间形态特征是时代历史背景与儒家文化等综合影响下的产物。以下主要从书院的外环境、平面形制、空间处理手法及其他造园要素等方面来介绍书院独特的空间形态。

一、书院的选址及其外环境

书院十分重视外环境的选择，在选址时十分谨慎，或推崇自然山水与名人胜地，或受隐逸文化的影响，或信奉儒家的风水文化，或受儒家审美思想的影响。

"居山水之上"为儒家士人的理想环境观，白鹿洞书院就位于山林之间。山水本非有情众生，但儒家以山水比德，用山水的品质隐喻人的"智"与"仁"。白鹿洞周边，环绕白鹿洞书院有五山，"五老峰东南下为后屏山，一山隆起，四山宛宛，环庐岳，控湖江，蕴灵于此间"[①]。意为五山绵延，将

① 樟石齐.樟石齐文集.卷四十一.白鹿洞书院[M].中国基本古籍库，292.

3000多亩的白鹿洞书院"抱"于怀中；水指书院正前方的贯道溪（图2-42），溪流名称来源于《论语·里仁篇》"吾道一以贯之"。

白鹿洞书院对于其外围的自然环境十分尊重，其建置也因地制宜。书院原始森林的保留使得众多名贵树种得以保存，如水杉、古松、红枫、紫荆、广玉兰、银杏等。山上琼林玉树，山下溪水淙淙、明澈清冽。白鹿洞书院环境僻静而优美，许多学子前来读书，历朝多有名士前来拜访，书院对面的山上还建置了独对亭和高美亭，与书院遥遥相对，渲染了整个书院的气氛。"在书院明伦堂屏山曾建'太极亭'，'遥与高

图2-42　贯道溪图

美亭相主宾'，亭两旁有鹿鸣亭踞其左，喻义亭踞其右。亭名'太极'是为了烘托朱熹编辑注解周敦颐的《太极图说》这段历史，曾是书院一处重要点缀景观。"[1] 书院布局活泼，风格清新淡雅，人文气息浓郁，加上书院外山水的烘托、亭池点缀，体现出"天人合一"的意境。

此外，许多书院的选址也都十分重视外环境的原生态，植被茂盛，山水环绕，绿树掩映，此等隐逸之境很适合修身养性。如湖南的岳麓书院，位于秀丽的岳麓山山麓，书院建筑掩藏于四周林木中（图2-43），与周围环境融为一体，人工景观与外围的自然景观进行了很好的结合（图2-44）。《长沙府岳麓书院续志》卷一中对岳麓书院的外围环境给予了很高的评价："此外天际诸峰，依稀飘渺，正不知是何处所矣……故于斯为盛也，岂不懿哉。"江西吉安的白鹭洲书院多方择址，最终仍倾心于远离世俗、清静幽雅的白鹭洲（图2-45），书院楹联上写道："鹭飞振振兮不与波上下，地活泼泼兮无分水东西。"

① 钟旭东.白鹿洞书院建筑环境浅析[J].山西建筑，2011：51.

图2-43　岳麓书院园林景观

图2-44　岳麓书院俯视图

图2-45　白鹭洲

二、书院空间的平面形制

上面介绍了书院外环境的特点与书院选址情况，以下将针对书院内部的平面形制进行分析，探讨书院的围合方式、空间序列和布局特点。

1.书院的围合方式

自古以来，中华民族内向沉稳的民族性格，影响到了我国古典园林、民居建筑等的布局。尽管建筑形态上十分丰富，但多采取四合院形式的空间布局，这便是较为典型的内向型布局形式。书院这一特殊的建筑群体也多采取了内向的布局空间，但并不是整个聚落都是内向型的布局，其中仍可能会有一些零星的建筑单体。

这种内向型的围合方式还可细分为廊庑式与合院式，其中廊庑式起源于廊院式。廊院指的是四周由回廊围合成院，而廊庑式介于廊院与合院两种形式之间。相比于廊院式，廊庑式更加适用，宋之后，廊庑式基本取代了廊院式，至明清，廊院式基本消失。此外，长江中下游及其周边地区的气候呈夏热冬冷的状态，因此廊庑式也更加适于该地区及其周边等南方地区。相较于南方地区，北方地区的书院更多以合院的形式呈现，更加闭合以抵御冬季的寒风，适宜气候的同时也保证了书院环境的僻静与安宁。

江西的白鹿洞书院（图2-46），其建筑群落就以廊庑式院落为主，形成了12个闭合的小空间。而吉安的白鹭洲书院，主体建筑与轴线两侧的碑廊

互相围合，组成三个闭合的廊庑式院落（图2-47）；江西铅山县的鹅湖书院
也沿着中轴线两侧设置了院落，与主体建筑头门、讲堂、御书阁相围合，形
成前后两个廊庑式院落（图2-48）。

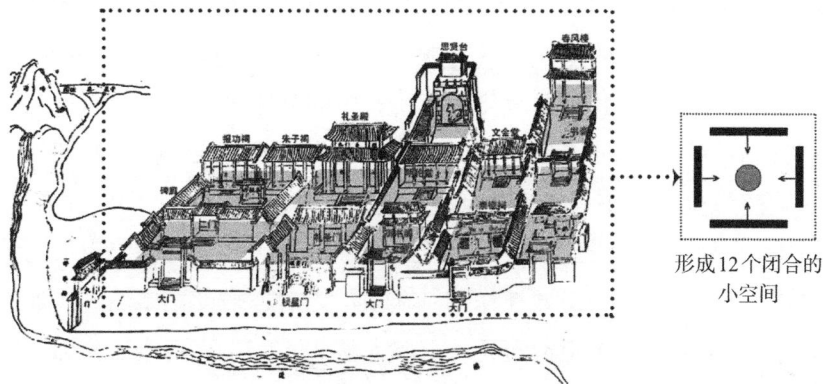

形成12个闭合的
小空间

图2-46　白鹿洞书院的内向型院落

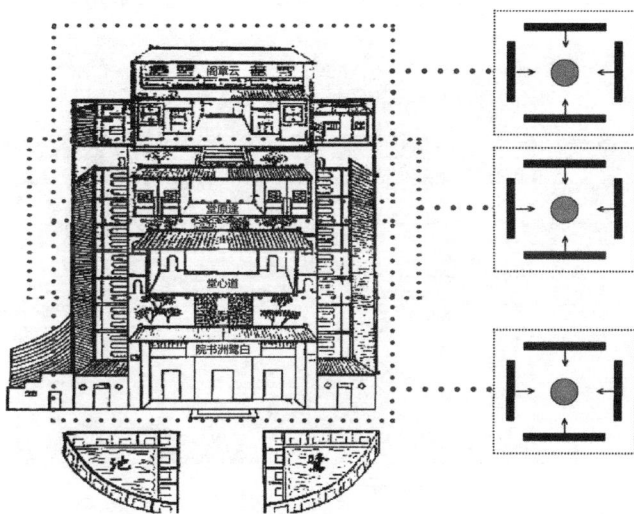

图2-47　白鹭洲书院的内向型院落

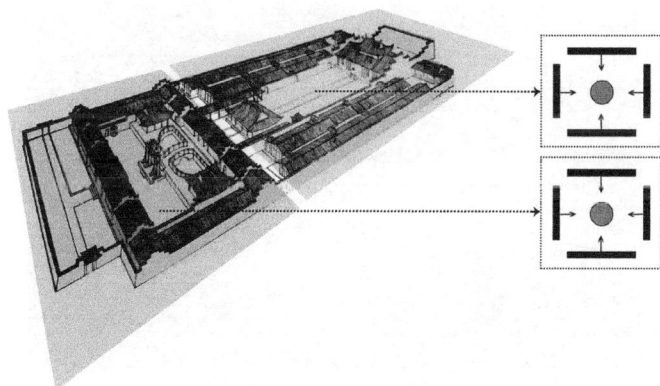

图2-48　鹅湖书院的内向型院落

2.书院的空间序列

书院空间在结构上层层深入，通过轴线的引导与建筑空间的开合，空间呈现出强烈的秩序感。轴线道路"串联"或"并联"的空间重要节点，加上书院建筑与景观的相互配合，书院的空间序列被很好地组织起来，形成优雅而严肃的氛围。书院的空间序列一般分为三个层次：棂星门作为书院的起始处，有着空间分界和道德教化的作用；中间是通过主道路通向书院的主体空间；最后是书院的末端空间，一般为祭祀区或者藏书楼，前者情况较多。在整个空间序列中，建筑节点、道路和联匾成为重要的"引导者"。

书院的入口处往往会设立石质或木构牌楼式的棂星门，作为书院的代表性建筑，具有一定的引导性作用。棂星门之后，多设立泮池，泮池内种植荷花（图2-49），池上建造石桥——状元桥（图2-50），将泮池分为左右两部分。石桥在空间上也起着承接棂星门的引导作用；站在石桥最高的拱起之处，可隐约看到书院内部的建筑。拱桥之后，映入眼帘的是书院的门楼，

图2-49　鹅湖书院泮池

图2-50　鹅湖书院状元桥

门楼的数量依书院的规模不等，如岳麓书院（图2-51）前导空间中有两个门楼。门楼之后多为书院的重要空间——讲堂，而讲堂两侧往往是书院的斋舍区，供师生休息与学习。讲堂之后，一般建设书院的祭祀区，其庭园空间的规模也随着空间次序的发展而逐渐增大。再之后多为书院的藏书区以及较高的坛台楼阁等建筑类型，如白鹿洞书院（图2-52）空间末端的思贤台和春风楼在整个书院建筑中的高度、规模都较大。

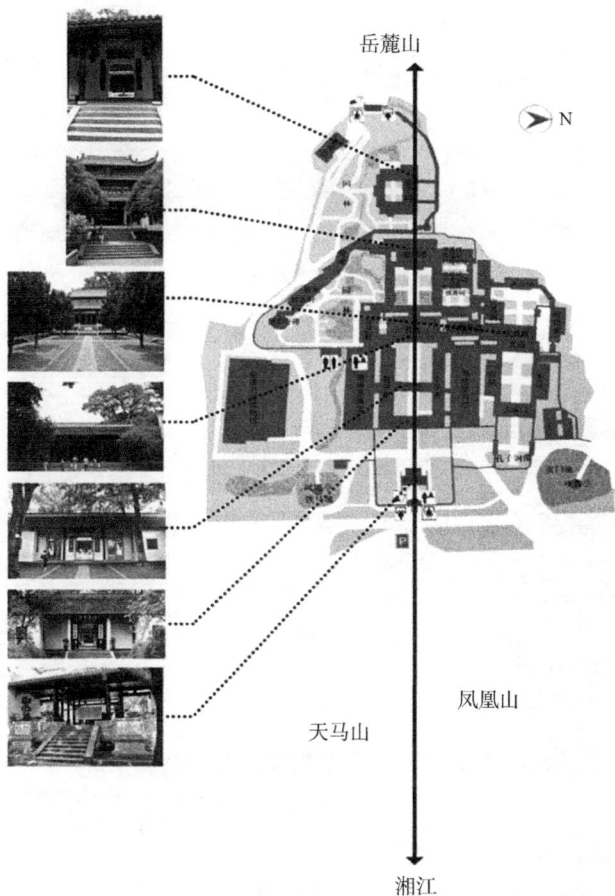

图2-51　岳麓书院空间序列图

可以发现书院往往随着空间序列的演进而层层推进，建筑体量及庭园规模也逐渐增大，有的书院依山就势，还在高度上呈增长的趋势，如石鼓书院（图2-53）空间后端的大观楼，所处的地势较高，且建筑高昂巍峨，气势雄伟。白鹭洲书院的末端建筑亦为三层楼阁，一楼为山长厅，二层为藏书阁，三层为云章阁，十分壮观（图2-54）。书院在空间序列推进的过程中环环相扣，组成秩序井然的书院空间。

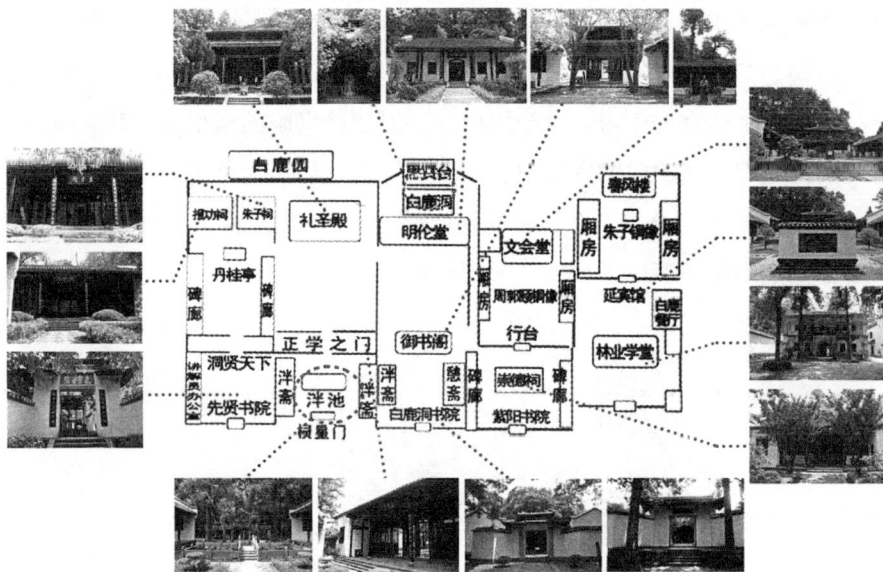

图 2-52　白鹿洞书院空间序列图

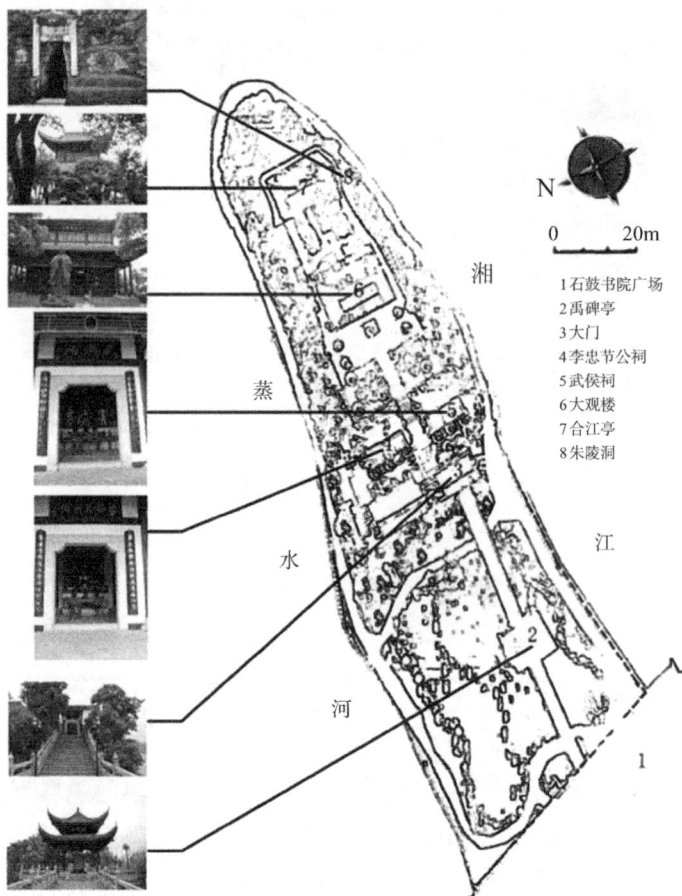

图 2-53　石鼓书院空间序列图

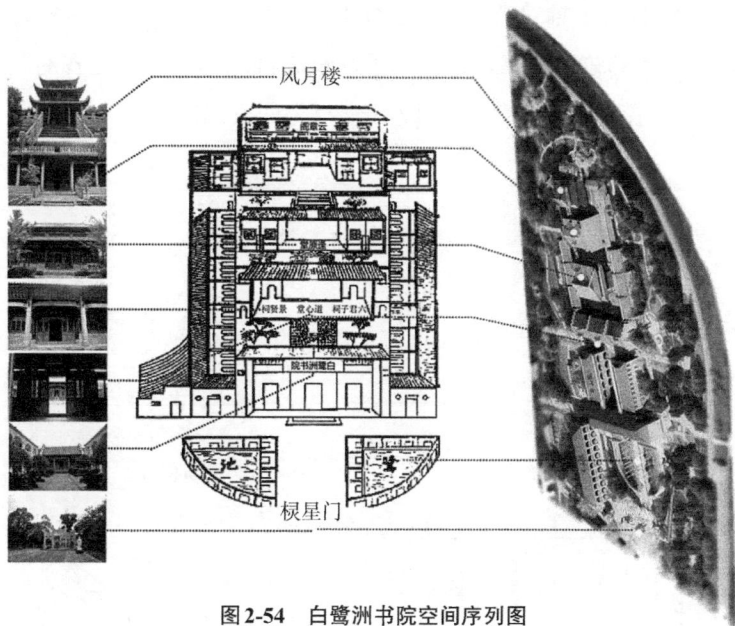

风月楼

棂星门

图 2-54　白鹭洲书院空间序列图

3.书院的布局特点

此外，书院与院落里及书院外的园林景观共同组成了一组优美的人文自然景观。书院景观强调因地制宜，取景于自然，形成宁静而淡雅的气质。书院不仅汇集人工匠艺，亭、台、楼、阁精巧别致，也巧借了自然之美，取山之绵延巍峨、水之清漪灵动、木之繁茂秀丽，二者互为衬托，相得益彰。

书院经历代建设者的精心设计，在空间上形成了丰富多彩的布局形式。另外，书院布局还受到官学"左庙右学""前庙后学"形制的影响，通过轴线、序列等来附和礼制思想中的重要内容，如尊卑、上下、等级、内外、主次等，形成秩序井然的空间。其中，空间轴线的布置主要有以下四种：或一条轴线贯穿书院主体建筑，形成中轴对称的布局方式，称为"中轴对称"型；或对称的建筑侧面连接着散落的院落，称为"中轴加侧院"型；或空间结构中形成多条轴线，有主有次，称为"一主轴、多副轴"型；或布局随意，自由组合，称为"自由布局"型（图2-55）。

（1）中轴对称型

中轴对称型的书院空间布局方式深受中国传统礼制思想的影响，书院空间中的主体建筑——讲学区、藏书区、祭祀区分布于书院的中心轴线上，其他建筑分列于中轴线的两侧。这种布局方式往往在空间上呈现出层层深入、不断推进的形式，使得书院的纵深感也较强。这种布局方式的书院结构往往较为简单，院落数量与书院的规模直接相关，如鹅湖书院与石鼓书院的布局呈标准的中轴对称式（图2-56），其中鹅湖书院空间规模较小，为三进院落。而规模较大的书院达到四进甚至五进院落，如河北省的尊道书院（图2-57）与广东省的端溪书院（图2-58）都是四进的院落。

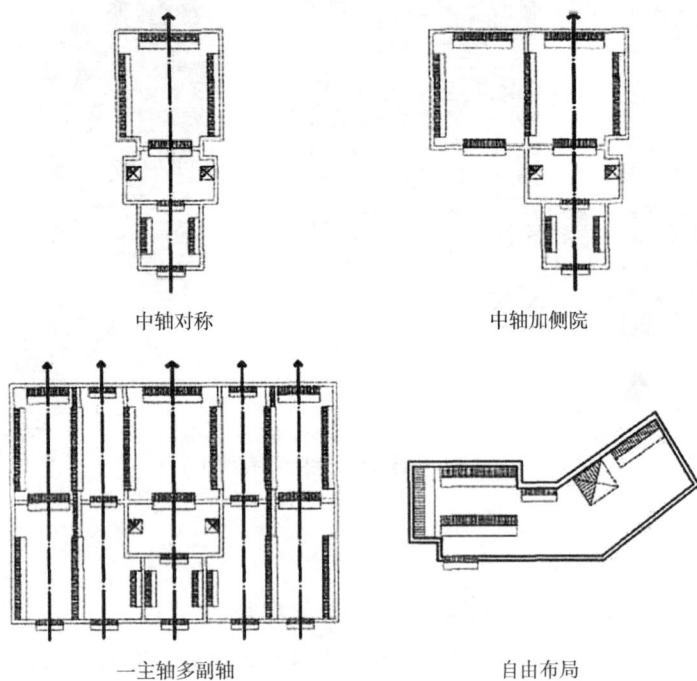

中轴对称

中轴加侧院

一主轴多副轴

自由布局

图2-55　书院布局的四种类型

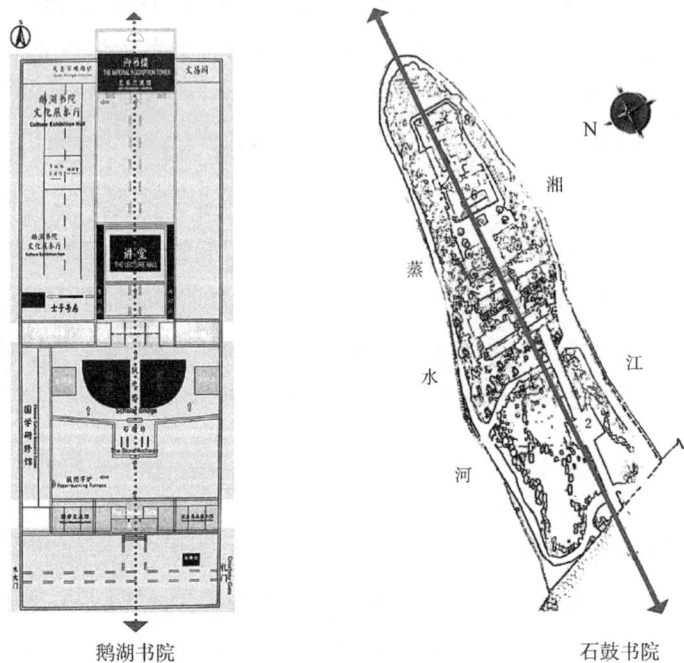

鹅湖书院

石鼓书院

图2-56　鹅湖书院与石鼓书院的空间布局图

南方传统书院景观与人居环境

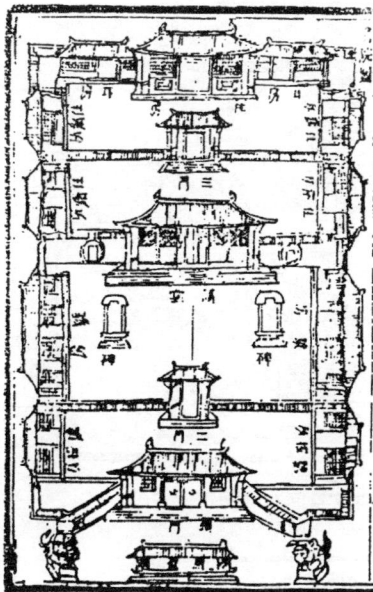

图2-57　尊道书院空间布局图　　　图2-58　端溪书院空间布局图

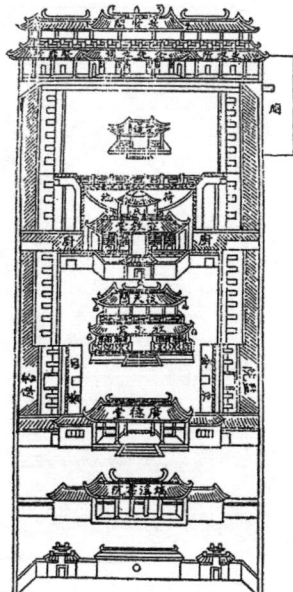

（2）中轴加侧院型

中轴加侧院型的布局形式是基于中轴对称的布局基础，在轴线主体建筑（讲堂、藏书区、祭祀区）的两侧分布其他院落，其整体形制与中轴对称形制较为相仿。如浙江的蕺山书院（图2-59）与中山书院（图2-60）、河南的嵩阳书院（图2-61）都是此种形制。

图2-59　蕺山书院空间布局图

（3）一主轴多副轴型

这种类型的布局形式往往与单轴对称的布局相对应，呈现出相反的布局

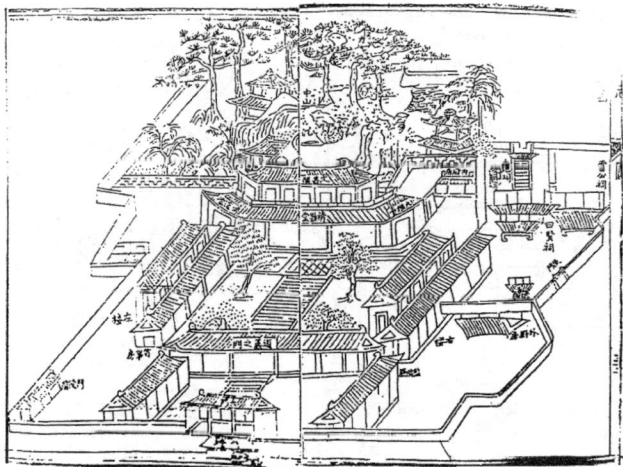

图2-60 中山书院空间布局图

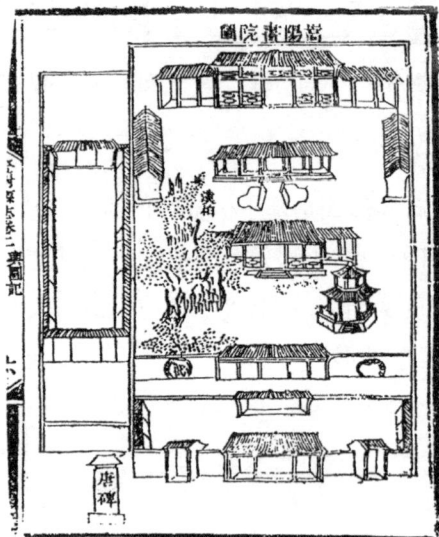

图2-61 嵩阳书院空间布局图

模式，表现为多条轴线的建筑群布局，主轴的侧面会有多条副轴，且与之垂直的方向亦可能呈现出横向的轴线。一般情况下，书院坐北朝南，所以书院的主轴线为南北方向，副轴线亦为南北方向，横向线则为东西向。其空间的布局一般秉承着礼制中的等级思想，多以纵向层次的布局来彰显，所以书院布局呈现出多条副轴的情况往往是由于场地的限制：南北进深不够而东西方向足够宽阔。无论何种布局，书院中的讲学与藏书空间仍多布置于主轴上，而祭祀与其他类型的空间则布置于副轴之上。较为典型的案例有江西的白鹿洞书院（图2-62）与仁义书院（图2-63）、湖南的东山书院（图2-64）与城南书院（图2-65）、广西的环玉书院（图2-66）等。

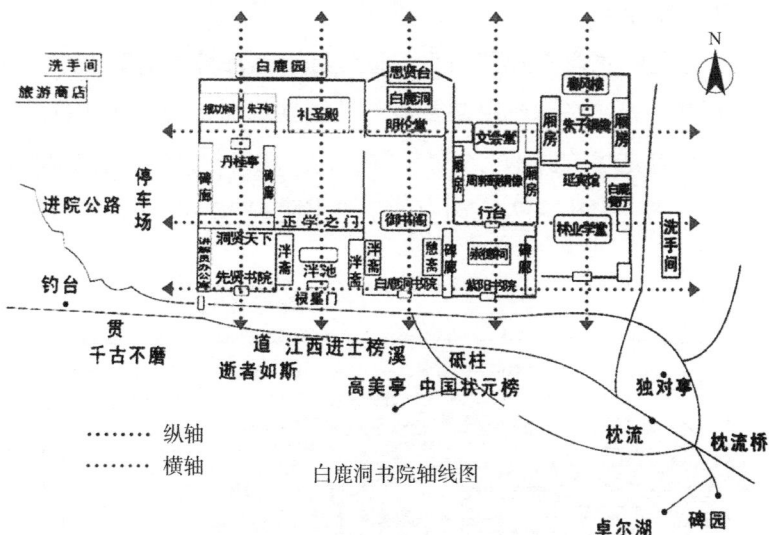

白鹿洞书院轴线图

······ 纵轴
······ 横轴

图2-62 白鹿洞书院空间布局图

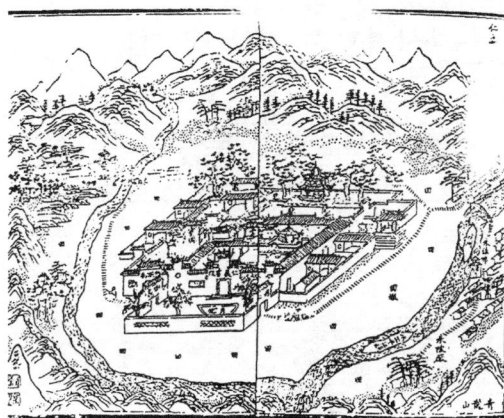

图2-63 仁义书院空间布局图

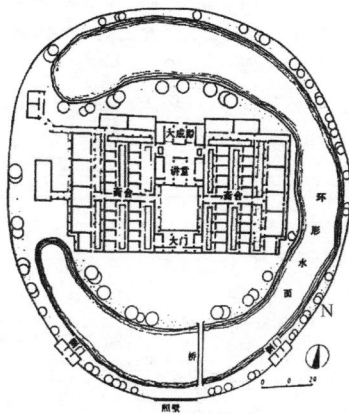

图2-64 东山书院空间布局图

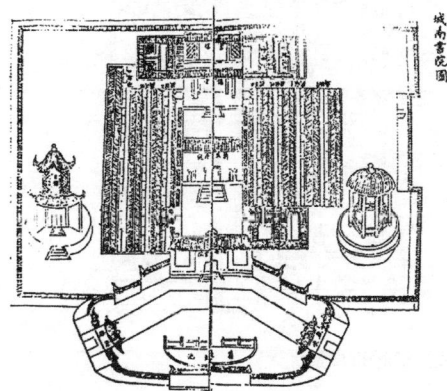

图2-65 城南书院空间布局图

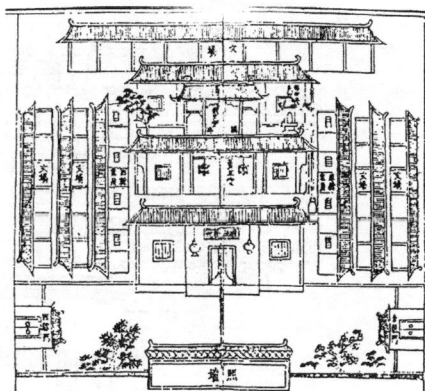

图2-66 环玉书院空间布局图

（4）自由布局型

自由布局是指书院多按照山水与地势等自然环境的情况来因势利导的空间布置形式，极少考虑到书院常有的礼制性规则布局。这种布局形式比较少见，其优点是建筑群体完全因地制宜，呈现出与自然和谐相处的状态，如江苏的游文书院（图2-67）、湖南的求忠书院（图2-68）、江西的信江书院（图2-69）等。

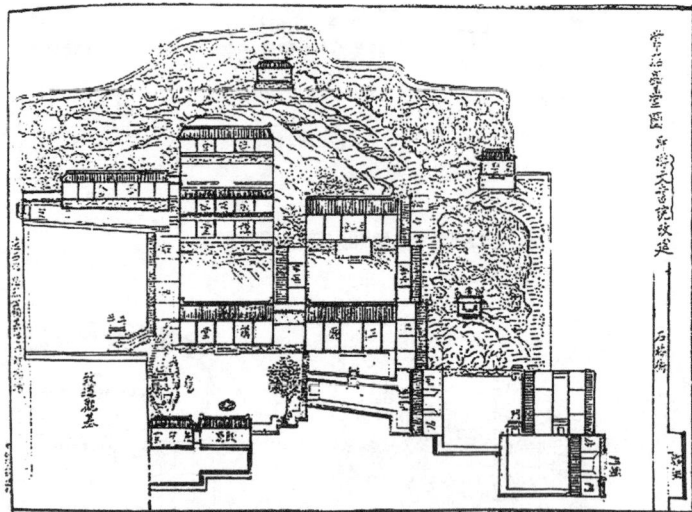

图2-67　游文书院空间布局图

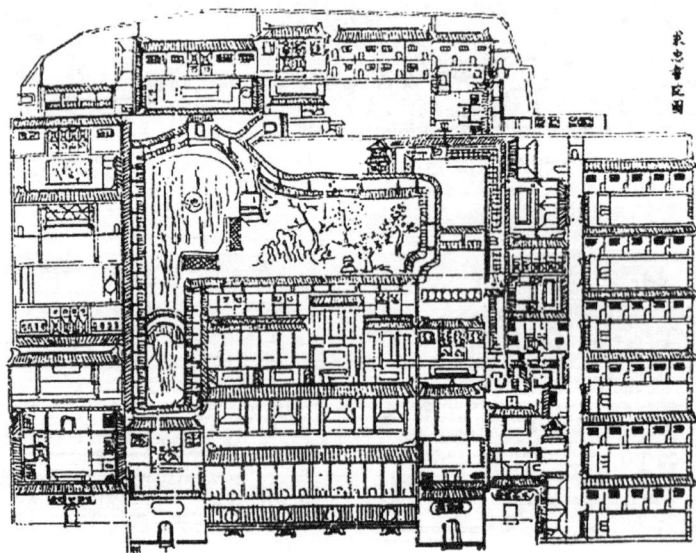

图2-68　求忠书院空间布局图

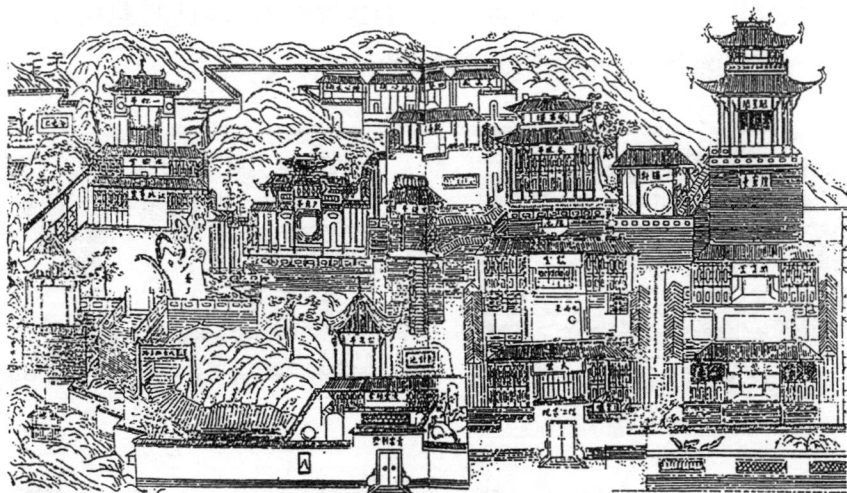

图2-69　信江书院空间布局图

书院空间的处理手法

　　书院空间不仅受到儒家文化的影响，依据礼制的布置原则形成独特的等级空间序列，还受到世俗文化及宗教文化的多重熏染，在崇礼的同时还强调和合，结合书院所处的山水环境，因地制宜。其主体空间主要分布于主轴线上，其他空间布局受环境影响相对较多，格局较为自由。书院的建筑与景观相辅相成，形式多样，呈现出丰富的空间形式。

一、引导与暗示

　　书院的前部空间一般为单独的导向空间，其他部分建筑与院落之间的导向性也十分明显，为古代的书院师生提供了极大的方便，现在游客进入书院仍很容易掌握其空间格局而不致迷路。书院中引导性较强的空间是细长的游廊和重重的门洞，长廊指明了延伸的方向，而门洞暗示了前方的道路，激发出人们往前走的兴趣，不断地引导人们走向院中的各个景点。以岳麓书院为例，书院中的主轴线、次轴线以及书院园林的引导性都十分清晰：

　　1.书院建筑（主轴线）：自入口指向赫曦台，然后由主干道步入大门，再穿过二门；二门之后，道路指引人们到达讲学区，穿过讲学区，便可到达位于书院主轴线后部的藏书楼（图2-70）。

主轴线上经一楼梯至赫曦台

赫曦台下来后经主干道到达大门

讲堂沿主干道和两段台阶到御书楼

二门后沿主干道直达讲堂

穿过大门到达二门

图2-70　岳麓书院主轴线之引导与暗示

2.文庙建筑（次轴线）：文庙建筑位于书院的次轴线上，自文庙大门进入后，直接面对着大成门，穿过大成门，可沿道路至大成殿（图2-71）。

半学斋旁可通向文庙的道路

主轴线转到文庙这一次轴线上，有主干道通向大成门

经大成门可经主道路径直走向大成殿

图2-71　岳麓书院次轴线之引导与暗示

3.园林建筑（辅助空间）：书院中的园林布局十分自由，园林中的步、亭、廊、桥都是引导与暗示的重要元素，亦为园林景观营造了灵活、自由、悠闲的气氛（图2-72、图2-73）。

图2-72　踏步之引导与暗示

图2-73　游廊之引导与暗示

中国南方地区的诸多书院如鹅湖书院（图2-74）、白鹿洞书院（图2-75～图2-79）、白鹭洲书院（图2-80）、石鼓书院（图2-81）等在其空间处理上都体现出引导与暗示的导向性特点，也在空间的导向中确立着空间的主次与秩序，这种空间给人的感受潜移默化地熏染着人的内心，强调并塑造着诸如儒家关于天地君亲师的次序等级以及人伦纲常的秩序观念。

引导路线：

左礼门 → 庭园 → 头门 → 石牌坊
　　　　　　　　　　　　　　↓
后院 ← 御书楼　　　仪门
　　　　　　↗　　　　与
　　　号舍　　讲堂

图2-74　鹅湖书院空间中的引导与暗示

书院大门 ⇒ 先贤书院大门 ⇒ 先贤书院二门 ⇒ 丹桂亭 ⇒ 通向西二轴线的门

白鹿园 ⇐ 朱子祠 ⇐ 报公祠 ⇐ 碑廊之窗处

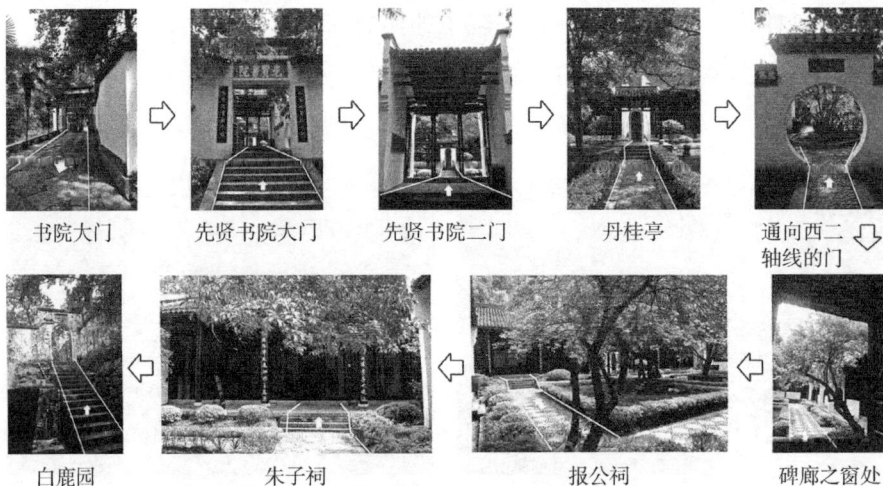

图2-75 白鹿洞书院空间中的引导与暗示——西一轴线

经棂星门至状元桥、泮池、泮斋 ⇒ 礼圣门 ⇒ 礼圣殿 ⇒ 至中轴线的道路

图2-76 白鹿洞书院空间中的引导与暗示——西二轴线

书院大门 ⇒ 御书阁 ⇒ 明伦堂 ⇒ 思贤台

图2-77 白鹿洞书院空间中的引导与暗示——中轴线

紫阳书院大门 ⇒ 崇德祠 ⇒ 文会堂

图2-78 白鹿洞书院空间中的引导与暗示——东一轴线

大门 ⇒ 林业学堂 ⇒ 延宾馆 ⇒ 春风楼

图2-79 白鹿洞书院空间中的引导与暗示——东二轴线

南方传统书院景观与人居环境

穿越建筑的引导路线（主轴线上）

棂星门　泮池　书院门口　道心堂　逢源堂

凤月楼　云章阁后门处　云章阁

建筑两侧及庭园中的引导路线（次轴线上）

入口处位于主建筑侧面的长廊　道心堂侧道路　长廊　道心堂、逢源堂旁道路　建筑侧面庭园小道

围合书院的庭园道路4　围合书院的庭园道路3　围合书院的庭园道路2　围合书院的庭园道路1　道心堂侧面碑廊

图2-80　白鹭洲书院空间中的引导与暗示

书院入口处一条狭长的道路通向禹碑亭　经禹碑亭之后经一条长长的道路，上升至一个楼梯，便到达山门　自禹碑亭开始，建筑地势逐渐上升，山门后再经以楼梯，到达两个祠堂　李忠节公祠与武侯祠两个空间，通过同一长廊

走下合江亭可沿着湖边的长廊行走漫步　合江亭四周的廊可欣赏江景　大观楼后，经主干道的道路，径直走到合江亭　大观楼两侧有弯曲的踏步，行至江畔可以欣赏江景　祠堂之后经一高层楼梯，到达大观楼

图2-81　石鼓书院空间中的引导与暗示

二、对比与映衬

1.空间大小之对比

　　由于资金与规模的限制，书院往往空间不大，并且还需设立诸多必要的功能空间，每一个空间所占面积则更为狭小。由于不同的空间规模要求不一样，所以空间大小之对比成为书院空间设计中高频率使用的一种处理手法。如欲扬先抑，利用两个大小悬殊的空间相连接，当人们从小空间走向大空间

的时候，会有一种豁然开朗之感，使原本的大空间更加凸显。而当人们从大空间走向小空间的时候，会感觉小空间变得更小更私密，与空间中事物的接触产生自然的亲近感，如身处狭小的祭祀空间中，身临其境，人们会觉得受到圣人、先人的直接凝视，内心更觉崇敬与庄严。出此，祭祀空间设立的目的也得以更好地实现。石鼓书院的山门十分窄小（图2-82），门口石阶两侧高大的绿树枝叶繁茂，又将院墙遮掩，从远处观看时，人们的视线范围十分有限。进入山门，视野也为之收束，但穿过山门，空间豁然开朗，大观楼矗立于台阶之上，令人感觉更加雄壮与巍峨（图2-83）。

图2-82 石鼓书院山门　　　　　　　图2-83 石鼓书院大观楼

2. 空间虚实之对比

宗白华先生在《美学散步——中国美学史中重要问题的初步探讨》一书中，曾强调中国园林"注重布置空间、处理空间，以虚带实，以实带虚，实中有虚，虚实结合"。空间虚实对比的手法在中国传统的书院中体现得淋漓尽致。在书院空间中，书院建筑为实，园林、景观为虚，两者相辅相成，建筑的严谨、规整与景观的灵活、自由相结合，建筑单体与景观庭园相交织，形成一虚一实的空间节奏，共同构成书院独特的环境。石鼓书院的祭祀建筑与两侧林立的树木相融合，白墙绿树，树影婆娑，构成十分优美的画面（图2-84）。鹅湖书院亦是如此（图2-85），融入庭园景观之后，整个建筑群空间层次极为丰富，空间的氛围也更加宁静、古朴、雅致。

3. 空间疏密之对比

中国古代绘画布局讲究"疏处可以走马，密处实不透风"，树立了极强的空间疏密对比法则。疏密对比在书院空间中的运用主要体现在以下三方面：①建筑疏密的对比。书院中的建筑扮演着不同的角色，提供着不同的功能，因此每个空间用于不同的活动安排，其空间面积便大小不一，这也使得书院中的建筑物在体量上大小不一，在平面布置上可以疏密相间。②除了

图2-84　石鼓书院：祭祀区建筑与绿树形成虚实对比

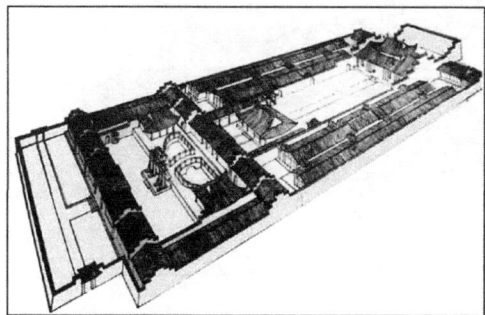

图2-85　鹅湖书院建筑与景观形成虚实对比

建筑的疏密对比，书院中山石、树木、水池的分布也较为灵活，尤其在带有单独园林的书院中，山石、树木与水的分布相比于院中其他地方更为密集。③除了在书院平面布局中的体现，从立面来看，书院建筑或山石、树木等分布亦呈现出不规则分布之态，舒朗开合，营造出疏密相间的韵律感，使得书院在视觉效果上更加美观。

4. 空间藏露之对比

"我国古典诗词、绘画都十分注重以含蓄、曲折、隐晦的手法来追求一种象外之象或弦外之音。"[①] 如古画绘"深山藏古寺"，通过对周边环境——山林与云雾的描绘，给人以想象的空间，而古寺便藏于云雾之下，只绘出其建筑飞檐之一角，这种含蓄的布局方式与书院园林"藏"的表现手法如出一辙。藏与露的设计手法就是通过对整体事物的部分展示，突出其主要部分，给人无限遐想的空间。书院建筑多构筑于山林之中，被群山与绿树所环抱，建筑群落掩映其中，使人只能窥得书院群落的一隅。从岳麓山上看岳麓书院，书院被茂密的林木遮掩，只能看清部分建筑（图2-86），加上院落与植被的重重叠叠，不得一目观之，形成绵延不尽之感。此外在书院内部的建筑也被院落中的景观所遮掩，同样营造了书院建筑"犹抱琵琶半遮面"的效果，更加引起人们的好奇与兴趣，也形成空间层次十分丰富的印象。

图2-86　岳麓书院俯视图

5.高低错落之对比

李渔《闲情偶寄》中记载："房屋忌似平原，需有高下之势"，强调了房屋建置应有高低错落的变化，这样才会给整个空间带来层次感与进深感。不仅仅是在房屋建造中，中国传统的园林或其他民间场所的营造也都十分注重这一点，中国书院空间亦然。前面提到书院空间中疏密对比的处理手法给书院带来丰富的韵律，是一种重要的设计手段。而高低错落的营造方式更给予书院以起伏和层次的变化感。书院景观的高低错落主要体现在两个方面：一是围墙和建筑，书院的围墙和建筑往往受到各地建筑地域风格和基址地势的影响而呈现出不同的形式与高度，不同的空间功能也决定了建筑的高度需

---

① 彭一纲.中国古典园林分析[M].北京：中国建筑工业出版社，2013：35.

求；二是景观植物，书院内往往会种植各类植物、灌木与乔木，不仅在高度上形成落差，更产生了多样的空间层次。如鹅湖书院的大门、头门、仪门、讲堂、御书阁各个建筑空间的高度不一，且屋顶采取了重檐歇山顶、硬山顶等形式，而院墙有五山屏风墙、三叠式马头墙等各种形制，使得空间的高低层次更显生动（图2-87）。书院景观自入口处观赏，其建筑围墙与庭园内的树木亦形成高低落差，产生"近景—绿植、中景—围墙、背景—树木山林"的三个层次（图2-88）。

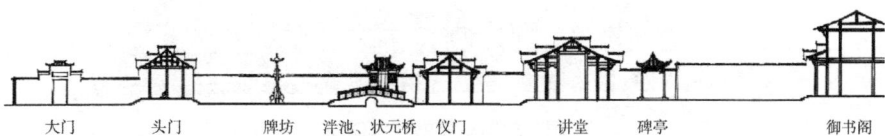

大门　　头门　　牌坊　洋池、状元桥　仪门　　讲堂　碑亭　　　　御书阁

图2-87　鹅湖书院剖立面图

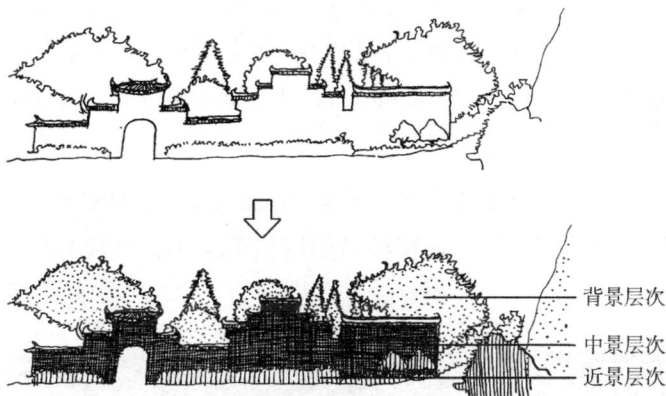

背景层次
中景层次
近景层次

图2-88　鹅湖书院空间层次图

6. 笔直、曲折之对比

书院内部建筑相对规整，主要区域的道路与游廊往往笔直，次要区域的道路与游廊则蜿蜒曲折，在空间上造成直与曲相映成趣的感受。一般来说，书院空间主轴线与次轴线及其两侧的游廊与道路相对较直（图2-89），而园林区的游廊和道路设计则为曲折之态。书院园林中游廊和道路设计得蜿蜒曲折，一方面是顺应环境地势，另一方面则是满足审美与观赏的需求。古代画录中曾记载："以活动之意，取其变化……以曲折之意，取其幽深"；李渔《闲情偶寄》中云："径莫便于捷，而又莫妙于迂"；计成在《园冶》中也写道："曲折有条，端方非额，如端方中须寻曲折，到曲折处还定端方，相间得宜，错综为妙。"在书院空间中，直与曲形成了良好的互补，"直"的空间形成了规则的秩序感，映射出儒家的等级观念，并且规定了整个空间的性质，不会因大量的灵活多变而带来凌乱，而"曲"的空间形成活泼的灵动

图2-89　岳麓书院主道路

感，映射出儒家活泼泼的观念，打破了"直"所带来的呆板、严肃，展现给人们儒家思想的另一面。此外，曲折的游廊连接着建筑与庭园，延伸了空间，在有限的场所营造出无限的感受，给人以幽深和不可穷尽的感觉。湖南岳麓书院的园林迂回曲折，十分灵动，走在长廊上并不能看尽前方的道路，直到走到高处才能辨别方向，颇有几分"曲径通幽，豁然开朗"之感。此处的长廊不仅仅起到引导、延伸视线的作用（图2-90），更成为连接两端建筑的"桥梁"（图2-91）。

图2-90　岳麓书院游廊（一）

图2-91　岳麓书院游廊（二）

三、渗透与层次

计成在《园冶》中提到"亭台影罅，楼阁虚邻"，描绘出园林中景观相互交融与渗透的绰约场景，体现出园林的深邃与优雅。中国南方书院景观空间中大量地使用了渗透的手法，不仅加强了空间之间的联系，也增加了空间的层次感。书院空间通过设立单个或系列的门洞、窗洞，将景观融入建筑空间中，并且形成室内与室外空间的贯穿连通，如通过岳麓书院大成门（图2-92）的门洞可以看到大成殿前院落空间中的景色；此外，通过对景、借景、框景的方式巧取外环境之佳处来营造自身空间之特色。对景巧取对面可见的景点而互相衬托，一般是对远景的利用；借景融外景于自身，一般是对中景的利用；框景选取美景摘入"画框"中，一般是对近景的利用。这些设计手法综合运用使空间更加生动（图2-93），富于层次和意味。岳麓书院游廊的墙壁上开设了多处墙洞，洞内空间种植了竹景、盆栽等观赏性植物，使得整个游廊的空间十分有趣，增加了游廊的层次感，也丰富了游人在行走时的体验感。书院的门窗经常设立为镂空的形式，通过门窗中的洞孔可欣赏到院落中的景观，跨过景观可以看到对面建筑的内部空间，这三大空间形成"室内—户外—室内"的交融空间，空间更加丰富，室内外空间连接，模糊了边界，形成了整体的空间氛围（图2-94）。白鹿洞书院的御书阁后门采取了雕花镂空的形式，透过后门不仅可以看到院中的绿植，越过绿植还能看到明伦堂的室内布置，三个空间相互糅合，使得建筑空间与院落景观得以很好地结合与协调。书院中的廊道既起着分隔左右空间的作用，其自身的通透性亦使得两侧的景观互相融合渗透（图2-95）；此外书院长廊或院落的转角处经常会出现没有出口甚至没有入口的哑巴院，其空间一般较狭窄，内部种植植物或栽养盆景，供游人欣赏，如岳麓书院在游廊的尽头——垂直的两面墙之间种植了竹子，打破了墙面阴角的僵硬，同时丰富了景观的层次（图2-96）。

图2-92 岳麓书院大成门

图2-93 岳麓书院游廊处窗洞

图2-94　白鹿洞书院御书阁　　　　　　　　图2-95　白鹭洲书院游廊

图2-96　岳麓书院拐角处景观

四、借景与对景

　　我国南方的书院在景观营造中经常会使用到借景、对景、框景的空间处理手法，使得空间在视觉上更加有趣美观，也更加丰富多彩。

　　中国古代园林中大量使用了借景的设计处理手法。明代著名造园家计成便在《园冶》中强调了借景的重要性："夫借景，林园之最要者也。如远借，邻借，仰借，俯借，应时而借"[①]，并概括了借景的五种方式。书院园林用地的有限使得其园林空间十分局促，借景在很大程度上可以缓解视觉上的限制，从而扩大与丰富园林空间。尤其是南方的书院多选址于秀丽的山水环境

①〔明〕计成，陈植.园冶[M].北京：中国建筑工业出版社，1988：247.

南方传统书院景观与人居环境

中，巧借周围的山水环境使得书院有限的空间得以拓展，将周围优美的环境也融入书院园林中。江西铅山县的鹅湖书院基地受限，且建筑呈环合包围的布局形式，显得十分局促狭小，但书院"巧妙"地选址于山林之中，从外看去，不仅在视觉上放大了整个书院空间，在四周绿树的掩映下，书院建筑显得更加古色古香、典雅朴素（图2-97、图2-98）。

图2-97 鹅湖书院俯视图（一）

图2-98 鹅湖书院俯视图（二）

框景指利用建筑中的窗洞、门洞、墙洞来摄取室外景观的空间处理手法。框景这一手法比较注重框的处理以及景的选择，一般更注重对景观局部精彩区域的展现。比计成晚出生约30年的李渔对框景这一手法使用得炉火纯青，他创造了较为有名的湖坊式（图2-99）、便面窗外推板装花式（图2-100）、便面窗花卉式与便面窗虫鸟式（图2-101）等窗栏，都采取了框景的设计手法。我国南方的书院空间中也多使用框景的造园手法，如白鹿洞书院春风楼院落中的窗洞（图2-102），虽已破败，但仍能感受到其精致的设计与窗外优美的竹景。岳麓书院空间中也有着大量的框景案例，通过长廊中的窗

图2-99 湖坊式

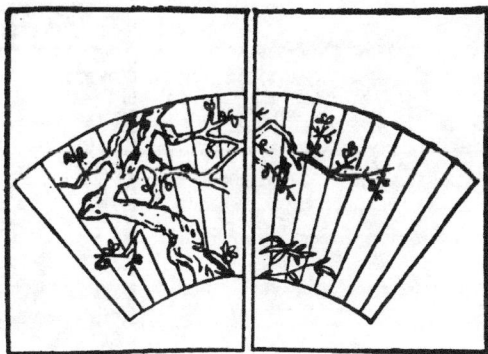

图2-100 便面窗外推板装花式

洞（图2-103、图2-104）可以欣赏隔壁精心修剪的盆景，透过教学区的墙洞可以观赏斋舍院落中的四季景致（图2-105）。石鼓书院中的门洞也被用心地设计为镂空形式，使得室内与户外景色融为一体（图2-106）。

图2-101 便面窗花卉式与便面窗虫鸟式

图2-102 白鹿洞书院春分楼院落中的窗洞

图2-103 岳麓书院中的窗洞（一）　　　　图2-104 岳麓书院中的窗洞（二）

图 2-105　岳麓书院中的墙洞　　　　图 2-106　石鼓书院中的门洞

　　对景也是园林中常见的手法，它通过视觉上的关联将景观串联起来，并产生引导的作用。书院空间中的对景一般有以下三种方式：①书院空间在高处建立亭台或楼阁与外环境高处的建筑相对立，形成对景，如白鹿洞书院的春风楼是院中高大的建筑，其与书院正前方山坡上的独对亭形成对景的关系；②书院在门内设立照壁，与周边环境相对应，形成对景关系；③书院的祭祀空间与教学空间通常采用对称布局，其轴线上居中往往设立孔子像和大成殿，因此，常形成与孔子像和大成殿对景的空间。对景这一手法的使用不仅增强了景观的趣味性，也起到了指引方向的作用。

第五节

书院空间中其他的造园要素

　　书院空间的营造不仅使用了对比、借景、引导等多种处理方式，造园中往往还通过对山水环境、建筑布置、植物搭配、道路铺装、景观小品等多重要素的精心设计，使得书院空间丰富多样、充满情趣，营造出适合学习读书的氛围，并与外环境相互交融，达到和谐的境界。

一、叠山理水

中国人自占便对山水有很深的情怀，山包括山林、山石要素；水包括池、湖、塘、溪、瀑等要素。山水不仅可以美化环境，更可以托物言志。古人认为"智者乐水，仁者乐山"，明代李渔更认为山石与竹子如医生般有治病的功效："同一不急之务（指山石和竹子），而好为是谆谆者，以人之一生，他病可有，俗不可有；得此二物，便可当医，与施药饵济人，同一婆心之自发也。"水同样是我国传统文化中一个富有内涵的自然要素，写水的诗词也十分多，如李白吟"黄河之水天上来，奔流到海不复回"，孟浩然叹"野旷天低树，江清月近人"，钱起咏"青山看不厌，流水趣何长"等。

中国古代士人在建造书院时十分注重山水这一重要因素。从大环境来看，士人在进行书院的选址时，多倾向于将书院建置于山水之间，或依山傍水，或背山面水，将山、水作为书院择境的重要因素，著名的书院如石鼓书院、岳麓书院、白鹿洞书院、鹅湖书院、白鹭洲书院等，无一不与山水产生最直接地关联。从书院内部的景观来看，士人也在书院的空间中设置了诸多山石、水池等景致，尤其是在外环境上由于基址自然条件的限制，没有实现"亲山水"这一目的，其在内部环境的人工营造时便费尽巧思，努力弥补外环境的缺陷。如江西的叠山书院（图2-107），该书院建置于平地之上，位于信江旁边，水环境较好，但地势较为平坦，于是书院建设时在书院北侧种植了大面积的绿植乔木，一方面可以形成书院的屏障，具有极佳的视觉功能，另一方面从人工营造方面弥补了外环境"山林"要素缺乏的不足。

图2-107　叠山书院鸟瞰图

通过人工营造"山水"的手段，弥补书院自身环境的不足，人工设计与自然要素相互补充，构建出人与自然和谐共生的关系。因此，中国南方书院景观是自然天成的第一自然与人工创造的第二自然合一的产物，既有"天然去雕饰"的质朴之味，也有"淡妆浓抹总相宜"的文饰之意。古代工匠通过巧思，宛自天开地将人工建筑景观融入原生态的自然环境当中，是儒家"天人合一"宇宙观最好的诠释与物质呈现。

二、建筑营构

在中国古代的书院院落中，建筑占有很大的比重。建筑不仅是书院空间的重要构成部分，也为书院提供了讲学、祭祀、藏书、交流等的场所。

因我国地处北半球，建筑一般面向正南，李渔《闲情偶寄》中写到"屋以南面为正向"，刘策在《中国古代苑囿》中提到"先乎取景，妙在朝南"，如此，冬季可以"敞南甍，纳阳日，虞祁寒也"[①]，夏季可以"洞北户，来阴风，防徂暑也"。[②] 书院建筑也遵循这一原则，多坐北朝南。但有一些书院受到山水、地形等限制，则会偏离这一中国传统建筑的营造原则，如石鼓书院坐落于两水汇集处的石鼓山上，受地势影响，书院因地制宜而坐东面西，而湖南另一著名书院——岳麓书院则背西朝东。

书院建筑色彩较为朴素淡雅，墙体多采用白色、灰色，如果书院中设文庙，则建筑色彩较为鲜艳、严肃、端庄，以红、黄为主色调。另外，书院的建筑多考虑实用功能，如南方多雨潮湿，这里的藏书楼多设计为两到三层，起到防潮防湿的作用；书院斋舍为一体式建筑，其顶部往往采用砖砌封火山墙，由此阻止火灾发生时火势的蔓延，江西地区书院此类形制十分普遍。

此外，书院作为儒家的代表性建筑，深受儒家"天人合一"思想的影响，在书院建置时，讲究人工环境与自然环境融为一体，建筑与周围的环境连为一体，并且"虽由人作，宛自天开"，尽量不显露出人工营造的痕迹。中国南方书院的空间布局一般是由建筑围合而成不同的院落，并加入景观园林补充、点缀而组成。书院建筑有规律地分布于书院的轴线之上，不同功能的建筑空间组成不同的院落区域，且各个院落间有廊道、门洞相联系；其次，书院主轴线上的建筑空间层层递进，且依着地势而随高就低，如石鼓书

---

① 白居易.白氏长庆集[M].上海：上海古籍出版社，1994.

② 白居易.白氏长庆集[M].上海：上海古籍出版社，1994.

院的地势逐渐增高，书院建筑也随着空间序列的演进而大体上呈现出不断增高的趋势（图2-108）。人们可以通过纵向的主轴线或横向的廊道自由穿梭于各个院落之间，体验不同空间的建筑与景致。

图2-108　石鼓书院地势图

三、花草树木

植物是书院空间景观营造的重要因素，搭配良好的植物种植甚至可以成为书院景观空间中的点睛之笔。绿植不仅仅有着视觉观赏的效果，而且还具有诸多实用功能，如吸收二氧化碳，吸附灰尘，供给新鲜空气，产生芬芳的花香，部分植物还可以作为药用等。绿植还是古人托物言志、寄情寓意的重要媒介，如前所述，植物有着丰富的象征意义，成为古人寄托期望和美好祝福的重要手段。

植物的种植一般有以下的考虑：一是尽量选择本地的品种，这样可以节省成本，植物的生存率也会提高；二是搭配注重四季常青与四季皆美的效果，特别是南方地区植物种类丰富，乔木与灌木的高低搭配，叶子常绿与变色的树种搭配，落叶与不落叶的树种搭配，带来景致多变、色彩绚烂的效果，使得书院园林景观在一年四个季度都可以呈现出丰富多样、令人陶醉的画面。

以江西吉安的白鹭洲书院为例，其在空间处理中的植物配置比较成功："白鹭洲书院在其空间中共种植约56种植物，乔木类主要有樟树、榔榆、朴树、柏树、广玉兰、棕榈等14种，总覆盖面积约占总数的25%，其中常绿类乔木有9种，落叶类有5种。灌木类植物有27种，主要有桂花、柘树、含笑、紫荆、黄杨等，约占总数的47%，其中常绿类有19种，落叶类有8种。此外，葡萄、络石、薜荔类藤本植物占总数5%，麦冬、蕙兰的草本类植物约占23%。"[1]

---

① 肖祖飞，等.江西白鹭洲书院植物配置研究[J].江西科学，2010：43.

植物搭配讲究视觉效果，如风月楼前的游园内（图2-109）种植了石榴、梅花、紫荆、淡竹等，常绿植物与落叶类植物相结合，其中，紫荆是春季观赏类花卉，石榴、珊瑚樱为秋季观赏类花卉，梅花为冬季观赏类花卉，淡竹为观叶类植物，而且植物呈现高低搭配，在高度上也呈现出多样的层次，效果丰富（图2-110）。

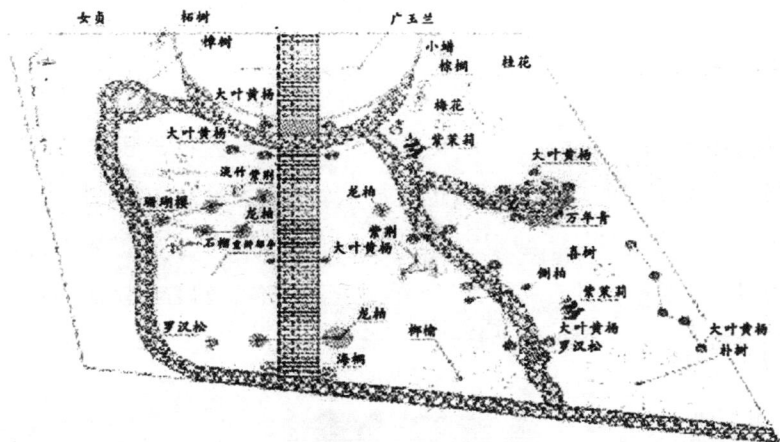

图2-109　岳麓书院风月楼前景观配置图

图2-110　岳麓书院风月楼前景观

四、道路铺装

书院景观中的道路设计直接影响着书院的功能以及环境氛围。明代著名美学家、艺术家李渔曾提到过铺地的重要性："惟幕天者可以席地，梁栋既设，即有阶除，不戴冠者不可跣足，同一理也。"计成在《园冶》中更是详细地介绍了铺地的样式，篇幅较大，可见古人对园林道路铺装方面颇有讲究。

书院道路一般分为两个等级：第一等级是主干道及周边场地，主干道的安排受书院建筑群中轴线的影响，反过来，其确定后又直接影响到书院的轴线甚至书院的布局规划，其宽度一般在3m以上，开敞人气，给人以宁静肃穆之感。主干道一般以大块石材铺地，配以鹅卵石作为镶嵌，如鹅湖书院的主干道选择青石板铺地（图2-111），棂星门前以黑白鹅卵石铺设了太极装饰图案（图2-112）。第二等级是庭园小路或踏步，庭园小路或踏步的设计可以增添书院的人本与情趣，一般以青砖和鹅卵石铺地，有时以小块石头、砖片拼接为图案，一般路宽1～1.5m，人行其中没有空间的压迫感，轻松自如，道路原本单一的功能性要素也更加生动有趣（图2-113、图2-114）。而踏步的道路更为狭窄，一般宽度不到1m，单人行走，空间更显私密，适合独处审思。书院道路的石材多选择素雅的黑白灰色，符合书院民间建筑的等级，同时适合书院朴素安静的环境。

图2-111　鹅湖书院青石板主干道

图2-112　鹅湖书院鹅卵石太极图案

图2-113　鹅湖书院青石板踏步

图2-114　鹅湖书院碎石砖片庭园路

五、景观小品

书院中景观小品与构筑物的数量一般不多，却彰显着书院这一独特的教育场所的个性与特点，有着鲜明的功能性与象征意义。书院小品与构筑物多采用石材建造，以增加使用年限。书院空间中的景观小品与构筑物主要分为实用类（图2-115）与象征意义类（图2-116），书院寻求清净，又与佛道宗

石栏杆　　　　　　　　　　　石桌、石凳

图2-115　书院内实用性景观小品与构筑物

惜字炉　　　　　　　　　　棂星门

先贤雕塑　　　　　　　石碑

图2-116　书院内象征性景观小品与构筑物

教场所不同，所以像石灯、香炉等景观小品较不常见，而像实用类小品如石凳、石桌、石栏杆等供师生或外来人员学习与休闲使用的景观设施较多。象征性意义的小品或构筑物如书院中的名人雕塑、石碑、棂星门、泮池、状元桥、惜字炉等，是书院精神与儒家文化的代表与物化，传承了历代先贤的精神与书院教育的意义。

第三章

儒家思想的生态智慧

人类古老的生态启蒙

当今社会，现代化的生活模式所积累的生态危机越来越严重，自工业革命以来，人类一直以自然资源的耗损来换取科技的进步与其他物质欲望的满足，自然环境的危机逐渐从潜伏期进入彰显期。恩格斯曾经说过："我们不要过分陶醉于我们人类对自然界的胜利。对于每一次这样的胜利，自然界都对我们进行报复。每一次胜利，起初确实取得了我们预期的结果，但是往后和再往后却发生完全不同的、出乎意料的影响，常常把最初的结果又取消了。"① 由此，近现代西方学界开始探索生态伦理，尽管生态伦理学出现于20世纪，但实际上，在东方，早期的人类已经对环境问题有了较多的思考与应对方法，并且形成了生态智慧。什么是生态智慧呢？卢政教授在其书《中国古典美学的生态智慧研究》中这样解释："所谓生态智慧是指理解复杂多变的生态关系并在其中健康生存和发展下去的主体素质，使自身具有生存实践的价值。"②

中国古老的文明中出现了诸多的生态智慧，也使得近代西方的生态学家在探索解决人与自然和谐共生的对策时，逐渐将目光转向于东方尤其是古老的中国生态智慧。

一、西方社会的生态思考

近代启蒙运动中诞生的人类中心主义是产生生态危机的重要根源。在古希腊哲学中，人与自然的分离并不严重，"自然的神性和诗意的光辉往往透

① 恩格斯.自然辩证法 [M]//马克思恩格斯选集：第4卷.北京：人民出版社，1995：383.
② 卢政.中国古典美学的生态智慧研究 [M].北京：人民出版社，2016：1.

过泛神论闪烁出来，人类对于自然还带着虔诚的敬畏"[1]。但依据古希腊的形而上学，生态思考在当时不是人类所需认知的内容，所以在古希腊，生态哲学并未得到实际的发展。到了罗马时期，基督教的意志与理论的普及，使得一神论代替了自然的神力与魅力，上帝的光辉更加凸显。近代启蒙主义的出现逐渐确立了人的主体地位，成为生态危机的导火索，最主要的就是人类中心主义理论认知。在人类中心主义的认知中，人类是世界的中心，外界环境都是服务于人类的，包括自然环境。因为15～16世纪的这场启蒙运动，工业文明得以昌盛且长久地发展着，也是因为工业文明对于外界环境的忽略，为生态危机的爆发埋下了隐患。

近现代的西方生态学家与环境学家们逐渐认识到生态恶化所带来的严重后果，从而生起一股探索生态文明的研究思潮。1972年，盛大的全球性环境会议召开，以后此种性质的会议也经常召开，全球有识之士纷纷参加，但仍然解决不了当今社会的环境破坏问题。尤其是一些发展中国家，为了提升自己的工业实力，又困于技术与成本的原因，只能大肆使用与开采自然资源，环境更加恶化，逐渐引起全球的广泛关注。此后，人们的眼界逐渐开阔，可持续发展的价值取向也从经济利益转向生态环境。1982年的第六届景观生态学国际学术会议、1995年国际景观生态学大会等为环境保护的推动与新兴的生态理论的研究提供了重要的平台；植物学家C.特罗尔（C.Troll）、地理学家恩斯特·尼夫（Ernst Neef）、生态学家理查德·福尔曼（Richard T. Forman）与米·戈德伦（Michel Godron）、园林设计师伊安·麦克哈格（Ian Lennox McHarg）等都为生态环境保护的理论研究做出了很大的贡献。现代西方学者逐渐将解决生态危机的落脚点放置于古老的东方生态智慧上，因为东方的哲学强调宇宙的整体与天人合一，追求人与自然和谐统一的关系，而其中的内容包含了许多与现代环境哲学或生态伦理相通的理念与认知，更符合当今生态危机中人与自然矛盾这一重要问题的解决思路，由此得到西方学者广泛的关注。如道家著名观点："天地与我并生，而万物与我为一"，强调人与天地（自然）共生共存，互为一体，包含了浓厚的自然主义精神与生态智慧。英国哲学家伯特兰·阿瑟·威廉·罗素（Bertrand Arthur William Russell）在其著作《中国问题》中指出："导向破坏的效率最终只能带来毁灭，而我们的文明正在走向这一结局。若不借鉴一向被我们轻视的东

---

[1] 乔清举.儒家生态思想通论[M].北京：北京大学出版社，2013：3.

方智慧，我们的文明就没有指望了。"①比利时著名的科学家伊利亚·普里戈金（I.Ilya Prigogine）也曾说过："中国文明对人类、社会与自然之间的关系有着深刻的理解。……中国的思想对于那些想扩大西方科学的范围和意义的哲学家和科学家来说，始终是个启迪的源泉。"②许多西方学者都十分认可东方古老的生态智慧对于解决环境问题的强大力量。

二、中国早期的生态思考

1.生态智慧的起源

"生态智慧"一词虽然产生较晚，但这个词语的内容却在早期中国就已存在。很早以前的中国社会就关注人类与大自然这一哲学问题。原始社会时期，人们还不能完全认识自然与利用自然，并且其生产、生活都直接地依赖于自然、接受"天"的旨意。受这种生活方式的影响，先民对天产生了极强的依赖、憧憬与敬畏，对之顶礼膜拜，甚至举行盛大而隆重的仪式来祭拜天。古人还崇拜山川，将心目中最为神圣的事情看为与山岳同体，比如祖先神的降生；此外，因为山较为巍峨挺拔，相比于陆地上的其他事物，山是离天最近的地方，因此山岳还被看作为神的居所。同样，水也被认为具有神性的特点，此外，先民还经常认为一些植物或动物是自己的祖先或有一些其他的神性意义，因此早期的先民对自然界中的事物十分憧憬与珍爱，这在某种程度上也体现出先民原始的生态智慧。如早在炎黄时代，先民出于对自然环境的生活积累，产生了恐惧、敬畏、依赖等各种心理，并衍生出"万物有灵"的观念。早期的山川与图腾的崇拜不仅仅是敬畏的层面，人们意识的转变使得自然万物还具有愉悦人感官的特性，产生了早期的审美体验，也正是由于以上的两点，人们对自然逐渐产生向往与亲近的情绪。这种情绪"反映出在原始法术思维影响下，具有宗教寓意的山水自然和动植物形象，已经与早期艺术活动和园林审美的起源彼此直接关联而达到水乳交融的状态，这是先秦园林发展必不可少的前提条件"。③可见，早期人类对于自然的尊重逐渐增加了审美欣赏的因素，并发展到园林的设计之中，生态智慧也在中国古代

①〔英〕伯特兰·罗素著.中国问题[M].秦悦译.上海：学林出版社，1996：7—8.

②〔比〕伊·普里高津，〔法〕伊·斯唐热著.从混沌到有序——人与自然的新对话[M].曾庆宏，沈小峰，译.上海：译文出版社，1987：1.

③刘彤彤.中国古典园林的儒学基因[M].天津：天津大学出版社，2015：29.

的园林设计中不断体现。商周时期的皇家园林充分利用自然，面积阔阔，蓄养牲畜，并集游乐、祭祀、生产等功能于一身。值得注意的是它的祭祀功能，先人花费大量的钱财、人力、物力建立宫室、苑囿，其中的灵台、灵沼具有神圣的意义，地位十分崇高，在此进行祭拜，可以求得风调雨顺、国泰民安。古籍对于这一可与上天对话的灵台多有记载，如《白虎通·释台》中总结了灵台的作用："考天人之际，查阴阳之会，揆星度之验。"近代学者发现如《孟子》《韩非子》《吕氏春秋》《淮南子》等古籍中都有大量相关的记载。这种带有宗教巫术性质的祭祀活动也带来了大规模的艺术化仪式活动，舞蹈、音乐、巫傩等形式的活动随之而来，而早期的"儒"便诞生于参与祭祀活动的神职人员中，由此为儒家崇尚自然的场所精神作了铺垫，在与上天的对话过程中也逐渐形成了早期中国人对于自然的看法，也为生态伦理观念的诞生奠定了基础。

园林不仅有着实用与精神功能，还带给人深刻的审美感受。尤其皇家园林，由于地位的尊崇与具备生产、祭祀等功能，其在选址时十分注重环境与自然资源的考量。《诗经》中描绘贵族游猎、宴饮等生活休闲场景：

"有卷者阿，飘风自南。岂弟君子，来游来歌，以矢其音。伴奂尔游矣，悠游尔休矣。"

《诗经·大雅·卷阿》

"鱼在在藻，有颁其首。王在在镐，岂乐饮酒。"

《诗经·小雅·鱼藻》

第一句诗文描绘了周成王携众臣出游，众人沉醉于自然风光而无比欢快的场景；第二句诗文刻画了自然界中的人和鱼都悠闲快乐的场景，表现出人与自然的和谐。

此外，相比于其他国家，中国也是史上较早制定野生动物保护法的国家。几千年前的五帝时期，就出现了专门管理山泽鸟兽的官职"虞"，据考，"虞"应该是世界上最早的生态保护机构和官职。此后的多个朝代，中国都制定了保护动物的相关法律。公元前11世纪，西周颁发的《伐崇令》中对破坏植物动物的人员有相当严厉的条例："毋坏屋，毋填井，毋伐树木，毋动六畜。有不如令者，死勿赦。"春秋时期，《管子·地数》中："苟山之见荣者谨封而为禁。有动封山者，罪死而不赦。"秦代制订了中国最早的生态环境保护法《田律》，其法制十分严厉。汉代，《汉书·宣帝纪》中记载，元康三年（前63年）颁布了不准破坏迁徙的五色鸟的鸟蛋、鸟巢以及射击五色鸟的诏令。唐代的《禁珠玉锦绣敕》禁止因商业利益而捕捉百色鸟兽。宋代制订的《禁采捕诏》与《二月至九月禁捕诏》两大法律直观地呈现了动植物的保护规定，且还在民间进行张贴，人力宣传环保。清代，顺治严禁广东采珠、康熙拒绝供鹰、雍正禁用象牙等都反映了朝廷上层统治者具有了环保的理念。

从上述文献记载的文字资料中，我们可以感受到中国早期已具备朴素的生态保护的意识，其环境的营造中、社群活动中处处充满着生态智慧。

2.中国传统宗教中的生态智慧

孔子之前，中国古老的生态智慧主要表现为对自然美的欣赏和人与自然和谐相处的关系。在大自然这一充满神秘且美丽的生命场域中，各种生命在其中生长与繁衍，各得其宜，人与万物融合共生。"原始初民以其特有的诗性智慧审视、对待乃至欣赏、亲近大自然。自然在与人的交融中被生命的辉光照亮，天地之间流荡着对莽莽苍苍的大自然的尽情歌唱。"[①]先秦的一些重要资料文献中都记载了先民朴素而朦胧的生态智慧，如《诗经》《尚书》《周易》《庄子》等，尤其《诗经》中出现了诸多描写自然景物或动物的十分优美的词句，从中我们可以感受到人与自然和谐且亲密的关系：春耕夏作、秋收冬藏、祭祀祈福、悠游品酒等，表现出质朴自然之美。《尚书》中人与自然的交流、天地神人的对话、对生命、自然的赞颂，无不传达出天人合一的思想与生态智慧。《周易》一书中提出了"观物取象""师法自然"的观点，以简单的卦象来说明自然的神秘，而在这神秘中充满了无尽的智慧。总而言之，先民在对自然的感动与崇敬中领悟了自然独特的魅力，感受着自然雄壮的力量，充分展示出人与自然亲密且和谐共生的生态智慧。

前面提到，早期参与人神对话的方士中产生了"儒"，由此也奠定了儒家精神中的生态伦理的思考。如儒家的核心思想"仁爱"，诸多文献中都有涉及：《孟子·梁惠王上》中"老吾老以及人之老，幼吾幼以及人之幼"，阐述了有差等却由己及人的爱；《孟子·尽心上》中"仁民而爱物"，由对人仁爱而逐渐推广至自然界中的事物，比如周茂叔不舍除掉窗前的杂草，还称其"与自家意思一般"，体现出其博大而深远的仁爱；又如《中庸》中："能尽人之性，则能尽物之性；能尽物之性，则可以赞天地之化育；可以赞天

---

① 卢政.中国古典美学的生态智慧研究[M].北京：人民出版社，2016：3.

地之化育，则可以与天地参矣。"由发挥个人的本性从而带领大家发挥本性，从带领人发挥本性到发挥物的本性，这样就可以与天地自然天人合一了。儒家的"天人合一""仁民爱物"都体现出人与社会、自然和谐相处的生态智慧。

　　道家思想中也蕴含着丰富的生态智慧，甚至学术界的诸多学者认为道家比儒家更加关注自然，儒家仅仅是一种经世之学。虽然这种观点有失偏颇，但在某种程度上说明了道家对于自然环境的关注程度之高。道家认为生命是大自然给予的馈赠，所有的生命具有同等的自由，所以人们应该尊重自然、顺应自然，无为而治，让生命得以自然而然地开展，从而实现人生的超越。道家创始人老子十分厌恶物质生活的享受，《道德经·第十二章》中还记载了物质欲望对人的危害："五色令人目盲；五音令人耳聋；五味令人口爽；驰骋田猎令人心发狂，难得之货令人行妨。是以圣人为腹不为目，故去彼取此。"认为人应该追求内在精神上的享受，尊崇大自然的法则，自由自在，随心所欲，一切听从大自然的安排，这样能一直保持人最纯净的心灵，拥有最美的生命，从而天真自由、纯洁无瑕。而美的生命应该尊崇道法、朴素无为，所以生命的真谛便是无人工介入的最本真的自然，人为的干涉都会违背生命的意义，人应该与世间万物和谐且平等地相处，这样才能"天地与我并生，而万物与我为一"。由此可以看出，道家的生态智慧是以敬畏生命、提倡平等来完善人本身，尊重自然、崇尚自然、效法天地，具有明显的生态保护意识，与当今的生态伦理意识相通。

　　佛教认为"一切众生皆有佛性"[1]，强调主观与客观、人与自然、人间与天国皆为一体，不分你我。在佛教中，自然从来不是用来征服的对象，"根据缘起论，自然界中的万物是空，是我们出发的地方，也是我们回家的地方，这就是佛性，这就是本来面目"[2]。佛教将自然界中的事物看成佛性的本源，这其中蕴含着尊重自然的深刻哲理与生态智慧。佛教中的深刻言论如"天地一旨、万物一观""青山是我身，流水是我命""物我玄会，归乎无极"，在抓住世间自然万物美的同时，亦表现出对生命的尊重与敬畏。总体上，佛教思想中蕴含了丰富的人与自然和谐相处的思想，其认为万物与人拥有同样的生命权利，都有着佛性，各自有其自身的价值，"从人与自然的同生共运

---

① 谭锡永主编，屈大成导读.大般涅槃经导读[M].北京：中国书店，2007：334.
② 邓绍秋.禅宗美学思想的生态智慧[J].美与时代，2010：16-18.

进入到人境无碍的和谐美，从内心的净化进入生态关怀的高度"①。佛教所崇尚的宁静、节制而又朴素的内涵，不仅有利于人生价值的提高与精神层次的丰富，同时也充满了生态伦理，反映了其传入中国后的生态环保意识。

以上儒、释、道三教是中国影响力较为深远的教派，其典籍中所记载的教义倡导人们与自然和谐相处，其生态智慧也反映出古老历久的中华民族的生态环保理念，值得今人深度思考与借鉴。

第二节

儒家典籍中的生态智慧

儒家思想是中国传统文化的主流之一，其所蕴含的丰富的生态哲学与思想深深地影响着中国的传统社会与生活其中的人们的民族性格。在生态问题日渐严重的当今社会，我们应该借鉴儒家处理人与自然关系时的生态哲学，并思考其时代性价值。

儒家思想十分丰富，但究其根源，其深层的含义在于探讨人与人、人与社会、人与自然的关系，而其生态哲理与思想更倾向于探讨人与自然的关系，以下将依据儒家典籍中的经典论述与故事以及今人对儒家思想的研究进行探讨，主要从儒家生态哲学思想的本源及保护动物、植物、土地、山川的相关内容去分析儒家的生态智慧。

一、儒家生态哲学的本源

要探讨生态哲学的本源，首先我们应该界定清楚生态哲学的基本问题。前面已经详细解释了当今社会的环境状况以及我们人类所面临的生态危机，分析了由此而高频出现的一些词语"生态""景观生态学"等，并认识到人们亟须重新处理人与自然之间的关系。这里的"自然"，也就是受到人们道德对待的事物有哪些呢？"生物中心主义认为，人对所有的生命都负有道德义务。生态中心主义进一步认为，人对于构成生态的无生命物也富有道德责

---

① 卢政.中国古典美学的生态智慧研究[M].北京：人民出版社，2016：8.

任。"①诸如植物、动物等生命物以及山川、土地等无生命物都是人类道德关怀的对象。对于儒家，其践行者有一个包含了生态领域而又更为广泛的概念——"中和位育"，代表了儒家在广义生态领域的思想。"中"就是不偏不倚，无论在利用外在自然环境资源，还是在社会环境里人与人的交往，都需要执守中道，不走极端，把握一个度，兼容并蓄，这是一种包容的智慧。"和"就是掌握分寸，如果有了矛盾，要在合乎"礼"的规则下协商解决，而不是逞强蛮干，不顾及他人的感受，这是一种共赢的智慧。"位"就是位置适当，每一个生命在自然界中都有合适自己的生态位，这样才可以安居，每一个人在人类社会都有适合自己工作的岗位，这样才可以乐业，否则就是德不配位，反遭其殃，这是一种适宜的智慧。"育"就是持续发展，做到了前面三点，天地间所有的事物都可以健康可持续地发展。这是一种发展的智慧。

在儒家学者的眼中，其关怀的对象除了人本身，还包含动植物甚至泥土砖石等无机物，如"德及禽兽"②、"泽及草木"③、"恩及与土"④、"化及鸟兽"⑤、"恩至于水"⑥。在儒家的经典书籍《周礼》《仪礼》《礼记》《春秋》中，都提及应该有道德地对待动物、植物、河流、山川、土地等。而上述观念与行为的出发点都来源于儒家的核心思想"仁"，在儒者的眼中，"仁"不仅仅是一种道德标准与德行规范，更有一种超越道德的含义：孔子提出"仁者爱人"，孟子提出"仁民而爱物"，韩愈扩展为"博爱之谓仁"，张载将"仁"拓展为"民胞物与"，程颢说"仁者，浑然与物同体"。从以上"仁"的发展趋势来看，"仁"的范围逐渐扩大，首先从自己的父母、兄弟到亲戚、邻居，再到他者，逐渐到人之外的万事万物，呈现出由近及远、将"仁"逐渐推广至自然的发展趋势。如果说"仁"是儒家生态哲学的出发点，那么"与天地参"就是其立足点，"生生"便是其重要手段，而"天人合一"是其最终目的。"仁"引发了对自然界如鸟兽、草木、土地、山川的仁爱之心与博爱之情怀，王阳明《大学问》中写到"……孺子犹同类者也，见鸟兽之哀鸣觳觫，而必有不忍之心焉，是其仁之于鸟兽而为一体也……"对于自然界中事物的仁

---

① 乔清举.儒家生态思想通论[M].北京：北京大学出版社，2013：18.

② 〔汉〕司马迁撰.史记[M].北京：中华书局，1982：59.

③ 〔汉〕班固撰.汉书·严助传[M].北京：中华书局，1962：2780.

④ 〔清〕苏舆撰，钟哲点校.春秋繁露义证[M].北京：中华书局，2002：375.

⑤ 〔宋〕范晔撰.后汉书[M].北京：中华书局，1977：12709.

⑥ 〔清〕苏舆撰，钟哲点校.春秋繁露义证[M].北京：中华书局，2002：381.

心与怜悯，使得人们产生"以天地万物为一体"之心。产生"与万物一体之心"，儒者便要采取行动来践行天道，因为天道是人间道德的源泉，正如孔子所说："唯天为大，唯尧则之。"而儒家思想的重要来源《周易》中阐述如下："生生之谓易"，"天地之大德曰生"，强调了天道的根本属性应是推动生命的产生、发展与繁荣。由此，人与天地万物一体流通，融合为一，和谐共生，最终达到"天人合一"的境界。

以下将从儒家道德关怀的几个重要对象——动物、植物、土地、山川四大自然因素入手，依据儒家典籍中的相关记载，结合近现代学者的相关分析，探讨儒家生态哲学中的大智慧。

二、儒家关于动物保护的生态智慧

儒家思想中的"仁"是一种推己及人、由人及物的爱，从古籍记载中我们可以挖掘到关于怜爱、保护动物的大量文献资料。

> 君子之于禽兽也，见其生，不忍见其死；闻其声，不忍食其肉。是以君子远庖厨也。[1]

孟子的话讲述了君子的怜悯之心，不愿意见到禽兽的死亡，也不忍食其肉，所以这也是君子远离厨房的原因。此处表现出儒者对于动物生命的珍爱与仁慈。

> 夫虎豹在山，鼋鼍在渊，物性之所托。故江淮之间有猛兽，犹江北之有鸡豚。今数为民害者，咎在贪残居职使然，而反逐捕，非政之本也。坏槛阱，勿复课录，退贪残，进忠良，后虎悉东渡江，不为民害。[2]

大意是认为虎豹作乱民间，是因为被逼离开了其正常生活的地方。猛兽害人是因为当地的官吏太残忍，所以不该捉捕猛兽，而应该惩罚贪婪、奸佞的小人。可见古人认为动物即使是猛兽的生命同样值得尊重与善待。

《伊川先生年谱》中也记录了程颐这位大儒的关爱生命之心。

---

① 〔宋〕朱熹撰.四书章句集注[M].北京：中华书局，1983：208.

② 〔汉〕应劭撰，王利器校注.风俗通义校注[M].北京：中华书局，1981：122.

尝闻上在宫中起行漱水，必避蝼蚁。因请之曰："有是乎？"上曰："然，诚恐伤之尔。"先生曰："愿陛下推此心以及四海，则天下幸甚。"

可见程颐对动物的爱怜之心，并认为皇帝应将这种仁爱之心推及至天下百姓身上。

爱护动物不仅是儒家文化而且是整个中国文化的传统，但动物在日常生活中有着重要的实用功能，那么对于动物的使用是如何体现出生态因素的呢？

首先，动物具有作为畜力、商品、礼品等功用。作为畜力，牛可以用来耕地，马可以载人。牛马经常作为运送物资的工具，为此，韩愈曾为千里马拉商品的事件鸣不平："千里马常有，而伯乐不常有"，既说明了没有做到物尽其用，也体现了对千里马的关爱。动物亦作为商品与礼品，如羊的皮毛可以买卖与送人等，《礼记》中便记载了祭祀时皇帝所穿的皮裘不是华丽的，反而是朴素无华的。《礼记·正义》中还规定了童子不可以穿罗绮裘裳，以免养成奢侈的坏习惯，这些都反映了古人的生态理念。其次，动物具有食用的功能。动物作为食品，不仅有填补肠胃，更有补充营养物质的功效，因此无论古今，动物都是一种十分常见的食物，但对于动物的猎捕或使用，古人拟定了各种生态性条例。如"数罟不入洿池，鱼鳖不可胜食也"[1]，"君无故不杀牛，大夫无故不杀羊，士无故不杀犬、豕"[2]，都体现出古人对于动物生命的珍爱。

儒家对动物的爱护还体现在其实际行动中。除了保护动物，儒家文化中还强调人工养殖动物，由此可以保持物种在一定程度上的平衡，如促进动物的繁衍、限时抓捕等，虽然这可能只是古人合理使用动物资源的一种方法，且并不一定涉及生态方面的思考，但其做法已相当值得鼓励。如汉代刘向的书中已体现出深刻的"奉农时、尊天命"的可持续发展观："焚林而田，得兽虽多，而明年无复也；干泽而渔，得鱼虽多，而明年无复也。"[3] 说明了不按时耕田、捕鱼，明年只会无所收获，亦从反面角度提倡应遵守农时而"耕"与"渔"。另外，以儒家典籍《礼记》为例的多种文献中都记载了动物保护的相关法律与条例，上面已经进行过简单介绍，在此谨以古文来证实古人对

---

① 〔宋〕朱熹撰.四书章句集注[M].北京：中华书局，1983：203.

② 〔清〕朱彬撰，沈文倬、水渭松校注.礼记训纂[M].杭州：浙江大学出版社，1996：447.

③ 〔汉〕刘向撰，向宗鲁校证.说苑校证[M].北京：中华书局，1987：331.

动物保护的实际手段。

（孟春之月）牺牲毋用牝，禁止伐木。毋覆巢，毋杀孩虫，胎夭飞
鸟，毋麛毋卵。①
（仲春之月）是月也，祀不用牺牲，用圭璧，更皮币。②
（季春之月）田猎罝罘、罗网、毕翳、餧兽之药，毋出九门。③

以上为古籍所记载的各个时令有关动物的禁令与相关政策，可以让人深
切地感受到儒家的可持续性发展理念及生态智慧。

三、儒家关于植物保护的生态智慧

植物与动物一样，同样也是儒家道德关怀的对象之一，儒家对于植物的
关怀通常被表现为"泽及草木"，虽然儒家也是为了生存的目的去利用草木，
发展农业等，但儒家还强调要保护荒野、林木、植树造林等。以下案例表明
儒家在利用草木实用性的同时还保持着一颗仁心。

汉代的贾谊曾将孟子爱护动物之心、《春秋》、《礼记》等典籍中体现的
对自然物的爱怜之心综合起来，说明这些都是儒者仁德的表现。

草木不零落，斧斤不入山林……故仁人行其礼，则天下安，而万
理得矣。④

山林里的草木没有凋零，则不允许砍伐，对于这样的仁慈之心，如果君
主用此实行礼治，那么天下就会安定，各方面都会井然有序。作者首先强调
了对于草木的仁慈之心，其次升华了仁的境界，认为用此仁心去治世，那么
天下就可以大同。同时代的董仲舒也有相似的言论：

恩及草木，则树木华美，而朱草生。

① 〔东汉〕郑玄注，〔唐〕孔颖达.礼记正义.//〔清〕阮元刻十三经注疏[M].北京：中华书
局，1980：1357.
② 〔汉〕郑玄注，〔唐〕孔颖达.礼记正义[M].上海：上海古籍出版社，2008：1362.
③ 〔汉〕郑玄注，〔唐〕孔颖达.礼记正义[M].上海：上海古籍出版社，2008：1363.
④ 〔汉〕贾谊.贾谊集[M].上海：上海人民出版社，1975：103-104.

咎及于木，则茂木枯槁。①

其实在汉代，关心草木的观念已经较为普遍，汉代文献资料中出现了丰富的关于圣王节省资源的记载，可见，植物的确是儒家文化中道德关怀的对象。

北宋大儒周敦颐也是一位很仁慈的人，据《二程遗书》中记载：

周茂叔窗前草不除。问之，云："与自家意思一般。"即好生之意，与天地生意如一。②

可见，儒家不仅对有功用的植物怀有关切之心，对无用处的杂草也保持着仁心。王阳明《传习录》中对自然事物的作用做了简要介绍："五谷禽兽之类皆可以养人，药石之类皆可以疗疾。"植物的首要功能便是作为食物。我国自古为农业大国，农作物养育着一方中华儿女；此外，植物还可作为木材制作成生活用品，如"木直中绳，煣以为轮，其曲中规"。但在采伐时，也要遵守时禁，《礼记·月令》中便记载了"（孟夏之月）毋伐大树……驱兽毋害五谷……（季夏之月）是月也，树木方盛，命虞人入山行木，毋有斩伐"。③植物还可以作为药品，作为药品时，其最简单直接的用法便是内服与外敷，以此治病救人。古人在使用植物时还有更加生态的做法：《周礼》记载，当时负责驱除"蠹物"的官吏"翦氏"使用"莽草"来熏蛀食器物的虫类，这是较早直接利用生态方法治理生态危害的案例。

对于植物尤其是林木的保护，中国古人还十分有心地设立了诸多机构与官职，历代政府都较为注重对于林木的管理。《尚书·舜典》中记载的"虞"官，便是专门管理林木的官职。当时舜帝任命伯益为"虞"，并且要求"顺从动植物的特点"进行管理。与"虞"相近，"林衡"的管理范围是平地与山麓的林木，此外，《周礼》中还记载大司徒也有保护林木的职责。除以上的官职，还有"草人""委人"等职位从事植物管理的相关工作。

古人不仅设立了诸多保护植物的官职，还出台了大量的法令与法律。如

---

① 〔清〕苏舆撰，钟哲点校.春秋繁露义证[M].北京：中华书局，2015：365.

② 刘悦笛，赵强著.无边风月：中国古典生活美学[M].成都：四川人民出版社，2015：10.

③ 〔清〕王先谦撰，沈啸寰，王星贤点校.荀子集解[M].北京：中华书局，1988：1.

前面提及的《礼记·月令》中规定了各个时令应该做的事情与不应做的事情，由此来保护自然界中的动植物。受儒家文化的影响，各个朝代还颁布了一些法律，如《秦律十八种·田律》中记载：

　　春二月，毋敢伐材木山林……不夏月，毋敢夜草为灰，取生荔……到七月而纵之。唯不幸死而伐绾（棺）享（椁）者，是不用时。①

以上材料可见秦朝对于山林保护管理的严苛。此外，如《使者和中所督查诏书四时月令五十条》、居延汉简、《晋书·刑法志》中都有此类明文律例。

四、儒家对于土地保护的生态智慧

土地具有多重意义，包括土壤、田地、荒野、国家政权、国土所有权等。作者在此处所阐述的土地为儒家典籍中的土地，其对应含义，"泛指大地、国土疆域、土地的表层（与'壤'对应）、田地、与山石相对立而可以移动的散土、土壤、各类植物生长之处等。"②与动物、植物一样，在儒家看来，土地也是自然物的构成之一，是具有活力的，强调要用道德的态度去对待。

西汉董仲舒在其著作《春秋繁露·五行顺逆》中指出："恩及于土，则五谷成，而嘉禾生。"而如果虐待土地，那么："咎及于土，则五谷不成。"③儒家将土看成是有生命的，土地作为天地间重要的组成部分，应该给予关怀。当代美国科学家与环境保护主义者利奥波德（Leopold）也认识到了这一点，并提出"土地伦理""健康的土地"等重要概念，在其著作《沙乡年鉴》中，他指出："土地伦理反映着一种生态学意识的存在，而这一点反过来又反映了一种对土地健康负有责任的确认。健康是土地自我更新的能力，资源保护则使我们为了了解和保护这种能力的努力。"④这段文字所讲述的对于土地的伦理责任与儒家对于土地的关怀思想有着异曲同工之处。

土地有承载与生养万物的功能。东汉末年的儒家经学大师郑玄这样描

① 睡虎地秦墓竹简整理小组.睡虎地秦墓竹简[M].北京：文物出版社，1978：27.

② 乔清举.儒家生态思想通论[M].北京：北京大学出版社，2013：130.

③〔清〕苏舆撰，钟哲点校.春秋繁露义证[M].北京：中华书局，2015：368.

④〔美〕奥尔多·利奥波德.沙乡年鉴[M].侯文蕙译.长春：吉林人民出版社，1997：209.

述土地：“能吐生万物者曰土。”①《说文解字·土部》中也有相似的描述：“土，地之吐生物者也。象地之下，地之中……物出形也。”说明了土地的生养功能。此外，土地还象征着财富，《礼记》中说道：“问国君之富，数地以对，山泽之所出。”②

那古人是如何对土地进行生态性使用的呢？中华民族作为农业大国，古人对于土地的品种、产地、特性都十分了解，如“土宜之法”“土会之法”，前者阐述了土地适宜生长什么样的植物，后者用以确定贡税，除这两者外，还有农田灌溉、休耕、肥田等多种方法，在儒家典籍《尚书》《周礼》中都有大量记载。其中如休耕便是保持与蓄养土壤肥力的重要方法，《汉书·食货志》中记载：

> 岁耕种者为不易上田；休一岁者为一易中田；休二岁者为再易下田；三岁更耕之，自爰其处。③

以上文字强调了休耕的方式，体现出古人的生态智慧。除此以外，古人还设立了相当多的土地管理职位，颁布了诸多法令。如《周礼》中记载了大司徒、小司徒的土地管理职位，前者的工作内容是辨别国家地理情况并进行规划与建设，后者的职责是平均分配土地。周代也有负责分配土地的官职“遂人”及平均地赋的官职“土均”或“均人”。而各朝代也建立了一套赋税征收法，儒家对于苛政是十分反感的，其对于赋敛的约束也体现了某种生态思维。

五、儒家关于山川保护的生态智慧

“国土山川”“川竭国亡”阐述了儒家对于山川的认知。“山川是一个国家的依赖，如果一个国家的主要河流枯竭了，这个国家就要灭亡了。”④意在告诉人们山川的重要性，以及人们应该善待山川。各个朝代的统治者也认识到了这一点，纷纷设立专门的职位来管理山川，并制定相关法律来约束人们

---

① 〔东汉〕郑玄注，〔唐〕孔颖达正义.礼记正义[M].北京：中华书局，1980：1357.
② 朱彬.礼记训纂[M].杭州：浙江大学出版社，2010：69.
③ 〔汉〕班固撰，〔唐〕颜师古注.汉书[M].北京：中华书局，1962：1119-1120.
④ 乔清举.儒家生态思想通论[M].北京：北京大学出版社，2013：146.

的行为。

前面提到了董仲舒关于保护动植物与土地的观点。对于山川，董仲舒亦秉持着关爱保护的态度："恩及于金石，则凉风出。……咎及于金，则铸化凝滞，冻坚不成。"[①] 这句话指出人们应该善待山脉与金石，这样就能出现良好的气候，反之，就会出现不好的气候现象。川——水与河流也是自然界的重要因素，亦是儒家关怀的对象之一，《汉书》记载："五行以水为本"[②]。"水曰润下"也强调了水的作用：灌溉、滋润、养护、流通，如农作物的灌溉、河水的流通都依赖于水的强大功能。

在中国古代，历代政府设立过"虞""衡"的职位来管理山川，而"虞"官相传最早诞生于五帝时期。《周礼》中记载了先秦时期"虞"与"衡"的官职与工作内容：山虞负责制作保护山林自然资源的条令与法律，林衡负责巡视并监管山林及守护人员，泽虞与山虞相似，川衡属于泽虞的下属，与林衡的结构相似。唐宋时期，虞衡的职责内容更加宽泛，除了前代传承下来的山林川泽的管理，还有京城街道的绿化、苑囿、打猎、物资供应等五项管理职责。宋代还专门在工部之下设立虞部管理山泽、苑囿。明清之际工部设立了虞衡清吏司，执掌山泽采捕、陶冶之事："虞衡典山泽采捕、陶冶之事……岁下诸司采捕……皆以其时。冬春之交，置罛不施川泽；春夏之交，毒药不施原野。苗盛禁蹂躏，谷登禁焚燎。"[③] 历朝历代，虞衡的工作内容虽有些许调整，但其保护自然环境的工作职责从未改变。

概而言之，儒家认为爱有差等，但却可以推己及人、由人及物，这种仁爱从自己到亲人，再到朋友、普通人，直至世间自然万物，具有真实、亲切的性质，同时也是儒家对于自然万物的生态关怀的基础。此外，通过体悟自然的内在之美，既可以感受到人与自然的和谐之乐，也可以提升儒者自身的修行。最后，儒家认为天、地、人应为一体，人也是自然界中的一部分，因此，儒者对自己心灵修养上的追求，也是儒家生态哲学的重要内涵。

---

① 〔清〕苏舆撰，钟哲点校.春秋繁露义证 [M].北京：中华书局，2002：376.

② 〔汉〕班固撰，〔唐〕颜师古注.汉书 [M].北京：中华书局，1962：3189.

③ 张廷玉.明史·卷072·志第四十八·职官一 [M].北京：中华书局，1974.

儒家关于人居环境的思想架构

近年来，台湾学者杜保瑞先生提出以"四方架构（宇宙论、本体论、工夫论、境界论）"来解释中国哲学理论体系[①]，本节将"宇宙论""本体论""工夫论"和"境界论"这"四方架构"的理论观点延伸至儒家传统人居环境思想中："宇宙论"是儒家人居环境观念的思想基础，指明了儒家生态思想的来源，对天地万物的起源以及宇宙结构的认知都来自于儒家文化；"本体论"是对人居环境本体的意义、目的、价值的思考，这关系到儒家思想价值体系的构建，儒家对人居环境中诸要素的判断直接影响到人居环境营造方向[②]；"功夫论"是指对儒家文化中人居环境建设方法的探讨，它是实践范畴的重要内容，与人居环境的出现息息相关；"境界论"是对儒家理想生存环境所达到境界的概括，直接指向儒家文化中的理想场所。以上四个层次共同组成了儒家人居思想的精神内核，中国古代人居形态特征也因此得以孕育。

一、宇宙论——儒家人居环境的思想基础

"宇宙自然是人类之母。人生活于天地之间，不可不知天地的本然之性；不知天地的本然之性，人类也就无从自觉地安排自己的合理生活。"[③]中国传统语境中"宇宙"的概念多以"天""天地"的说法加以表达，儒家思想"取消了'巫'在天人之间的中介作用"[④]，对"天"的神格定位进行了辩驳，并重构了一套相对完整严密的宇宙观，儒家宇宙论的重点从先秦早期儒学至宋明理学都侧重于探讨天人关系。

1."生生之德"

《易》是儒家对人居环境的思想认知的主要来源，《易》中"天地大德曰

---

① 杨欣，万博.坛城与枯庭的传统空间叙事结构辨析[J].中国园林，2018：134-138.

② 赵万民，周学红.人居环境发展中的五律协同机制研究[J].城市问题，2007：20-23.

③ 焦国成.儒家爱物观念与当代生态伦理[J].中国青年政治学院学报，1996：81-87.

④ 杨欣.山地人居环境传统空间哲学认知[D].重庆大学，2016：42.

生"的思想也成为儒家建构天人关系的出发点。"生"被概括为宇宙最本质的特点，天地间的生生不息是天道的"元亨利贞"四德作用于万物使其"各正性命"的结果。程颐基于《易》的理论进行了思想延伸："元亨利贞谓之四德，元者万物之始，亨者万物之长，利者万物之遂，贞者万物之成"(《程氏易传》卷一)。"元亨利贞"四德逐一体现了万物的生长和发展过程，"元"是发端与动力，"亨"是生长过程，"利"是发展，"贞"意味着走向成型，天地万物的生命历程在这种由兴起到成熟，由结束到诞生的生生不息的阶段中得以彰显。儒家对待万物的心态也受到"元亨利贞"品德的影响。朱熹认为："盖天地之心，其德有四，曰元、亨、利、贞……在天则蔼然生物之心，在人则温然爱人利物之心，包四德而贯四端者也。"(《仁说》)

"易"描述了生命的动态生存和发展状态。宇宙的另一个重要特征是"易"。在儒家圣人看来，一切都在变化和发展，如荀子认为："列星随旋，日月递照，四时代御，阴阳大化，风雨博施，万物各得其和以生，各得其养以成，不见其事，而见其功，夫是之谓神。皆知其所以成，莫知其无形，夫是之谓天。"(《荀子·天论》)天地万物皆在变化，其原因在于"阳"与"阴"之变，早期儒学中荀子认为"天地合而万物生，阴阳接而变化起"(《荀子·礼论》)，而宋明理学也有同样观点。周敦颐说："二气交感，化生万物，万物生生而变化无穷焉。"(《太极图说》)天地万物的运行和变化是在阴阳交替中实现的，宇宙万物的形式也因演变才有了存在的可能。

在当今的人居环境实践中，"生生之德"意味着遵守自然生命本身的动态演化规律，不能将其固有的自然规律随意打破。有益促进才是合理人居环境营造的基本法则，人居与自然环境之间也唯有如此才能求得和谐共生。

2."三才说"

"三才说"解释了人居环境中三个主体——"天""地""人"之间的关系。天、地、人三者有机统一的世界观在《周易》的三才之道中被架构起来了，天之道"始于万物"，地之道"生于万物"，人之道"成于万物"。首先，乾卦《彖传》说："大哉乾元，万物资始，乃统天。"所谓"万物资始"，就是说万物的生命是由天而来的，天就是生命之源。《易学》认为，天之所以能够"始万物"是阴阳这两种基本要素相互结合、相互作用的结果。特别值得注意的是，《易》在谈到"天"时，都与生命现象有关，如"云行雨施，品物流行"[①]。其次，《周易·坤·彖传》中将"地"的品德描述为"载万物"，"地"是

---

① 王翠华.儒家生物多样性智慧研究[D].南京农业大学，2010：10.

一切生命存在的物质基础——自然界一切生物的生存和发展都要从土地中汲取养分，生命能量"取材于地"，这正如《周易·离·彖传》中的观点："日月丽乎天，百谷草木丽乎土。"最后，人虽是天地万物中的一员，但是《易》将人与天、地同列，足见人之特殊地位。道德和理性是人区别于其他万物的重要特征，这种仁义之性也将一种特殊的责任赋予了处在天地万物中的人，那就是"成物"。《中庸》对此有更明确的阐释："唯天下至诚故能尽其性。能尽其性，则能尽人之性。能尽人之性，则能尽物之性。能尽物之性，则可以赞天地之化育。可以赞天地之化育，则可以与天地参矣。"在人参与到化育万物的过程之前，必须把握"天地至诚"的思想，才能达到与天地相参的水平。

3.天人关系

以吴良镛先生的观点来看："人居环境建设本身就是人与自然相联系和作用的一种形式"[①]，因此，人在天地间的地位是基于"天地生生"和"三才说"观念之上的，这也是儒家人居环境思想基础的重要组成部分。

"天人关系"中"天"的概念是"天道"而非物理之天。人在天地间的地位、人与万物的关系以及对待环境的态度都受到天人关系的直接影响。"天人合一"是儒家天人关系的主流思想，儒家观念自孔子以来就内含了人文主义的倾向，人的地位不同于其他万物，自然万物能在一定程度上被人认识、利用和改造，因而"天人相分"的观点也出现在儒家关于天人关系的理解中，例如荀子就提出"制天命而用之""明于天人之分"等观点。

天人合一思想自古有之，张载较早地提出了"天人合一"这一儒学命题，程颢也提出"天人本无二，不必言合"的观点。宋明理学秉持天人相通的思想，"道未始有天人之别，但在天则为天道，在地则为地道，在人则为人道"（《程氏遗书》卷二十二上）。道是天地万物的内在属性，虽然作用于天、地、人不同的客体，其表现形式有所不同，但在本质上都是道，是同一的。"天人合一"还表现为天人同德，王夫之提出"圣人尽人道而合天德，合天德者健以存生之理，尽人道者动以顺生之几"的观点[②]。"天"兼具自然之天与德性之天两重属性，天赋予人以道德。在人居环境上具体表现为，秉承人与天同道同德的儒家思想认为，人应以仁爱之心对待和爱护万物。

① 雷茜.传统村落人居环境中的儒家生态哲学意蕴[D].西安建筑科技大学，2015：20.
② 吕雯瑜."天人合一"思想的生态伦理观及当代价值[J].中共桂林市委党校学报，2016：60-63.

虽然儒家天人关系的主流一直被"天人合一"的观念所占据，但是"天人相分"思想从未消失，这种表现在早期儒学中尤为明显。"天人相分"具体表现为两点：其一，天与人地位不同。天道的运转不会为人所影响，"天行有常，不为尧存，不为桀亡"。其二，人与万物地位不同。儒家强调"贵人贱物"的观点，《论语·乡党》中记载："厩焚。子退朝，曰：'伤人乎？'不问马。"[①]早在孔子时代，这种人贵畜贱的思想就已出现。对于人类的地位，很多儒家先哲都给予了特别强调：荀子认为人"最为天下贵"（《荀子·王制》）；董仲舒认为"人之超然万物之上而最为天下贵也"（《春秋繁露·天地阴阳》）；周敦颐认为"惟人也得其秀而最灵"（《太极图说》）；邵雍认为"人为万物之灵"（《观物外篇》）。

儒家在"天人合一"与"天人相分"思想共同影响下，产生了人对环境建立负有道德责任的思想观念，与荀子"序四时，裁万物，兼利天下"的论断无二，不仅认识到天人合一可以使人以一种仁爱且尊重生命的态度对待一切事物，而且认识到天人相分会使得人改造自然环境时受到"天道"的约束，禁止其肆意干涉天地的正常运转。人在天地间的合理定位是儒家天人关系的重点，当人处于合适的位置，就能与天地万物保持某种平衡关系，以此为基础建立的人居环境才能实现人与自然的永续发展。

二、本体论——儒家人居环境的道德观

在天人关系中，相较于道家和佛教，儒家将人放在了更高的位置。儒家采取了"贵人贱物"的立场将人视为"最为天下贵"[②]。"重人、重物"的立场使得儒家关于人居环境建设的理论和实践逐渐走向对自然的控制利用层面。儒家关注的重点在于整个人类社会，即人与人、人与物的关系，而并非孤立的、个体的"人"。儒家在宇宙观的基础之上发出了以"仁民爱物"为核心的道德自觉。作为儒家思想核心的"仁"是社会交往中基本的伦理道德规范。当然，儒家的道德情感具有普遍的社会伦理意义，它不局限于血缘关系，还拓展至整个人居环境的范畴。"亲亲而仁民，仁民而爱物"（《孟子·尽心上》）是儒家的重要命题，这是一种可以因人而异的有差等的爱。

"仁民爱物"在儒家人居环境思想的道德观中则表现为人对于天地万物

---

① 周玲俐.中国传统生死观及其对高校生命教育的启示[D].浙江大学，2018：9.

② 何铮.生态道德教育的儒道之别[J].中共银川市委党校学报，2013：4.

所承担的责任，即人对于天地万物的关爱和保护。人居环境包含了诸多子系统，如自然、人、社会、建筑物、网络等要素[①]，人只是其中的一分子（图3-1）。人在天地的特殊地位决定了人对生活环境中的许多事物都要承担道德责任，这种责任的大小受到人与人之间远近亲疏关系的影响。以下是儒家道德观的三个层面。

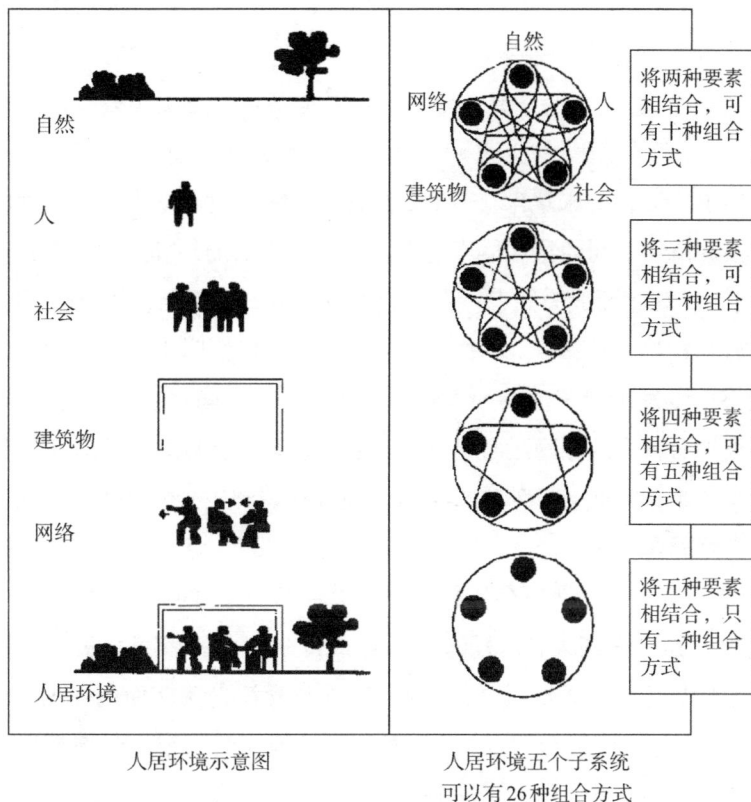

图3-1　人居环境示意图

1.泛爱众

亲情之爱是"仁"的最初概念，具体表现为两个层面：在父子关系中表现为孝，在兄弟关系中表现为悌。"仁"的概念受到儒家"推己及人"观念的影响，并逐渐由"亲亲"向人与人的关系转变，孔子提倡"泛爱众，而亲仁"，而孟子"仁政"之说"老吾老以及人之老，幼吾幼以及人之幼"（《孟子·梁惠王上》）更是将仁爱之心推广到所有民众。人与人之间的关系是人居环境中重要的组成部分，仁是儒家人际关系得以建立的重要准则。

① 吴良镛.人居环境科学导论[M].北京：中国建筑工业出版社，2001：125.

2.恩及禽兽草木

"不忍人之心"是儒家尊重生命的重要理论来源，这种仁爱之心被儒家推广至环境中的其他生命体。"让有生命物实现其生生的本性、无生命物实现其在生态系统中的作用，这是尊重事物的内在价值的思想，是儒家道德共同体思想的核心。"[①]其中，儒家思想在对与动物的关系认知上较为典型，孟子认为："君子之于禽兽也，见其生，不忍见其死；闻其声，不忍食其肉。是以君子远庖厨也。"（《孟子·梁惠王上》）对于动物的仁爱之心，董仲舒的观点则更为明确："质于爱民，以下至鸟兽昆虫莫不爱。不爱，奚足以谓仁？"（《春秋繁露·仁义法》）儒家道德关怀的对象也包括植物，"恩及草木，则树木华美，而朱草生"。尊重生命成为儒家面对植物道德态度的具体表现，根据植物不同的特性适当地创造适合其生长的外部条件。植物又因儒家"比德"的观念而成为儒者抒发情感的有效方式。例如，孔子曾感叹："岁寒，然后知松柏之后凋也"，刚正不屈的高尚品格比附于松柏。此外，人的恻隐之心也激发了对于动物的关怀，孟子认为"恻隐之心，仁之端也"，情感拓展至生命，人的恻隐之心是这一过程的基础。恻隐之心令人不忍使其他生命遭受苦难，因而会格外珍重生命，充分认识到生命的价值和意义。

3.与物同体

"仁者以天地万物为一体"是宋明理学对于"仁"的进一步推广[②]。对于天地化生万物，程颢秉持"万物之生意最可观，此元者善之长也，斯所谓仁也"（《程氏遗书》卷十一）的思想，这种观念源自于前面所述的"生生之德"，在"天地生"的普遍规律下，人与物是统一的，宇宙万物是相互联系的，共同组成万物共存的和谐状态。天地万物的道德自觉是由人类的仁爱精神作用和转变而来的，"仁"不仅仅充当人与人之间桥梁的角色，更是将人与世间万物连接成一个共同体的黏合剂，还能维系万物的和谐发展并且使其"生生不息"，这是人履行"参赞化育"道德使命的必由之路。

将人居环境作为一个伟大而和谐的生命体是儒家"与物同体"观念的价值所在，人与物都无主客之分，是这个人居系统中平等的一员。"生物中心主义认为，人对所有的生命都负有道德义务。生态中心主义进一步认为，人对于构成生态的无生命物也富有道德责任。"[③]人与万物同宗同源、互为一

---

① 乔清举.儒学生态思想通论[M].北京：北京大学出版社，2003：13-40.

② 张甜甜.宋明理学群己思想研究[D].哈尔滨工业大学，2019：35.

③ 乔清举.儒家生态思想通论[M].北京：北京大学出版社，2013：18.

体，人居环境才能实现内在的和谐统一。"与物同体"的思想也给了人类诸多启示，要与人居环境中的生命共同发展，这是儒家道德合理性的体现，也是人与自然和谐共生的基础。

三、功夫论——儒家营造人居环境的方法

1."并育不害"的共生思想

生育万物是大自然中天所具有的功能，天以某种规律运行使万物达到稳态平衡的特点，《中庸》称其为"万物并育而不相害，道并行而不相悖"。"万物"在人居环境中的概念较为广泛，一切生命体都是万物的组成部分。它们的运行虽然各有不同，但是都互通于道，这使得万物在天地之间各安其位。这种不同也成就了人居环境的丰富性与多样性。

作为"三才"的重要组成部分，人应当效法于天、取法于天，维护天地共存的秩序，尊重和保护生命共同生存的权利，正如《周易·系辞上》中的观点："范围天地之化而不过，曲成万物而不遗。"所谓"物之不齐，物之情也"（《孟子·滕文公上》），复杂与多元共生应该是人居环境的良性特点，人类在维护人居环境的多样性及尊重不同事物的生存方式上不应有偏差与遗漏，使人居环境的各个要素可以相互依存与促进，共同推动整体人居环境向前发展。落脚在传统书院人居环境营造中，"小""隐""散"往往成为书院建筑的典型特征，避免大兴土木，避免人为过分地干预自然，这是书院空间环境营造中需要极力重视的层面。

2."利用厚生"的价值认知

所谓"利用厚生"，"利用者，工作什器，商通货财之类，所以利民之用也。厚生者，衣帛食肉，不饥不寒之类，所以厚民之生也"（《书经集传》）。重视人之所在是"利用厚生"观念的本质，是人类在发展过程中自身需求的体现。吴良镛先生也认为："人"是"人居环境的核心，人居环境研究以满足'人类居住'需要为目的。"[①]"利用厚生"是儒家生态思想入世的集中体现，在这方面孟子与荀子表现得更为明显："谷与鱼鳖不可胜食，材木不可胜用，是使民养生丧死无憾也。"（《孟子·梁惠王上》）"五亩之宅，树之以桑，五十者可以衣帛矣；鸡豚狗彘之畜，无失其时，七十者可以食肉矣；百亩之田，勿夺其时，数口之家可以无饥矣。"（《孟子·梁惠王上》）。无论是对"养生丧

---

① 吴良镛.人居环境科学导论[M].北京：中国建筑工业出版社，2001：38.

第三章　儒家思想的生态智慧

死无憾"还是"衣帛食肉"等物质资源的汲取，都纷纷指向了一种合目的性的生活方式，即利用动植物的最终目的都是为了满足人类的居住与生活需求。"因物而多之，孰与骋能而化之！思物而物之，孰与理物而勿失之也！愿于物之所以生，孰与有物之所以成！故错人而思天，则失万物之情。"（《荀子·天论》）荀子的观点将人提升到了"天"的高度，对于"利用"的态度更为激进。荀子对"化""理""有"的阐释，不仅是将人置于主体地位，还具有人要顺应万物本性并不断挖掘人居环境发展潜在价值的深层含义，如此才能避免"失万物之情"。

3."节用寡欲"的生活方式

对自然万物的无限索取并非"利用厚生"的真实含义，相反，儒家倡导的是"节用寡欲"的生活方式。"克己"是儒家修养的重要一环，"在早期儒家看来，节制欲望是修炼自身修养的重要方面，后成了处理人与自然万物之间关系的重要条件"[①]。如果人们放纵欲望而不受约束，他们就会受到外来事物的影响从而失去人的特征。克制贪欲有利于营造良好的人居环境，人类要想在自身发展与生态环境之间寻找到一个最佳的平衡点，就必须实现对自然资源的有限索取，人居环境在这样的平衡之间才能实现永续发展。

此外，早期儒家意识到过度掠夺环境会导致资源短缺，还会危及人类自身。因此，即使从人们自身利益的角度来看，人们也应该控制自己的过度欲望，以维持人居环境的稳定和长期发展。唐代《均节赋税恤百姓六条疏》中论述：

> 夫地力之生物有大数，人力之成物有大限。取之有度，用之有节，则常足；取之无度，用之无节，则常不足。……是乃用之盈虚，在节与不节耳，不节则虽盈必竭，能节则虽虚必盈。

顾及"地力之生物"和"人力之成物"的有限，因而向外界获取资源要有一定的界限，做到"不夭其长，不绝其生"，做到贵生、惜生、重生。

4."顺应时中"和"以时禁发"的时间观念

儒家人居环境建设的时间观主要体现在两个方面："顺应时中"和"以时禁发"，维护人居环境的生态平衡是二者的最终目的所在，也是"节用"思

---

① 薛勇民，党盛文.从"仁民爱物"到"民胞物与"：儒家仁爱思想的生态伦理意蕴[J].晋阳学刊，2018：94-98.

想在人居环境中的体现。古人的生产生活经常会受到天象、物象的制约，并经常将这种"天象""物象"等具体的物质形象理解为"时"。天象、物象、四时更替的规律也被古人很早地总结出来，并将其上升到"天时"的高度。同样，时间与人生活之间的联系也被儒家思想所构建，时间变成为了人居环境中的活动刻度。

以"利用厚生"为基础，"顺应时中"与"以时禁发"的时间观念产生的作用是对人的行为进行限制。人必须按照万物的运行节奏去发展，这是"顺应时中"对人的要求。儒家主张通过顺应规律的方式从外界获取资源来维持人居环境和人类生活，人类的生活节奏不可与自然的生长节奏相悖，"不违农时，谷不可胜食也。数罟不入洿池，鱼鳖不可胜食也。斧斤以时入山林，材木不可胜用也。"（《孟子·梁惠王上》）"曾子曰：'树木以时伐焉，禽兽以时杀焉。'夫子曰：'断一树，杀一兽，不以其时，非孝也。'"（《礼·祭义》）。同样的，"以时禁发"也是如此，儒家要求在特定的时间内停止"杀生"行为，但是这并非全盘否定狩猎与伐木，如为了维持物种的多样性及人居环境的生态平衡，在动植物生长繁殖较为旺盛的春夏季节，是绝对禁止狩猎和伐木的。

传统书院的景观营造也因这种时间观念而表现出对时序的充分重视。以长沙岳麓书院为例，春天有"柳塘烟晓"的"杨柳依依晓色垂，方塘烟影沿青旗。微波潋滟生霞处，晓月空濛在水时"；夏天有"风荷晚香"的"晚景微茫里，幽芳淡远中"；秋天有"花墩坐月"的"疏钟清磬三更寂，冷蕊寒花一径新"；冬天有"竹林冬翠"的"直干亭亭耸碧冬，凌冬不碍雪霜侵。绿藏书屋千竿秀，翠绕湘川万垒深"。传统书院造景在顺应时中观念的影响下充分考虑了不同风物所对应的不同时令。

5. "民胞物与"的生态平等观

张载在《西铭》中提出"民吾同胞，物吾与也"的命题，即人应该把所有人都当作自己的同胞，万物与我都是天地的产物。人与人之间的社会伦理关系被拓展到人与物的自然伦理关系，一切人和物都是宇宙自然中的一员，是宇宙这一完整生命体的组成部分。因而，人与万物之间就存在了生命上的内在联系——人与万物的生命和价值都是由天（乾）地（坤）所给予的，人与人、人与万物的生态地位是平等的。人类社会内部的仁爱精神延伸至天地万物后产生了一种内在的道德自觉，这种对于自然万物的生态关怀从人的亲缘关系出发并最终形成了儒家尊重生命、兼爱万物的生态平等观念。

《二程遗书》记载："周茂叔窗前草不除。问之，云：'与自家意思一般。'

即好生之意，与天地生意如一。"[1]周敦颐因对杂草的仁爱之心所产生的对宇宙生命的感悟，并将这种生命体验上升到对天地万物的关怀中，形成了自身的生态观，这种生态观也反映在书院景观的营造上。

四、境界论——儒家对人居环境的价值判断

儒家的理想人居环境相较于道家的蓬莱仙境或佛教的净土世界来说，出现在经文典籍中的描述并不多。但是我们可以通过儒家典籍所追求的境界来探索儒家先贤所追求的理想生活状态。

1.孔颜乐处

孔子将自己的生活状态描述为："饭疏食饮水，曲肱而枕之，乐亦在其中矣。不义而富且贵，于我如浮云"（《论语·述而》），又称赞颜回："贤哉，回也！一箪食，一瓢饮，在陋巷。人不堪其忧，回也不改其乐。贤哉，回也！"（《论语·雍也》）周敦颐更是直接教导二程以"孔颜乐处"，令其"寻颜子、仲尼乐处，所乐何事"，自此，历代儒者所追寻的完美人格和理想境界都趋向于这种"曲肱饮水之乐"和"箪瓢陋巷之乐"。

儒家的终极目标是要塑造完美的理想人格，在这种追求下，世俗的物质生活就显得不那么重要了。周敦颐说："君子以道充为贵，身安为富，故常泰无不足，而铢视轩冕，尘视金玉，其重无加焉尔。"他超越了对自然环境的无度索取而转向寻求内心的自在，这是一种儒者纷纷向往的安贫乐道的生活态度。朱熹在《论语集注》将孔子之乐解读为："圣人之心，浑然天理，虽处困极，而乐亦无不在焉。其视不义之富贵，如浮云之无有，漠然无所动于其中也。"由此可见，圣人的自得其乐因为心与天地同理而得以实现，贫乏的物质条件也不能动摇其心。"不义而富且贵"的物欲在人居环境的语境下就是对天地万物的肆意索求。箪瓢陋巷之间的自在安宁需要对仁义之道的追求始终坚定、不放弃。

2.曾点气象

曾点在谈论志向时说："莫春者，春服既成。冠者五六人，童子六七人，浴乎沂，风乎舞雩，咏而归。夫子喟然叹曰：吾与点也！"（《论语·先进》）曾点的洒脱被后世的理学家看成是儒家的人生终极目标。《二程语录》赞扬："颜子默识，曾子笃信，得圣人之道者，二人也。"自然环境被曾点描述为是

---

①〔宋〕程颐、程颢撰，王孝鱼点校.二程集[M].北京：中华书局，1981：59.

可以亲近交流的活泼生命，俯仰自得是人处于环境中的最大收获。朱熹称曾点的境界为："胸次悠然，直与天地万物，上下同流，各得其所之妙，隐然自见于言外"，天人合一，生命互通，物我两忘的天人一体才能得以实现。程颢说："仁者以天地万物为一体"，仁者所追求的理想境界恰恰就是曾点所谈到的气象。

朱熹对曾点之志做了进一步的阐释："其言志，则又不过即其所居之位，乐其日用之常，初无舍己为人之意。"曾点之志的天人一体、物我两忘并不局限在"浴乎沂，风乎舞雩"的场景中，日常事物中都包含这样的"道"，"日用之常皆是道，天理流行皆可乐"[①]。而人类群体甚至是宇宙的一切生命都可以此道生活。

从上述儒家所推崇的两种理想生活状态来看，人与万物在儒家理想人居环境中是互为补充而非对立的。优渥的物质资源也许是理想人居环境中所没有的，但是这对于"食无求饱，居无求安"的君子而言又有何妨？塑造和提升理想人格才是儒家人居环境所追求的，儒家君子以安贫乐道的生活态度处于其间，人与天地万物的和谐统一便可以达到。

① 洪永稳.论朱熹"圣贤气象"的美学意义[J].兰州学刊，2016：47.

第四章

现代景观生态理论与书院景观生态智慧

第一节

现代景观生态理论

一、景观的价值以及景观生态学的研究意义

当今社会，全球范围内出现了生物资源枯竭的严峻问题，海量生产大量地消耗与破坏亿万年集聚的陆地光合产物，使得自然以及其中的生态系统受到严峻的威胁，尤其是自然土地向城市工业或农业用地转变的趋势加剧了自然景观的破碎化，自然生境也在进一步弱化与受损，自然物种的灭绝速度也变得十分迅速。而我们赖以生存的自然景观也在加速耗损。

在全球出现严重生态危机的同时，我们逐渐意识到景观资源的价值，景观资源相对稀少、不可再生，并且具有不可移动的性质，自然景观经历千万年的演变才能形成，具有不可逆性的特点，而就算有下一期的景观资源积累期，其期限也远远高于有限的人类历史。现今，人们逐渐重视精神世界的丰富，旅游成为人们繁忙与高压工作之余的精神休闲方式，景观资源的价值便随之而提升。中国古代的典籍中就出现了与环境景观保护相关的词句，道家的"道法自然"提出要遵循大自然，宇宙间万物都要遵循自然而然的生命规律；儒家"仁民爱物"直截了当地表述出我们要亲善待人、爱护生物；佛教更是认为"山川草木悉有佛性"，宇宙自然都有其自身存在的价值。从这些传统文化的观点，我们可以看出，在早期的中国古代社会，自然景观就被赋予了极大的尊重。而现今，环境保护更是中国直至世界各国的重要议题，世界各国自发或有组织地建立了诸多环境保护协会，并确立了许多有关生态、环保的法律。中国近几年的重大会议中都强调要建立生态景观的城市，在第十九届全国人民代表大会上，国家主席习近平再次强调："建设生态文明是中华民族永续发展的千年大计。"可见，自然景观不论是过去、现在，还是未来，都是人类永续发展所应关注的重点。

艺术家眼中的景观是具有美学意义的视觉现象；在设计师眼中，景观

是各种设计手法共同组成、为人类服务的绿色环境；在地理学家眼中，景观是由不同地形组成的多样地貌等，不同学科视角下对于景观都有不同的认知理解。《中国大百科全书》中这样概括了景观的特征：

1. 某一区域的综合特征，包括自然、经济、文化诸方面；

2. 一般自然综合体；

3. 区域单位，相当于综合自然区划等级系统中最小的一级自然区；

4. 任何区域单位。[①]

从广义层面来说，景观是一种包含了地理、生物与人造物的动态综合体。而景观按照其功能的不同，可以划分为以下几个类型：农业景观、城市景观、城郊景观、自然植被景观与管理景观。

1. 农业景观

中国自古以来便是农业型社会，随着社会发展，人们对生产工具的使用能力与科学技术不断改进，土壤大面积被开发，野生动物不断被驯化，都是农业社会逐渐发展与成熟的表现。农业开发成为人们改造自然的重要生产力，一些自然生态环境的物种由于人们农业活动的进行而受到了干扰，重新发生了变化，景观的类型也随之而改变。景观的农业发展过程主要是：传统农业，传统农业与现代农业的结合，现代农业。而传统农业向现代农业的转化是目前中国乡村的持续状态（图4-1）。

图4-1　农业景观

2. 城市景观

密集的城市是人类精神文明的集中体现，也是政治、经济、文化相互融

---

① 陈顺增. 土地管理知识辞典 [M]. 北京：中国经济出版社，1991：19.

合的综合体。中国古代城市建筑便是以子城（宫城）为中心，四周向平面上扩散，然后便是内城（皇城），接着便是外围的外城（图4-2）。

早期的中心城市与周边散布的城市及农村共同形成了一个单元，而随着经济发展与人口的增长，城市逐渐发展为商业与贸易的中心，并粗具规模，现代城市景观（图4-3）便是其发展的产物。城市景观主要由大量的人工景观要素组成，如城市中的街道、绿化带、大楼、文教区、医疗区、工业区、休闲区等。

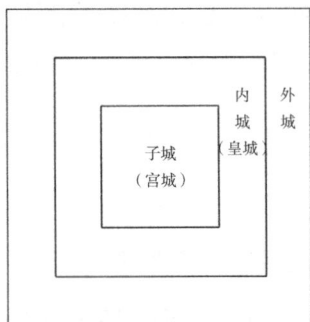

图4-2　中国古代城市规划

图4-3　城市景观

3.城郊景观

"城郊景观是产业结构、人口结构和空间结构逐步从城市向农村特征过渡的地带，具有强烈的异质性。"[①] 城郊景观是围绕着城市而发展的，与城市密切相关，其边缘效应比较明显，所以相较于城市，城郊景观的生物多样性也较高（图4-4）。城郊景观的主要成分不仅与城市景观相似，与农业景观也关联较大，有商业区、住宅区、农田、植被与自然地段等。

图4-4　城郊景观

---

① 郑新奇，付梅臣，等.景观格局空间分析技术及其应用[M].北京：科学出版社，2010：18.

4.自然植被景观

人工植被景观有农田、果园、花圃、牧场等，而除了人工植被景观之外的所有景观都称之为自然植被景观（图4-5）。但需注意的是，这里的"自然"具有一定的相对性，因为完全没受到人类干扰的自然植被景观很少。自然植被景观由于受人类的干扰较小，所以其原始性和多样性的特点较为突出，具有很高的科学价值，但其一旦受到损毁，便难以修复。

图4-5　自然植被景观

5.管理景观

人们通过对景观进行人为的、目的性的经营和管理而形成的景观叫作管理景观。人类出于生存的需求难免要从自然中摄取物质，也避免不了对生态系统的破坏。而文化景观也是由于人类摄取物质的活动而形成的。

书院是中国传统文化在社会发展进程中形成的一种特殊的文化景观，按以上景观的特点进行分类，其比较符合管理景观这一类（图4-6）。首先，书院中的主要生物群是人类。书院师生及工作人员是书院的主要人群，他们管理着书院的重要职能：藏书、祭祀与教学，并且通过学田的收益来维系书院的正常经营，而书院的存在与发展也提升了自身的名声，促进了儒家文化

图4-6　鹅湖书院景观

的交流与传播。这些特征与管理景观的概念较为符合（表4-1）。

文化景观——书院的特点　　　　　　　　　　　　　表4-1

组成部分	书院建筑群落、书院园林景观
经营活动	主要：藏书、祭祀、教学；其他：讲会等学术交流活动
收益	学田、经费、儒家文化的传播、书院名声的提升等

书院景观这一文化景观历经千年的发展，得以保存至今，其承载了博大的儒家文化，并在其建筑群落与景观的营造上反映了儒家的一些生态智慧，景观价值相当高，值得我们去关注与保护。

二、景观生态学的概念及其学科发展概况

在环境保护的问题上，人们的眼界逐渐开阔，将社会发展的经济利益取向逐渐转为生态利益取向，并深切地意识到新方法、新理论的重要性。这些变化的重要体现是在诸多国内或国际有关环境的项目中，生态专业人士的参与度越来越高。无可置疑，如果将生态学的理论与实践方法运用于发展中，环境困扰的问题将得到有效改善。于是，"景观生态学"这一新兴的跨学科的景观研究便应运而生，这一学科是现代生态学中较为年轻的一个分支，人与自然的关系是其研究的重点。景观生态学为传统的景观理念开拓了一个范围更广、综合性更强的视角，将生态学与景观学科进行交叉整合，搭建起了一座专业知识融合的桥梁。

景观生态学的学科发展历经三个阶段。第一阶段是地理学中的景观学与生物学中的生态学第一次由各自独立发展走向结合，一个重要的事件便是近代地理学家洪堡提出了景观的概念，并认为地理学应该着眼于生物圈中各种自然事物的相互关系，但他的认知由于相关领域知识积累的缺乏而没有受到普遍认同。此外，这个时期的主要突破便是诸多学者发展了景观的概念。第二阶段是"生态"在景观研究中的分量逐渐升高，众多专家学者都试图利用景观学的相关知识来解决社会问题，较为典型的如德国植物学家特罗尔（1939年），他建立了景观生态学的概念，并将这种概念运用到景观设计实践中；之后，尼夫对景观生态学的发展进程做了详细的研究，影响较大。但由于景观学与生态学各有其自身的研究重点与问题核心，景观生态学显得独木难支，这也导致其在发展过程中经历了相当长的一段停滞状态。20世纪60年代后，由于人口、土地、环境、食物的问题凸显，环境保护这一议

题再次翻新，以土地为重要内容的景观生态学的研究成为热点，社会的进步也为景观生态学的产生与形成提供了技术基础与理论基础。相关国家承认了这一新学科，并成立了相应的研究机构与学术组织，举办相关的学术会议，此时期的发展突破也积累了大量人才。第三阶段是景观生态学得以兴旺发展，具体表现便是历届"国际景观生态学大会"的召开，这也标志着现代景观生态学进入了新的历史发展阶段。此外，学会的成立还推动了学术活动的发展，世界各地对于景观生态学的研究都取得了突出的成绩。1995年召开的"国际景观生态学大会"也是一个重要的契机，此次会议阐明了景观生态学发展的三个重要方面："生态空间理论与景观异质性研究、景观变化模型与未来景观的规划、景观系统分析与GIS应用"[①]。当代景观生态学正处于蓬勃发展阶段，其理论研究也不断拓展，各交叉学科的相互学习与借鉴推动了景观生态学的繁荣发展。

自古以来我国一直是农业大国，当今我国仍面临着森林生态系统研究与建设、防护林体系的建设、水土流失、荒漠化、古文化景观消逝等生态与景观破坏的问题，这也充分彰显了我国景观生态学良好的发展前景。以下将从景观的地理学与生态学特征进行阐述，并结合儒家书院环境这一文化景观的案例来分析。

1. 景观的地理学特征

景观地理学由德国地理学家亚历山大·冯·洪堡（Alexander von Humboldt）最先提出，他将景观描述为"地球表面一个特定区域的总体特征"，以此来表示不同形态、大小、结构的地域或地段，并且强调景观的综合性，将景观定义为由水、土壤、植被及气候所共同组成的环境综合体，提出了"自然地域综合体"的景观概念。此后，诸多德国的学者对景观学的思想和概念进行研究，涌现了大量的研究成果，但后期由于当时社会中"还原论"占着重要的地位，景观学理论研究发展缓慢，直到景观生态学的出现，景观学再次掀起研究的热潮。

在欧洲，景观地理学的发展较为深刻，荷兰著名的景观生态学家桑尼维德（Zonneveld）将景观看作土地、人类的栖息处，甚至用"土地"一词直接代替"景观"，由此便可以和公众化的"风景"一词区分开。此外，景观学还被苏联著名地理学家Bepr细分为类型与区域两个方向的概念。Bepr等人对于景观的理解不仅仅是地形形态，还包含着地表的其他对象，如之前所提

---

① 余新晓，牛健植，等.景观生态学[M].北京：高等教育出版社，2006：11-12.

到的气候、土壤、地貌等特征，都是景观地理学研究的重点对象。

当今社会，人口迅速增长，"人—地"矛盾日益尖锐，景观问题也逐渐突出，相比于景观生态学，景观地理学的研究更偏向于自然地域，在解决"人—地"矛盾时也更有优势。以下将从构成景观综合体的几大要素——地貌、气候、土壤、植被、水等方面来概述景观地理学的内容，并结合书院的案例分析这几大要素在景观地理学中的重要性。

（1）地形与地貌

地貌是景观重要构成要素之一，指地表的外貌与形态，地貌特征影响着区域的水文特征、地表物质与能量的分配以及动植物的形成和衍生，更影响着自然资源的利用程度。

我国的地形分为三级阶梯，第一级是青藏高原，第二级是内蒙古高原、黄土高原及云贵高原，第三级阶梯主要是东部丘陵、平原与大陆架。本书所定位的中国南方地区主要位于第二与第三阶梯的地形中，尤以第三阶梯中的书院数量较多。南方地区主要地形区为长江中下游平原、珠江三角洲平原、江南丘陵、四川盆地、云贵高原、横断山脉、南岭、武夷山脉、秦巴山地、台湾中央山脉、两广丘陵、大别山脉等。

纵观中国古代历朝历代书院的分布情况，地势较为平缓的地区是书院较为密集的地方；此外，即使是在平缓地势的山林地，书院也多位于山脚下，这与前面提到的书院发展所要解决的现实诉求相关：书院文化传播功能的实现需要便捷的交通条件，因此书院虽"隐"于山林间，但多择址于山脚之下（表4-2）。

部分地区书院择址处　　　　　　　　　　　　表4-2

书院名称	省份	选址地点
嵩阳书院	河南	太室山下
五峰书院	陕西	五指山麓
横渠书院	陕西	太白山下
虞山书院	江苏	虞山山麓
同川书院	江苏	团园山下
鹅湖书院	江西	鹅湖山麓
白鹿洞书院	江西	五老峰下
岳麓书院	湖南	岳麓山下
石鼓书院	湖南	石鼓山下
云山书院	湖南	水云山下
东山书院	湖南	东山下

（2）气候

气候也是导致景观异质性的重要因素，景观的发展过程离不开气候的推动，如岩石的风化、地貌的形成、土壤过程等。此外，气候还对构成景观的重要物质——植被有着极大的影响力，"包括植被的区系组成、群落结构和演替，以及生态系统的物质和能量过程"[①]。中国传统医学经典《素问》中提出了"人以天地之气生，四时之法成"的观点，强调气候对人体的作用机制。此外，古代诸多书籍中都谈到气候的重要影响，如嵇康《养生论》中也描述到："夏季炎热，更宜调息静心，常如冰雪在心，炎热亦于吾心减少，不可以热为热，更生热矣"，阐述了气候中的温度因素的重要性及调整的方式。

中国古代书院在选址时也着重考虑了气候这一要素，如植物茂密、温度适宜的气候是书院所看中的条件之一。中国南方地区气候湿润，热带季风盛行，书院聚集特性也多考虑这种优越的气候因素，因此，南方书院多为宜居的人类聚居地。

（3）土壤

土壤是各种成土因素综合作用的产物，其本质是土壤肥力，具有培育的功能，不仅是植物生长的土地，也是各类生命体的栖息地，是地球生态圈最基础的组成部分。土壤圈与生物圈、大气圈、水圈、岩石圈共同组合并提供给地球圈物质产生与能量转换的功能（图4-7）。

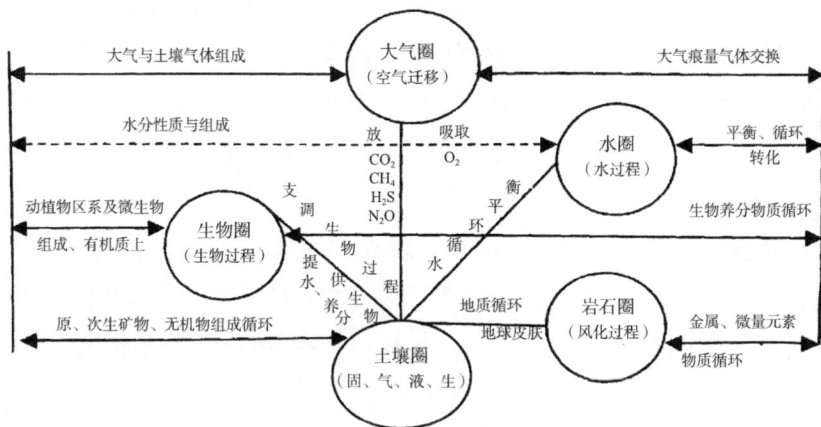

图4-7　地球五大圈层共同作用图

我国地域辽阔，自然条件较为复杂，因此也产生了种类较多的土壤类型。中国古人很早就意识到不同地区会孕育不同类型的土壤，《禹贡》根据

[①] 郭晋平.景观生态学[M].北京：中国林业出版社，2016：59.

土色的分类将土壤划分为：黑、白、赤、黄、青；根据土壤的物理特性又将之划分为：坟、壤、垆、黎、埴、涂六种。近代我国制定的《中国土壤系统分类》按7级建立了分类系统，至今为止，土壤的分类依旧采取多种分类系统并存的分类方式（图4-8）。

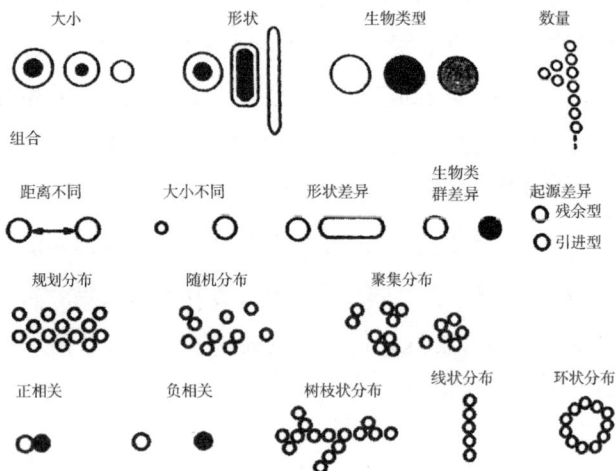

图4-8 景观斑块的特征及其组合形式

　　"土壤的分布规律主要有地带性分布和地域性分布两种方式。地带性分布方式指广域上的分布方式，又分为水平地带分布与垂直地带分布。地域性分布方式指在同一土壤地带范围内，由于地形与人为耕作等因素的影响而产生的不同的分布规律。"[①]前面提到古代书院聚集的南方主要包括热带和亚热带气候，这里的主要土壤是红色或黄色酸性土壤。其中，红壤、砖红壤、赤红壤、黄壤以及黄棕壤五种土壤是我国南方地区的主要土壤类型。

　　（4）植被

　　植被也是重要的景观要素，是区域所有植物群落的总体，包括自然生长的植被和人工种植或培育的植被两类。植被的生长受到自然环境中多种因素的制约，如以上提到的地貌、气候、土壤等对植被的种类及生长都产生了十分深刻的影响。

　　植被主要有冻原及隐域植被、荒漠、草原、森林。书院以森林这一植被类型为主，多被群山绿树环抱。南方地区树种以常绿落叶林为主，书院植物多就地取材，常绿阔叶林在书院植物中占比也相对较高，对书院的景观产生明显的影响。以当地树种为主，一者可以减少养护植被的成本，二者可以达

---

① 郭晋平.景观生态学[M].北京：中国林业出版社，2016：66-69.

到生态的效果，大多数的植被都有清洁空气、阻滞尘埃的作用。此外，书院植被的选择还需考虑到四季的色彩搭配，尽量达到四季有花、季相分明的效果。如江西吉安的白鹭洲书院（图4-9），它在植物搭配上的用心可见一斑。如书院在乔木上的选择十分考究，既有季相分明的乔木，如朴树、喜树等，又种植了四季常绿的乔木，如松、柏、樟树等，以此解决季节更替时书院色彩的单一性问题。多数书院在种植植被时都会考虑到这一点（图4-10）。书院植被的选择往往还有一定的寓意，或代表了美好愿望，或以此比喻人的高尚品格，表4-3呈现了常见植物的一些深刻蕴意。

图4-9　白鹭洲书院植物搭配图

岳麓书院　　　　　　白鹿洞书院　　　　　　石鼓书院

图4-10　书院植物搭配图

书院常见植物的含义　　　　　　　　　　　　　表4-3

植物	寓意
金桂+银杏	金玉满堂
桂	同"贵"，魁星高照、文运亨通
多种杏树	杏坛讲学，表示书院尊师重教的氛围

植物	寓意
荷/莲	高洁的品格，如"出淤泥而不染"；"莲"又通"连"，"连科"代表连续考中，比喻对仕途的祝福之意
芭蕉	吉祥
松、柏	长寿、坚贞永恒
梅	坚毅的品格
竹	高风亮节、高洁之气
菊	隐士、高洁的品质
梧桐	清幽
白玉兰	高洁
桃	桃李芬芳；世外桃源的环境追求

2.景观的生态学特征

景观地理学发展在19世纪40年代以后逐步走向式微，而吸收了现代生态学而形成的景观生态学逐渐兴起并繁荣发展，景观的结构模型与多样性也成为现代景观生态学研究的重点。

（1）景观的结构模型

"景观结构是指景观组成要素的类型、数量、大小、形状及其在空间上的组合形式。"[①] 景观结构强调将空间的大小、形状、数量以及面积比例等要素进行有机组合，是景观生态学研究与实践的基础。"斑块—廊道—基质"是景观生态学的重要结构模型。

①斑块

"斑块指在一定尺度下，在性质或外观上不同于周围环境的非线性的、内部具有相对同质性的地表区域。"[②] 斑块是景观结构中的重要单元，斑块因大小、类型、形状等不同而对物质、能量等产生不同的作用。斑块既可能是有生命的，也可能是无生命的，如动植物群落与一堆石头；既可以是自然的，也可以是人工的，如森林中的沼泽与乡村。不同斑块及其组合特征不同（图4-8）。

根据不同的起源与原因，斑块可以分为四种类型：

a.环境资源斑块

环境资源斑块一般由环境的异质性导致，如土壤类型、水分、养分等

---

① 郭晋平.景观生态学[M].北京：中国林业出版社，2016：82.

② 郭晋平.景观生态学[M].北京：中国林业出版社，2016：82-83.

各种要素在空间分布上的不均匀都可以造就斑块的产生。一般来说，环境资源分布越持久，斑块稳定性与持续性越高。如森林里的沼泽地（图4-11）、沙漠里的绿洲（图4-12）都是环境资源斑块。相对稳定的环境资源斑块内部也存在变化和波动，但变化的水平较低，且对斑块内部的物种影响不大。

图4-11　森林中的沼泽

图4-12　沙漠里的绿洲

b.干扰斑块

干扰斑块是指由于环境的自然变化而形成的小斑块。常见的如泥石流、风暴（图4-13）、洪灾、虫害（图4-14）、哺乳动物的践踏等。此外，人类的活动如砍伐森林、开采资源、垦荒等行为也都是广泛存在的干扰斑块的促进因素。干扰斑块产生之前，景观内部一般处于较为稳定的状态，强烈的干扰之后，景观中的群落可能发生更替，但过一段时间，新的群落适应了新环境，使得干扰斑块与周围基质的差异逐渐消失，此时干扰斑块便也不复存在了。人类行为是干扰斑块出现的主要原因，只有极少部分是自然形成的，总而言之，干扰斑块拥有较短的时效性与较高的周转效率。

图4-13　风暴

图4-14　虫害

c.残存斑块

残存斑块是景观在外部强烈影响下未受影响的残存，如遇火灾后遗留的植物斑块（图4-15）、免遭虫害的植被、逃避大型食肉动物攻击的小型动物等都是残存斑块。残存斑块与干扰斑块虽然都产生于自然或人为的干扰，但最终都会与基质融为一体，从而消失。

d.引进斑块

引进斑块一般指人们将生物引入某一区域或直接由人类建造和维护而形成的斑块。引进斑块一般有两种类型。第一种是种植斑块：农田、树林、植物园等都是经人类管理而得以长期存在的斑块；第二种是聚居地，包括房屋、院落等，都是人为的建筑活动而产生的斑块，具有高度的人文性。

书院建筑群落便是景观结构中的斑块，依据上述的斑块分类，书院建筑群落属于引入斑块，人为建造建筑并具备文化教育这一特点是书院这一引进斑块的重要特征。

图4-15 大面积林火后剩余未过火地段

②廊道

"廊道是指景观中与相邻两侧环境不同的线性或带状结构，可以看作一个线状或带状斑块。"[1]廊道既有隔离的作用，又有过渡的作用，是景观结构的重要成分之一，在现代景观设计中，廊道这一结构成分有着不可或缺的作用。廊道产生的原理与斑块较为相似，所以廊道按起源也可分为四种：环境资源型、干扰型、残存型与引进型。人们通常还按照廊道的宽度对其进行分类，如线状、带状廊道。

线状廊道具有狭长的特点，如铁路、输电线、灌渠等（图4-16、图4-17），线状廊道的宽度有限，所以生物的生长不仅限于廊道，廊道的周边环境对于

图4-16 铁路

图4-17 灌渠

---

① 郭晋平.景观生态学[M].北京：中国林业出版社，2016：92.

物种的影响甚至要高于廊道本身。

带状廊道是相较于线状廊道宽度更大的带状景观要素，其内部物种比较丰富，其余特征与线状廊道相同。常见的树林、高速公路（图4-18）等都是带状的廊道。

"河流廊道是河流及其两侧分布的与周围环境基质不同的植被带，包括河床边缘、堤坝及部分岸上的高地（图4-19）。"[1] 一般来说，河流廊道内的生境内部湿度较高、水分充足。河流廊道控制着河水的径流与水上运输，对于河流植被的保护已成为近几年环境保护的热点地区。

图4-18　高速公路

图4-19　河岸带河流廊道

③基质

基质是景观结构中的最大要素，在景观的动态变化中占据主导作用。广阔的森林（图4-20），绵延的山脉（图4-21）都是基质的类型。基质与斑块的要素区别与判断标准主要有相对面积、连通性和动态控制作用。一般景观中占据景观总面积一半及以上的某一要素称为基质；景观中连通性较好且环绕其他景观要素的成分多为基质；在景观动态变化中起主导和控制作用的要素一般为基质。

图4-20　广阔的森林

图4-21　绵延的山脉

[1] 郭晋平.景观生态学[M].北京：中国林业出版社，2016：94.

书院这一建筑群落与其周围的环境共同构成一个完整的景观结构。其中，书院的建筑群落是斑块—廊道—基质结构中的斑块要素，而各建筑之间的道路或廊道以及群落外围的河流、道路则是景观结构模型中的廊道要素，书院所处的山水或市区等外围环境是书院的基质要素。如江西九江的白鹿洞书院，创始者将书院建立于这片山水环境中，人造的书院建筑便是景观结构中的斑块，并且可归入引入斑块这一类型。此外，根据书院的平面图，斑块的长宽比较接近正方形，说明其形状较为"紧密"，保存能量与供给养分的能力都较强。书院四周的五老峰、卓尔山、后屏山、左翼山、回流山绵延不断，环抱着书院，成为书院景观结构中的基质。院前的道路、贯道溪及院中的通道共同组成景观结构中的廊道（图4-22）。书院景观中廊道的类型主要为线状廊道（宽度在12m以下），具有传输、通道、阻抑、过滤、生境等功能。近年来，"斑块—廊道—基质"这一景观结构模型的理论、方法已经成为景观生态学的重要研究热点，对书院景观的研究更离不开此景观结构理论的支撑，值得学者们多加关注。

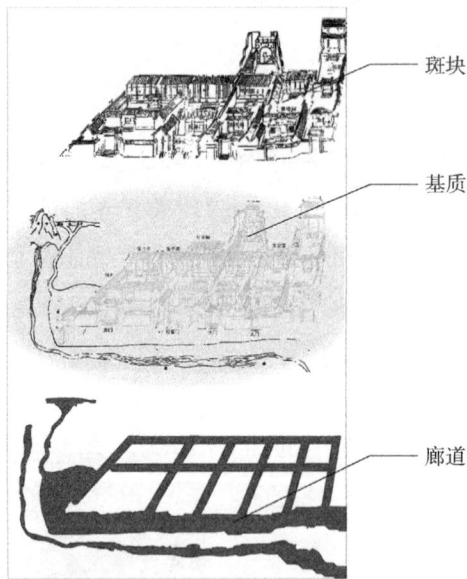

图4-22 白鹿洞书院的景观结构成分

（2）景观的多样性

景观多样性反映了景观的多样化与复杂性程度。景观多样性与景观异质性紧密相关，景观异质性指景观的变异程度，是景观的重要特性，景观异质性的存在导致景观空间格局和斑块的多样性。这两者都是自然干扰或人为干扰及植被内源演替的产物。景观多样性"包括了三个方面的含义：斑块多样性、类型多样性和格局多样性"[1]。

①斑块多样性

斑块是相对均质的景观构成部分之一，斑块多样性指景观中斑块的大小、数量、形状的复杂性。景观中斑块数量的多少决定了景观的完整性或破碎化的程度。景观破碎程度决定了景观内部物种的灭绝速度，两者呈正比关系。儒家人士在建造书院时便深刻地认识到了保护景观完整性的重要性。书院选址多依山傍水，并多建置于山腰或山脚下，充分利用周边的自然环境资源（图4-23），将其作为书院景观营造中的一部分，并较低程度地对自然环境进行整改，充分显示了儒家的生态智慧。江西铅山县的鹅湖书院地处鹅湖山北麓，位于鹅湖村内，村子四周山脉环绕，书院坐南朝北，地势南高北低，林木枝繁叶茂，浑然一片风水宝地（图4-24）。

图4-23　白鹭洲书院景观

图4-24　鹅湖书院景观

②类型多样性

类型多样性指景观中类型的丰富和复杂度，即景观类型的多少及其比例的关系。如森林、农田、草地等多种景观类型。一般来说，景观类型的多样性与景观中物种的多样性呈正比关系。

③格局多样性

格局多样性强调景观类型空间分布、空间关系和功能关系。儒家书院建筑受到中国传统礼制思想的影响，空间格局较为紧密且十分规整，属于聚集型格局（图4-25、图4-26）。通过对景观格局的研究，可以寻求合理的植物配置，对当今景观规划设计很有启迪。

景观多样性反映了景观的丰富度，并与景观中的其他因子密切相关，景观多样性的研究是景观生态学的重要内容，对当今环境生态的保护有着巨大的作用。

---

① 马锦义.公园规划设计[M].北京：中国农业大学出版社，2018：31.

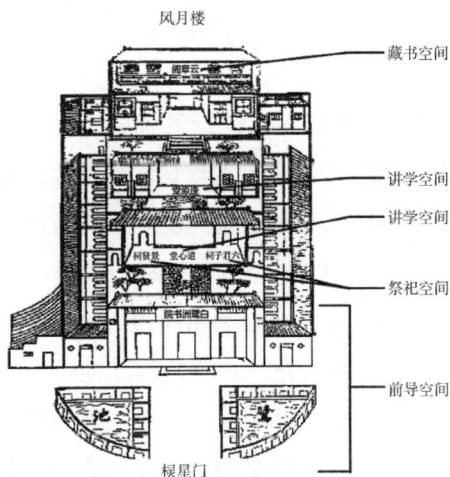

图4-25　白鹭洲书院平面图

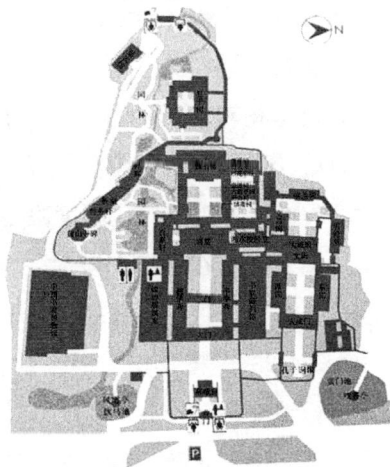

图4-26　岳麓书院平面图

第二节

书院景观中生态智慧的体现

　　书院是儒生读书学习的场所，因此建造者们在书院基址选择以及景观营造中十分讲究，既要营造出文化气息，也要考虑到现实的需求等。书院的景观营造充满了生态智慧，或是设计中达到自给自足且形成良好空间运行的机制，如规模适宜、功能空间的健全与实用性；或是体现出人与自然、建筑和谐相处的智慧，如建造时注重与地方地理环境相结合。本节首先从大儒的生活或教学故事着手，探讨儒者的智慧；其次，从书院选址中挖掘建造者的基址思想及生态智慧；再次，从南、北方书院空间特点中探索书院景观设计中的智慧；最后，以当代文教建筑案例为对比，探讨古人在书院建设中的智慧。

一、文人故事中的儒者智慧

1.孔子授课

　　孔子在教学时不喜欢拘泥于传统的课室，经常带领弟子去户外学习，一方面弟子们可以围坐与孔子学习知识并进行学术探讨，另一方面亦可以欣赏户外的优美风景，而这两者又可相辅相成，优美的环境更能够促进人的修行，如"比德"一词便来源于此。某次游学中，孔子在与弟子探讨各自的志向，曾点的回答最令其满意："暮春者，春服既成，冠者五六人，童子六七人，浴乎沂，风乎舞雩，咏而归。"[①]曾点在描述自己的志向时，将环境设立于户外，亦体现出曾点"寓学于乐"的向往——在秀丽景色中学习、尊礼，"这种人与天地自然共通和谐的境界才能达到生命圆满的和谐，体会与天道自然同体的悠游之心。"[②]

2.李渤与白鹿

唐初，李渤与其兄李涉来到洪州都督府所辖的江州浔阳县（今江西省九江市庐山境内），发现五老峰景色绝佳，被三山（后屏山、卓尔山、左翼山）与一水（贯道溪）夹于其中，便在此处建立了学堂，之后被称为白鹿洞书院。白鹿洞原本不是洞，是此处的一个河谷小盆地，由于小盆地中间低凹而称为洞，而白鹿来源于李渤所养的鹿。为了给隐居在幽避之处读书的生活增加乐趣，李渤特意养了一头白鹿，白鹿陪伴了李渤的读书生活，更给李渤的生活增添了无数乐趣。相传在此期间，不管李渤去哪都带着这头白鹿，由此得到"白鹿先生"的称号。从中亦可窥探出李渤与白鹿以及自然景观的和谐，反映出人与植物、动物的亲密关系。

3.周茂叔与杂草

周敦颐房屋窗前的杂草十分茂密却从不修剪，别人问他如此乱糟糟的杂草为什么不修理，周敦颐回答说："（杂草）与自家意思一般"。这里所说的与自家意思一般指杂草与人一样，都是具有生命与生机的，我们应该以"仁"待之，因此，周敦颐用慈爱的心去对待身边的事物，就觉得"与万物为一体"，他没有将杂草看作异己之物，而当作与自家生命一样的事物。这其中也蕴含着儒家的生态智慧——因仁心而爱万物并与之和谐相处的生态智慧。

二、书院选址中的生态智慧

书院选址不仅反映了古代社会的教育发展情况，还能体现当时的社会背景以及儒家的智慧，体现出古人早期的生态启蒙，反映出古人想要建立人与

---

① 〔春秋〕孔子著，杨伯峻、杨逢彬注译，杨柳岸导读.论语[M].长沙：岳麓书社，2018：26.

② 卢政.中国古典美学的生态智慧研究[M].北京：人民出版社，2016：78.

自然、建筑和谐相处的关系。前面已对书院的选址概况及影响因素做了详尽分析，本小节将从书院选址因素的内在联系入手，分析书院选址的多种情况，探索官办书院与私办书院选址的异同，并以最终的选址联系与选址情况作为依据，解释书院选址中显露的生态智慧。

1.书院多种选址类型的内在联系

中国古代的书院主要有私人创办、官方创办以及官私合办三种类型，其中以私人创办的书院影响最为深远，以下将从书院选址的内在联系上对三种类型书院进行分析。

（1）私人创办或修建的书院

创办私人书院主要是为了隐居读书、治学或进行学术交流，其创办者多为读书人。他们往往是古代社会中的读圣贤者，或为了静心读书，或为了修养心性，或为了考取功名，或因为仕途不得意，或因对现世不满意而隐居避世、沉心读书，也有是因为作为前代遗民而不愿仕于当朝者。这类书院往往选址特点明显：僻静、依山傍水、远避凡尘、受佛老选址观念影响等。

也有一些私人书院是因为社会中充满责任感的儒者重视且认知到文化教育的重要性，故建书院于家族、乡村聚众授徒，以移风易俗、教化乡里。此类书院的创办者有辞官而归的官员，有受官府聘任的儒者，有聚居家族中的族长或有身份的人，有地方具有办学情怀及责任感的乡绅，不一而足，这类书院多选在乡村城郊处，造福一方百姓。

此外，还有少量与战争军事相关的书院，比如一些时刻关心国家政局的官员会在郊区之地建立书院而研习兵书及战法，他们文武双全，以期通过自身的学习而为国效力。

（2）官府创办的书院

随着文化教育的大力发展，不仅私人创办书院之风日渐昌盛，政府也十分注重书院的办学意义。各朝代的有识官员纷纷设立县、州、府级书院来发展教育事业；为了弘扬优秀中国传统文化，地方官员也多新建或改佛道建筑为书院，用以表彰有风范、德行之士，并在书院中对他们进行祭祀，意在提醒书院学生要注重品行的修养；此外，朝代更替之际，新任统治者往往为了笼络人心而大建书院，以此吸引前代的有学之士为新朝效力；最后，或因改朝换代，或因政治斗争引起的战争，社会总会陷入萧条之中，此时百废待兴，文化教育需求十分迫切，政府便十分积极地创建或修建书院。为了加强对书院的控制权，政府还往往自行选派山长去管理书院。以上这些书院的选址亦多倾向于山水形胜之处，但官府为了加强对书院的管控，其选址有逐渐向从山水丛林到城镇靠拢的趋势。

（3）官私合办的书院

除了上述两类书院，古代社会发展的历程中还出现了官民同心合力创办书院的情况。在社会繁荣、文化事业积极发展的年代，官府和地方人民都致力于书院的创办，希望通过书院向社会传达传统文化与道德伦理。而南宋时期的理学家们更是竭其一生传承儒学，旨在同佛老斗争，收拾人心，重建纲常，他们选择静心读书的幽静胜景处广建书院、聚众授课，影响十分深远，此类书院选址兼有以上两种选址的特点。

2.官、私书院创办缘由的差异

（1）官府创办书院的缘由

其一，表彰与祭祀。浙江绍兴的稷山书院为祭祀大儒朱熹而建立，明万历《绍兴府志·学校中》中记载到："宋朱晦庵氏尝司本郡常平事，讲学倡多士，三衢马天骥建祠祀之。其后，九江吴革因请为稷山书院。"[①] 稷山书院的设立有着"祠先贤、启后学"的作用，书院对于院中有着"藉诸生以为鞭影"的要求，希望学子们能够清净心性、坚定德行，从而修身养性。

其二，战后文化建设。明代前期，由于前代战火纷繁，社会经济政治还没有兴盛发展，书院陷入百年沉寂，直至明宪宗成化年间，书院才开始恢复发展，地方官也纷纷致力于书院建设，如弘治中署知府胡光改僧人庙宇为云南蒙化明志（崇正）书院，此后还派人去各地寻找书籍，藏储于观文楼。此时期官府新建的书院还有清远瑞峰书院、恩平凤凰书院、陕西武功绿野书院等。

其三，朝代更替，笼络人心。鲁斋书院位于陕西西安，元延祐中为许衡讲学建。元代的统治者是蒙古族人，为了吸收南宋的人才，笼络人心，元政府推儒、崇儒，给予书院极大的发展空间，但到了元代后期，统治者对书院的管控变得十分严厉，书院出现了官学化的趋势，且书院的设计需要层层申报，受官府批准后才能建立。鲁斋书院也是如此："其建立需要提供相关文书，包括要强调在其地为其人创建书院的合理性，申述创建书院的必要性，而批准鲁斋书院成立的文书，现存有程巨夫《雪楼集》卷一的《谕立鲁斋书院》。"[②]

① 〔明〕萧良幹修，〔明〕张元忭、孙鑛纂，李能成点校.万历《绍兴府志》点校本·卷十八·学校志[M].宁波：宁波出版社，2012：69.

② 陈谷嘉，邓洪波.中国书院史资料[M].杭州：浙江教育出版社，1998：292.

（2）私人创办书院的缘由

其一，为读书、修行而隐居。唐代元和五年（810年），士人李宽中觉世俗喧嚣，想寻得隐蔽之处以潜心读书。当时的名人李泌恰与湖南衡阳市的南岳有着很深的渊源，于是李宽中便亲自过来查看，他发现这里环境极为优美，只见石鼓山被三江（湘江、蒸水、耒水）环绕，山中林木苍翠，便被深深吸引，遂结庐其上，建立了自己的学堂，隐居其中潜心学习，而该所学堂便是石鼓书院的前身。

年代相近的唐代士人杜中丞也隐居在书院中读书，唐诗《杜中丞书院新移小竹》中有这样的记载："此地本无竹，远从山寺移"。[①] 诗文中可以看出杜中丞对于竹子的喜爱，而竹子"色经寒不动，声与静相宜"[②] 的品质既与儒者的品质相仿，亦可以营造出清幽致远的氛围，使人得到修行的良好环境。

其二，因仕途不顺而隐居。李泌是唐朝中期著名的政治家，他自幼聪慧，此后更是深得唐玄宗的赏识，但由于其才华杰出而被当朝宰相嫉妒并受到陷害，于是便隐居山中。安史之乱时，李泌又被权宦陷害，并再次隐居于衡岳。根据相关史料与当代学者的推测，李泌书院很有可能建立于这两次隐居期间。

其三，对现世不满意而隐居。此类书院多建立于朝代更替之际。自古中国的文人便有一股民族情结，在加强文化知识素养的同时，亦时刻关注着社会与国家的动态，可谓"居庙堂之高则忧其民，处江湖之远则忧其君"。历史发展总会伴随着战争的绵延不断，而诸多前代的文人烈士由于爱国之心与忠烈气节而不仕今朝，隐居读书者甚多。如南宋灭亡后，许多儒者不仕元代，纷纷隐居读书，汪惟岳便在安徽歙县一景色优美之处建立友陶书院，聚众授课，传扬儒家文化。

其四，学术交流。卢纶《同耿拾遗春中题第四郎新修书院》中记载："得接西园会，多因野性同……学就晨昏外，欢生礼乐中。"[③] 诗中描述到卢纶接到西园会的邀请，与志同道合之人一起进行学术交流，地址就在第四郎新修书院中，而学就晨昏、欢生礼乐的场景也揭示出当时的书院已经出现教学活动。

其五，读书入仕。前面提到历史上有诸多学者隐居避世而建立书院，读

① 〔唐〕王建.杜中丞书院新移小竹.全唐诗.卷二七九.

② 同上。

③ 周振甫主编.唐诗宋词元曲全集·全唐诗·第6册[M].合肥：黄山书社，1999：2090.

书修行于其中，但此处需要强调另外一种完全相反的情况：有许多名儒大家选择直面社会现实，以入仕之法或培养入仕之人才来效力国家、弘扬儒学，书院变成了重要的途径。

明弘治十二年（1499年），御史谢朝宣建苍麓书院于名区胜地——云南太和（今大理）城外苍山下、洱海前。该时期，官学十分腐败，学校变成科举的附庸，学校中的师资质量下降，学生进学校也仅是为了食廪免役等优越条件，而并不是为了用心读书以报效国家，能为国家效力的有学之士也逐渐减少。而此时期的书院便弥补了学校的不足，明大儒王阳明更是这样评价书院："（书院）所以匡翼夫学校之不逮也"。在这段恢复时期，书院的规模与范围不断扩大，甚至边远地区的儒家书院也不断增多。苍麓书院的建立一方面为学生提供了专研学术的场所，另一方面也为国家培养了诸多入仕人才，苍麓书院在云南地区也得以声名远播。

其六，研治兵书、战法。以唐代名将李靖为例，他南平萧铣、辅公祐，北灭东突厥，西破吐谷浑。这不仅因为其骁勇善战，更因为其有着卓越的军事政治理论基础，而这些都得益于他早期埋头读书、研习兵法的经历。明嘉靖《青州府志》卷九中记载到："李公书院在（临朐）县西南，唐李靖读书处。一云靖从太宗征闾左，于此阅司马兵法。"其年少时的饱读诗书为其日后的功勋卓著奠定了坚实的基础。

其七，聚徒教授，移风易俗。唐代民间书院主要承担着向社会传播文化的职责。唐武则天时期，士人陈珦担任翰林学士，当时，州治初建，民风粗陋。此后，他便在治理区域漳州地区建立了松洲书院，以漳州文学教官的身份任教于此，成为"与士民论说典礼"处，书院的建立"于风教多有裨益"。

其八，教化乡里。陈珦前期被聘任于书院聚徒讲学，后请辞于朝廷，以退休官员的身份在此教学，并使书院从官办乡校变为私家"别业"。盛极一时的陈氏家族于唐末带领全族迁徙至永清村，由于家族庞大，子弟众多，便在村中开设了教育陈氏子弟的家族私塾。此后，陈氏第七世陈崇将家塾改为陈氏书院，书院被赋予聚书、置田、授徒的功能，培养出许多优秀人才，声名远播。

其九，战后文化建设。唐代后期的安史之乱，成为唐代由盛而衰的重要转折点，而五代十国时期亦是战乱不断。正是这样的背景下，文化教育百废待兴，而书院作为唐代诞生的教育场所具有极大的包容性，普通群众也可以入院读书，于是书院得以快速发展。华林书院虽然建立于城郊山林之下，但是书院藏书万卷，且广纳英豪，极其兴盛，其名远播海宇，影响十分之大。

（3）官私合办书院的缘由

其一，收拾人心，重建纲常。白鹿洞书院初建于唐代，由唐代李渤建立，其最初目的是隐居读书，但此后，书院声名远播，引起了官府的注意。衣冠南渡后，文人们对文化的发展充满着渴望，社会的文化教育需求也逐渐旺盛，因此在南宋时期，理学家兴起了书院修建的热潮，既为了传播文化，也为了重建纲常。大儒朱熹致力于书院的修建，其在任南康太守时对书院进行了修复，官办民助，使白鹿洞书院跻身为宋代"四大书院"之一。

其二，经济发达，文化发展。北宋末期、南宋初期的哲学家杨时是著名的大儒，师从程颢与程颐，其也是北宋时期以正直与敢言出名的官员。南宋建炎二年（1128年），其因治理水患、勇论朝政、力主抗金而受到统治者欣赏，朝廷欲任命其为工部侍郎，但却被杨时拒绝了。南宋经济发达，文化发展欣欣向荣，后人一为纪念杨时，二为响应书院兴办、文化传播的热潮，便建立了文靖书院，地址为杨时在湖南浏阳讲学之处。此时期官办、私办及官私合办的书院众多，书院发展亦呈现出蒸蒸日上的盛况。

以上作者分析了书院选址的最初缘由及其之间的联系，由于书院的创办人身份不同、目的不同、条件不同而产生了丰富多样的选址结果（表4-4）。在这其中，书院选址考虑了诸多因素，最终或选址于自然山水间，或选址于名人胜地处，或选址于风水极佳处，或选址于规避战争处，或选址于资源丰富地，或选址于交通便利处，或选址于佛老建筑临近处等。不管最终书院选于何处，都反映了书院建筑景观与人、自然和谐相处的智慧，有其自身适应社会并生存的智慧，更有"与万物一体"的生态智慧。

书院选址情况归纳表　　　　　　　　　　　　　　表4-4

书院选址多种情况分析图			
类别	创办缘由	书院创办人或主持人身份	创办、选址特色	代表案例
私人创办	隐居：读书、修行	士人	山林、寺观、山野等远避凡尘处	杜中丞办杜中丞书院、李宽中办石鼓书院
	隐居：仕途不顺	士人	风景优胜、神道仙气处	李泌办李泌书院
	隐居：对现世不满意	士人	避世山林处	汪惟岳办友陶书院
	学术交流	士人	自然环境优美之地	赵氏昆季办赵氏昆季书院
	读书入仕	士人	风景优美、僻静处	谢朝宣办苍麓（苍山）书院
	研治兵书、战法	文武双全的官员	城市郊区处	李元通办瀛洲书院、李靖办李公书院
	聚徒教授，移风易俗	官府聘任者	乡村郊野处	陈珦办松洲书院

书院选址多种情况分析图				
类别	创办缘由	书院创办人或主持人身份	创办、选址特色	代表案例
私人创办	教化乡里	辞职而归的官员、乡绅、聚居大家族族长或族中有身份地位的人	乡村郊野处	陈珣办松洲书院、陈崇将家塾改为东佳书院
	战后文化建设	儒士	依山傍水处	乡人李宗办莲溪书院，胡玛办华林书院
官府创办	表彰与祭祀	地方官员	环境优美处	稽山书院
	战后文化建设	政府选派的山长及其他官职	城镇郊区	应天府书院改为南京国子监，石鼓书院改为州学
	朝代更替，笼络人心	书院学官均由政府委任	交通便捷处	鲁斋书院
官私合办	收拾人心、重建纲常	理学大儒	幽静胜景处	朱熹修白鹿洞书院
	经济发达、文化发展	或官或民	山林之间、城镇	文靖书院

三、书院空间中的生态智慧

教育是人们在满足物质生活之后的一种精神追求，文教建筑则是教育发展的产物，成为中国古往今来最重要的建筑类型。而儒家作为中国两千多年来的正统思想，占据着主导地位，为儒家书院的发展与普及奠定了基础。中国国土宽广、资源丰富，境内不仅有高山流水与葱郁的森林，还有广袤平原与无限草原，既为人民提供了建置书院的丰富建造材料，也决定了建造书院时不同的环境条件与区域文化，由此使得南方地区书院与北方地区的书院在营建时必须考虑不同的气候与环境，其建筑与景观设计也呈现出不同面貌，包含了建造者的智慧。

1. 南北方书院空间差异概述

据考证，中国最早的书院出现于唐朝初年，是士人读书学习的地方。地方志中对于唐代的书院有诸多记载，方志中记载地方书院共41所，其中有37所位于中国南方，而北方仅4所。虽说方志可能出现遗漏的现象（当代学者邓洪波经过考证，确定唐代可确定院址的书院有50所），但其南、北方书院数量的比值差距十分之大，可见南方书院在数量上占有极大的优势。五代十国更出现以江西为中心的长江流域书院建设的繁荣现象，出现该现象的重要原因便是文化南移。北宋时期，北方虽然是全国的政治中心，但北方各地书院数量仍远远低于南方，这也可以看出政治与教育是相剥离而发展的。相比于北宋，南宋书院的范围仍有扩大，南、北方有书院分布的省区达到14省，比北宋多出3省。元代书院向北扩展，书院在直隶、河南、陕西、山东等地的分布填补了前代的空白。明代书院向西北、东北地区推进，甘肃、陕西、宁夏、辽宁等地首次出现了书院。清朝，书院分布基本已普及全国，但南方地区书院在数量上仍占有优势。

南方地区与北方地区的书院不仅在数量发展上有着诸多不同之处，在空间上也有着各自的特点。但两者在书院建筑配置及重要空间构成上基本一致，如三大主要功能区的配置：讲学区、藏书区、祭祀区。此外，如斋舍区、山长办公区也是书院必要的空间，无论南北都有设置。园林区之类休闲区域则视书院规模而定，而较少受南、北地区的区域性影响，一般规模与形制较大的书院会选择建立园林区，如湖南岳麓书院，书院内部建立园林可以与外环境相呼应，给师生以优美的学习环境。反之，小型的书院则没有足够的用地去建立书院。

书院的空间特点受到外环境即书院选址的很大影响，书院选址多因地制宜。古往今来，中国书院在全国各地的分布星罗棋布。南、北方由于在自然环境、文化与经济发展上有着较大的不同，使得南方与北方书院在选址上有不同的考虑，由此，两地书院在外环境上相差较大。南方的书院或选址于自然山水与名人胜地，或于风水极佳之处，或于资源丰富之处，或于远离世俗与战乱之地，或于交通便利之地，或于佛老宗教建筑择址处。由此，书院可置身于优美的自然山水之间，从而促进士人提升自身的修行；也可感知名人的修行或顿悟之道，从中受到启发；可获取周边环境资源，为书院提供当地的生活资源；可置身于僻静清新之地，给予师生更好的学习环境；可拥有便利的交通，方便各地名师互相交流、传道授业及促进儒家文化的传播；亦可学习佛、老的选址观念，促进三家文化的融合共生。结合以上南方书院的选址情况，我们可以发现该区域的书院多选址于山水之间及林木葱郁之地，南方地区的自然环境条件为其良好的择址奠定了物质基础。北方地区地形以平原为主，兼有高原与山地。相比于长江流域，北方地区的丘陵地更少，平原地较多，因此，北方的自然环境决定了北方地区多数的书院外环境不能够像长江流域书院那样绿树葱葱、山林环绕。南方地区与北方地区的这一差异也促使两个区域书院平面布局的差异，北方地区书院多位于平原地区，土地充裕，所以充分满足体现等级差异的纵向布局模式，突出礼法、尊卑，如山西闻喜的香山书院（图4-27）、河北乐亭的尊道书院（图4-28）。而南方的部分书院往往受山林地势的影响，使得诸多书院在平面布局上出现横向展开与灵活多变的形制，书院主要空间位于中轴线上，其他空间则位于与中轴平行的横轴上或按地形而布局，四川成都的芙蓉墨池书院（图4-29）、上海宝山学海书院（图4-30）、湖南浏阳文华书院（图4-31）、江苏淮安奎文书院（图4-32）等都是此类形制。

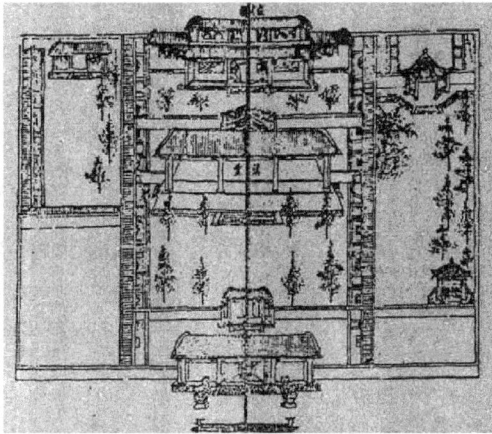

图4-27　香山书院

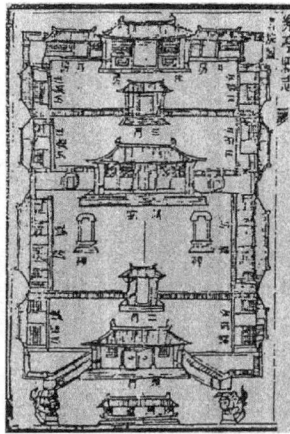

图4-28　尊道书院

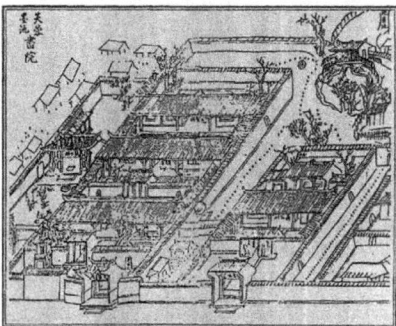

图4-29　芙蓉墨池书院

图4-30　学海书院

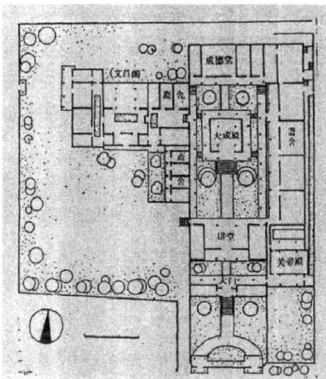

图4-31　文华书院

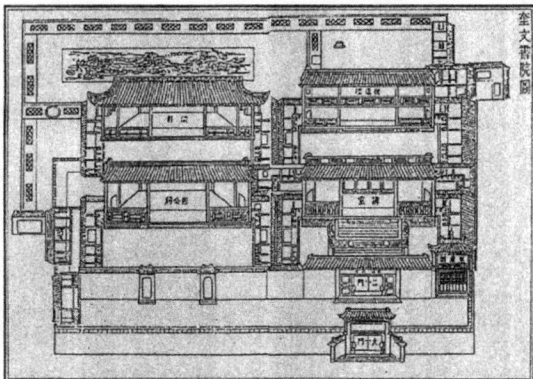

图4-32　奎文书院

在自然环境因素之外，南北区域的书院空间特点还受到人文因素的影响，比如两个地区的文化差异、生活习惯等差异都对中国传统的书院建筑产生了明显的影响，下面将从自然环境因素与人文因素的差异性对书院空间特点产生影响的角度进行详细分析。

2. 气候的考虑

气候不仅影响到人的身体健康，也是人们设计居住空间时重要的考虑因素。古人为了改善生存条件，越发重视自己的居住问题，在不断的探索与改进中，摸索着人居环境的设计。植物茂密、温度适宜等都是书院择址布局所看中的条件。

书院这一文教建筑的发展历程相较于民居建筑较短，但都是人类文化发展的产物，所以书院对于环境的考虑会参考历史悠久的民居建造经验，甚至在某种程度上，书院建筑在空间特点或建筑细节上或多或少会参考民居建筑的建造方法。因此，不妨通过古人民居建造对气候的应对方法来探究书院建设。

中国南、北方建筑差异较大，古书记载或考古发掘中都可以证实在原始时期，我国建筑就有南方与北方两个起源，即北方的黄河流域与南方的长江流域。北方地区气候寒冷，且干燥少雨，智慧的古人便发现了洞穴比较适宜居住；后来自然的洞穴不够用了，人们便开始自己挖掘洞穴来居住，这就是"穴居"；此后人们发现洞坑不需要挖得很深，在上面盖一个草棚就好了，再然后人们发现只要用石头堆砌在浅坑四周，再盖上屋顶就可以居住，如考古发掘的陕西西安半坡遗址便是最后一种形制。南方地区气候炎热，潮湿多雨，山林茂密，且虫蛇较多，像洞穴这样的地方是不适合居住的，与之相反，树上"巢居"成为古人的选择，后来人们发现不必在树上建屋，找来枝干在地面构成梁架抬高，再建房屋亦可，就是"干栏式建筑"，直到后来南方地区防潮防腐技术的提高，建筑便建在高于地面的平台之上。这便是南、北方最初建筑的发展历程（图4-33）。

随着建筑技术的提高，南、北方建筑都变成了地面建筑，不再单纯是土结构或木结构，南、北方都用土或砖建墙壁，用木做屋架与屋顶，两者看似在建筑结构与材料上统一了，但建筑风格仍有很大区别。中国各地的传统民居可以分为七种类型：合院式民居、天井式民居、窑洞式民居、干栏式民居、土楼式民居、碉楼式民居、毡包式民居。北方地区书院与合院式形制民居在分布上有诸多重合的区域，受到合院式民居建筑布局的影响，合院式民居的形制是四面有建筑围合并形成庭院，北方地区的书院形制也

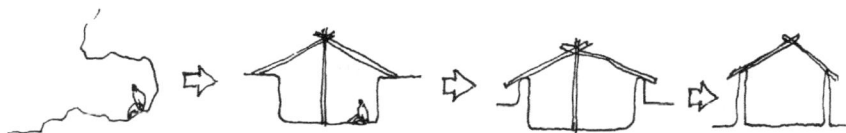

从穴居、半穴居到地面建筑

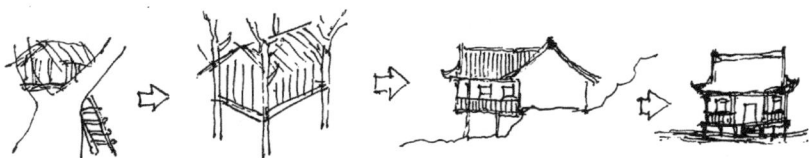

从巢居、干栏式到地面建筑

图4-33　南、北方建筑起源的演变形式（上图为北方地区，下图为南方地区）

为合院式，由四幢分离的房屋围合成正方形或矩形院落，这样，冬季可以获得充沛的日照，夏天可以接纳凉爽的自然风，前面提到的尊道书院便是这种布局特点。

南方的书院建筑则受到天井式民居的深刻影响。天井式民居也算四合院形式的一种，四边建筑相围合，并形成中间的庭院空间，四面屋檐相连，屋顶形成天井。相对来说建筑高一些，中间的庭院围合更紧密，院子小一些，露出的天井也小点。如湖南的浏阳文华书院与城南书院等都属于此类院落布局（图4-34，图4-35），书院形制特点：屋面紧紧搭接，围着中间的院落，即使在炎热的夏天，也可以产生对流风，增强人们的舒适感。南方夏季高热多雨，这种形式更为适合。

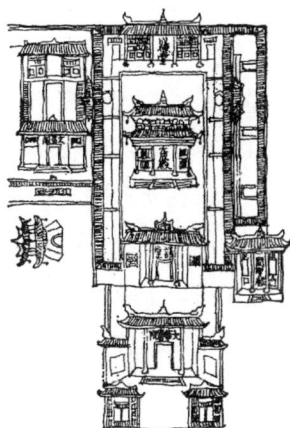

图4-34　浏阳文华书院

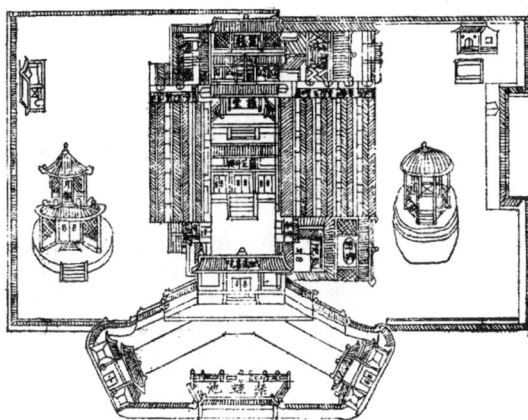

图4-35　浏阳城南书院

3.环境的考虑

中国建筑的丰富程度是世界公认的。中国有着五千年的文明史，古代的建筑文化高度发达，人们不仅重视居住空间的建造，更重视文化建筑的设立，如书院、寺庙、孔庙、道观等建筑都有发展。

中国境内地形多样、地貌丰富，各地物产资源不一，各有特点，造成南、北方两大地域的差异。北方地区平原居多，但植被不茂盛，河流不密集。南方地区则山清水秀、林木面积广袤、水流广布、资源丰富，是书院的密集区。

北方由于整体自然环境条件不如南方丰富，植物品种也较少，景观比较单调，其书院的选址虽也考虑到临近山水，但其总体的环境状况使得北方地区的书院多位于平原之上，如明朝年间名噪一时的首善书院，河北的恒阳书院，山东的至道书院，天津的问津书院与三文书院等都选址于平原上。因此，在与山水的结合与接触上没有南方书院那般亲切。我国南方的自然环境使得该区域书院选址总与山水有着不解之缘，而书院的空间布局也随着山水环境——植被、河流与地势等自然环境的不同而因地制宜、丰富多样，江西的白鹿洞书院、白鹭洲书院俱是如此。

4.人文因素对两者的影响

前两节从自然因素——环境与气候因素的角度对南方与北方书院空间特点的影响进行分析，探讨了两者之间的相同与不同之处。但众所周知，人们在做建筑设计时，不仅仅会考虑到外在的自然因素，还要考虑习俗活动、价值观念、审美情趣、宗教信仰等人文因素，这些都是建筑的社会背景，其影响也将体现在建筑的空间布局、细部装饰、外观形态等方方面面。地域的不同也导致了人文因素的差异，以下探讨人文因素的相同与差异对书院空间特点的影响。

（1）两者的相同之处

生活方式与传统价值观形成了庭院式布局的空间聚合形态。庭院作为连接各单栋建筑的纽带，形成聚合的空间，使得各单体建筑在交通联系和使用功能上都连为一体。此外，这种形式很符合中国传统的价值理念，中国自古便受到宗法影响而形成家族聚居的形态，而这种合院式布局十分适合宗法制家庭形态的组合方式，无论南、北方都如此。这种空间布局形式最初呈现于居住建筑中，后来不断发展与推广，如宫殿、寺庙、陵寝、书院、衙署等建筑空间都是这种合院式布局空间的同构衍生。值得强调的是，虽然书院与民间建筑在布局形态上相似，但两者却体现出完全不同的文化格调，民间建筑追寻的是华丽、热闹、欢庆的气氛（图4-36），而书院则营造了宁静、素朴、典雅的氛围（图4-37）。

图4-36　北京四合院建筑　　　　　　　图4-37　辽阳襄平书院

　　人们的生活与行为方式也促成了合院式空间布局的形成。以书院为例，书院的合院式布局具有低层高密度的特点，相比于低层独立式布置，合院式的书院建筑在一定程度上提升了用地效益。此外，围合的庭院空间具有一种"封闭"的效果，隔绝了外界的喧闹，可以给书院师生提供宁静的学习氛围。

　　合院式布局还与封建礼教下的民族心理相适应。封闭的庭园围合空间成为一个具有封建等级的小王国。建筑围合的几何形空间所形成的空间秩序与伦理秩序相对应。书院纵深的庭院空间严整而肃穆，从书院大门到讲堂、斋舍、藏书楼、祭祀区，无不如此。建筑以中线为主轴，呈现左右对称关系，形成主次有序的、体现礼仪尊卑的礼制空间，充分适应传统民族心理所需求的尊卑、上下、内外等伦理秩序。

　　重重庭园形成有秩序的以纵向空间为主、横向空间为辅的空间序列。建筑与景观形成大小有别、虚实相间、疏密相生、藏露对比、高低错落的艺术特征，室内外空间有机交融，建筑纳入与渗透进自然景观，构建出层次丰富、充满审美趣味的书院庭院空间。

　　（2）两者的不同之处

　　南方与北方书院的确受某些相同的人文因素的影响，空间特点中有一些相似之处，但文化的差异也使得两地书院有各自独特的风格与魅力。在中国有两种很具代表性的文化——流传于黄河流域及广大北方地区的中原文化与流传于长江流域及广大南方地区的吴楚文化。而这些文化因素不仅影响着各地区文学艺术，甚至影响着区域民族性格与思维方式，此外，其在建筑领域也有着明显的影响。

　　中原文化的特征是现实主义，其文化思想方面的代表作品是《诗经》。"《诗经》中所叙述的全都是当时的国家政治、劳动生产、家庭生活、男女爱情等现实的社会生活，它所提倡的是遵循礼法的伦理精神和现实理性。"[1]吴楚文化的特征则与之相反，充满着浪漫主义，其典型的文学代表是《楚辞》。《楚辞》来源于上古时期的巫文化，其主要内容是祭祀所用歌舞中的歌词与民间神话故事，充满了神秘的艺术气息。

中原文化中的现实主义与吴楚文化的浪漫主义在建筑中也体现出很大的差异，在书院建筑中表现明显。北方地区的书院显得更为庄重，屋角起翘较为平缓，如河南登封的嵩阳书院（图4-38、图4-39），南方书院的屋角则又尖又高，灵巧而活泼，如鹅湖书院（图4-40）、白鹿洞书院（图4-41）。北方地区书院建筑的墙体厚重，且山墙式样较少，如嵩阳书院的围墙显得厚实而单调（图4-42）；而南方地区书院的墙体轻盈，其封火山墙式样变化较多，且造型奇异丰富，如鹅湖书院的山墙设计，外围围墙设立为三叠式马头墙，墙顶三条灰色线脚上覆以青瓦，精致而有趣味（图4-43），也使得空间更加生动活泼。

图4-38 嵩阳书院外观

图4-39 嵩阳书院屋檐

图4-40 鹅湖书院屋角

图4-41 白鹿洞书院屋角

---

① 柳肃.古建筑设计理论与方法[M].北京：中国建筑工业出版社，2011：29.

南方传统书院景观与人居环境

图4-42　嵩阳书院围墙　　　　　　　图4-43　鹅湖书院中三叠式马头墙

综上所述，南方书院与北方书院的空间特点上有着相似之处：书院空间都包括讲学、藏书、祭祀三大主要空间与斋舍、园林区等附属空间；空间布局都受中国传统思想影响，充满等级秩序与尊卑差异。然而，两者也有诸多不同之处：如书院的外环境、平面形制、建筑风格等，尤其受自然因素与人文因素的影响较大。书院在建造时考虑到多方因素，使得北方的书院更加厚实而质朴，南方书院在外环境选择或庭院内部景观营造上显得更加灵动且亲近自然，这些思考与营建都反映出古人杰出的智慧，反映出古人意欲建立人与自然、建筑的和谐关系。

书院景观中蕴含的现代景观生态理论

景观生态学理论随着传统研究的不断深入逐渐被学者引用到书院景观中，可以运用景观生态学基本理论对传统书院中的生态智慧、人与自然和谐发展的理念进行剖析，如用"源汇"理论、斑块—廊道—基质模式及景观的异质共生来分析传统书院景观中的生态智慧。

一、传统书院景观中体现的"源"与"汇"

景观生态学关注物质与生物之间的关系，主要对物质之间的转换和变化进行研究。20世纪末，"源汇"概念被引入景观生态学中，成为景观生态学中的重要理论之一。"源汇"理论从环境科学发展而来，其核心是认为事物或空间在发展过程存在"源"与"汇"的动态平衡。"源"是指事物或空间的起点和源头，"汇"是指事物或空间的转换节点与消失终点，这一理论强调了"过程"的概念，从哲学角度分析解读自然科学，建立起景观之间相互转化、演变的发展规律。因此，在景观生态系统中物质之间的平衡关系就由"源"与"汇"组成。

古人将水视为生命之源，水的流动与人的生命化育过程相关相通。人类自然会思考如何使用、征服并与水和谐相处。可以说，人类对水的依赖发展是共生利用，也就促成了人类在客观生理上的亲水性和亲自然性。

虽然书院建筑与环境关系往往饱含着儒家礼制的限制，但在景观方面利用山与水的构建强调师法自然的山水风光，看重水体的源头，建构儒家造像比德格物穷理的山水观，则是儒家生态观的体现。尤其对汇入书院内部的水体及其源头更是展现了"源"与"汇"的景观生态理念。在《园冶·相地篇》中记载"立基纠源头，疏源之去留，察水之来历"，注重园林和造景伊始的水体源头。可见，"源"的观念深入古人的山水审美，正如宋代理学家朱熹在其诗句《观书有感》中所写："半亩方塘一鉴开，天光云影共徘徊。问渠那得清如许，为有源头活水来。"同时，书院景观极为重视水体的走向和流动性，以此确立"活水"，认为只有活性才能"脉理贯通，全园生动"，这也恰与景观生态学中的"汇"有所契合。在传统书院中，古人将景观中水的运用分为三类，其一认为地表的活性水源是构景中的主要部分，"堂开淑气侵人，门引春流到泽""门湾一带溪流，竹里通幽"；其二地下的流动水源可以作为水体景观，"碍木删桠，泉流石注，互相借资""俯流玩月，坐石品泉"；其三是利用静态的积水或沼泽，在低洼之处建池沼。古代书院对水源的选择也与这三类水体有关。

活水方面，如清嘉庆年间的锦屏书院，整体上呈长方形，以山为依托，以水为血脉，有机地组织空间序列，如图4-44。将嘉陵江之水与北岩寺之泉相互联通，"以注于渠，直达于观音寺，而中汇于治平园"。在书院门外设池，架构桥廊与书院建筑和大门进行联通。书院内部"山光绕座水明楼，风院层栏花木稠。六七月间无暑气，清渠活泼识源头"[1]，书院的建筑主体被水系所环绕，水系相互联通以保证水源的活性。同时，在书院内设置闸门，适时对水源进行管理宣泄，形成渠水常满的状态。除锦屏书院外，其他书院也对书院景观中活水做出处理，如碧泉书院引入活水进行造景，"入门认溪碧，循流识深源"（张栻）。石鼓、白鹿洞、岳麓书院也均选址在水源旁。

---

①〔清〕王应诏.锦屏书院八首.之一.

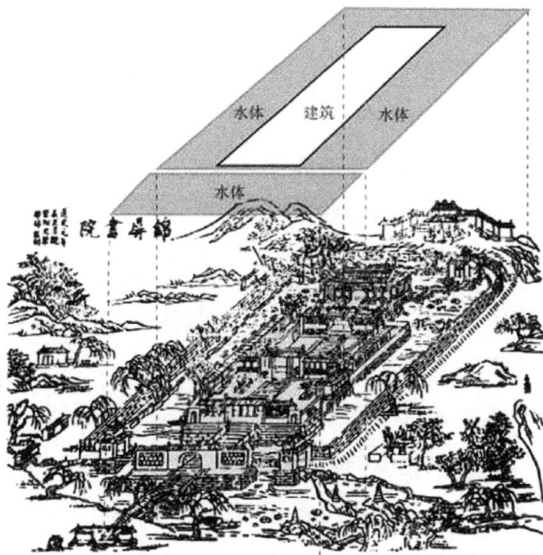

图4-44 锦屏书院水体分析图

当古人逐步熟悉水的运用后，便开始转向"理水"。古代文人，尤其是儒家在理水造境方面持有特有的观点，即促进"人文理水"从大江大河这一自然领域剥离出来，形成真正的引水造景。譬如白鹿洞书院泮池处在棂星门与两个泮斋围合的中间位置，水体景观为静水，静谧自然，方便学子讲经论题；而贯道溪则是发源于庐山五老峰一侧的凌霄峰顶，取意孟子"吾道一以贯之"，在书院主干道一侧。岳阳金鹗书院不仅选址在背山面水的良好环境，还利用环境要素在书院内造景。《金鹗书院记》对书院园林山水理景有比较详细的描述："湖湘掩映……岭断冈连"，是观湖观山的胜地。除了书院的选址相地十分讲究，书院在内外小环境的造景上，常利用局部抬高的地形"可坐可眺"，形成良好的观景点。书院"右方则铲削其突兀，使若伏虎状，构轩跨其上，曰知味，山下出泉清且冽，潴之可饮数"[①]。人工整理微地形，引导水流方向。由此可见，传统儒家思想蕴含"源汇"的景观生态理念，在儒家书院择址和书院园林造景方面都充分考虑景观环境和物质的流动性，并从这种流动性中寻求生态的平衡点。

二、传统书院景观的"斑块—廊道—基质"比例关系

古代书院大多营建于山岳密林中，就山林环境而言，原生态的土地是儒

---

① 赵所生.中国历代书院志[M].南京：江苏教育出版社，1995：564.

家书院建造的基础，林木和水体穿插其间。计成在园林景观的营造中认为"约十亩之基，须开池者三，曲折有情，疏源正可；余七分之地，为垒土者四，高卑无论，栽林相宜。"在有限的地域环境内，土地为基础，其中三成为水，在所余七成的土地上，建造高地，并植以林木。可见，古人在传统造园和改造景观方面有着独特的占地比例意识。

西方学者福尔曼和戈登在20世纪七八十年代提出了"斑块—廊道—基质"模式理论，用生态理论的形式分析景观环境中物质之间的土地占比。其中所指的基质代表的是景观中连续性最强的景观构成，可以说是在特定的景观区域内所占面积最大的景观要素，是其底色。斑块泛指在外貌或性质上与周围环境不同，且被基质包围的景观要素，并具有一定内部均质性的空间单元[①]，可视为其间质。廊道是指与相邻两边环境不同的线性或带状结构；既可以作为通道，也可以起到阻隔的作用，甚至能够减少或抵消由于景观破碎化对生物多样性的负面影响，在景观上相当于底色中不同间质的连接。线状或带状的廊道在很大程度上影响着斑块间的连通性，极大影响了斑块间物种和能量的交流[②]。在传统儒家书院的景观构成及其营造中，其间水、地、植物及其建筑的比例关系有着景观生态学的"斑块—廊道—基质"模式。

就书院景观环境而言，景观基质主要为陆地或是土地，充斥在景观环境中的学田、建筑、水体、植物则是斑块。但这种按照景观要素进行划分的斑块、廊道、基质仅仅只是按照书院的空间尺度进行划分，其他景观层面各要素之间往往可以实现相互转化[③]。传统书院园林景观除了建筑严格遵循礼制规制之外，周边景观均采取与自然结合的方式。所以在建筑与景观连接上，往往通过曲折、细长的水岸或是塑造的"通幽"之路，连接自然与人造物。书院廊道既是空间的链条，也是空间划分的有力手段。书院中的路径、廊道与檐廊互通有无，既形成对主体建筑斑块的空间延伸，也连接了自然景观斑块与基质。廊道借用地势营造空间错落的变化与渗透性，凸显了书院景观的层次性与观赏性。由此可见，古人在造园中始终糅合着土地与水源，两者组合成为"基质"和"斑块"，直接影响了景观展现的比例。

以白鹭洲书院为例，书院内不同类型的景观构成要素组成了生态格局

① 邬建国.景观生态学：格局、过程、尺度与等级[M].北京：高等教育出版社，2000：124.

② 周华锋，傅伯杰.景观生态结构与生物多样性保护[J].地理科学，1998：473-478.

③ 王仰麟，赵一斌，韩荡.景观生态系统的空间结构：概念、指标与案例[J]. Advance in Earch Sciences，1999：235-241.

中的镶嵌结构。如图4-45所示，书院景观类型主要划分为几类，即林地、水体、学舍、主体建筑。就斑块分布格局来看，书院内部建筑所占面积最大，其他各个斑块通过廊道连接。书院的廊道格局主要由各书院内部道路以及书院周边林木廊道组成。根据白鹭洲书院的周边位置，其山林土地可划归为书院景观基质，相应的"斑块—廊道—基质"构成白鹭洲书院景观的点线面关系。

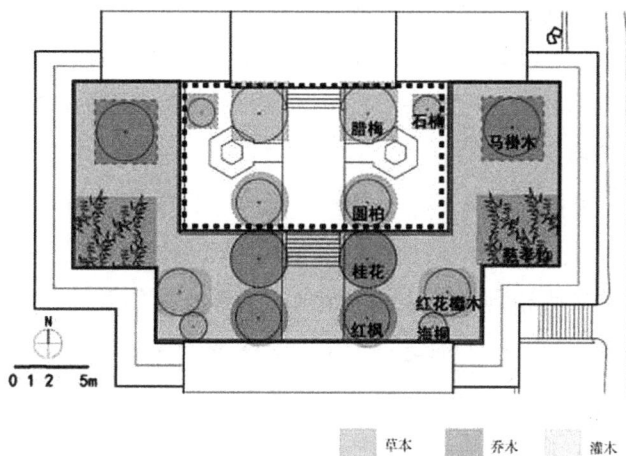

图4-45　崇正书院植物图

三、传统书院景观的群落效果

植物是人在生存与发展中赖以生存的要素之一，人所需的物质及其生产生活资料源于植物链之中，同时与人构成互为影响的生态链条。古人将植物作为一种信息载体与情感寄托，植物所衍生出来的文化遂开始深入民族的特性之中，伴随民族文化的发展，特别是中国文人一直以来就将植物与民族文化两者进行关联。例如，蔡登谷认为"森林文化是人与森林之间建立的相互依存、相互融合、相互作用的关系，并由此而创造物质文化和精神文化的总和"[1]。在儒家传统哲学中，人与自然万物同根同源，人只是自然界中的一员，因而，人与植物同样是生命共同体，植物亦应该是人的道德关怀对象。"和对待动物一样，儒家对待植物的态度也是尊重其生命，让植物完成自己的生命。"[2]因而儒家主张对植物需节用、慎用，要求保护、珍爱植物。《诗经·

---

① 蔡登谷.森林文化初论[J].世界林业研究，2002（02）.

② 乔清举.儒家生态思想通论[M].北京：北京大学出版社，2013：91.

大雅》中的"敦彼行苇，牛羊勿践履。万苞方体，维叶泥泥"、荀子的"草木荣华滋硕之时则斧斤不入山林，不夭其生，不绝其长也"以及王阳明"见草木之摧折而必有悯恤之心焉"等均能体现儒家将植物纳入人类道德共同体范围，要求人类因着植物自身生命的完整性，而用道德的眼光和态度对待它们的理念。为此，董仲舒强调："恩及草木，则树木华美，而朱草生"[①]，"咎及于木，则茂木枯槁"[②]。传统儒士在上述观念之下，造园的过程中遵循着对于植物的挑选和慎用的原则，尤其是在书院园林的营造中。陈植先生在《造园词义的阐述》[③]一文中曾对"园"做过引证："园，所以种树木也。"在林木的选择和种植方面，儒士往往会针对特定的书院环境合理地搭配植物，在书院空间中选择种植多种植物。

而从西方景观生态学看来，多种植物在同一书院空间中出现、聚集则构成了植物群落。生态系统中的稳定性与丰富度通常呈正相关。在景观层面，乔木、灌木、草本等植物构成的群落增加了景观的层次感，叶形及不同季相产生感受的差别。这样一方面能够美化书院环境，另一方面也可以起到调节书院气候的作用。

古代书院的植物配置大多以质朴雅致为基调，因此，具有高品格与好寓意的松、柏、竹、梅、莲、杏、桂等植物便成为彰显书院文化特色的主体。书院主体功能区域的植物配置以对植为主，规则与对称也能够烘托建筑的庄严氛围，其他区域则以对植与丛植相互配合，创造空间的层次感与丰富性。如崇正书院前庭植物景观采用了典型的对植形式栽植，庭院分为两层空间，上层有蜡梅、圆柏、石楠，对称栽植于轴线两侧，下层有桂花、红枫、海桐、慈孝竹等植物对称栽植（表4-5）。庭院植物的季相特征、观赏价值、组合方式、象征隐喻都暗含了儒家士子对美好精神生活的追求。

书院植物类别表　　　　　　　　　　　　　　　表4-5

植物类别		植物
崇正书院	乔木	马褂木、香樟、桂花、银杏、红枫、圆柏、枇杷、罗汉松、广玉兰、朴树、无患子、枫杨、梅花
	灌木	南天竹、八角金盘、红花灌木、杜鹃、蜡梅、紫薇、石楠、海桐、女贞
	草本及其他	孝顺竹、阔叶箬竹、沿阶草

① 〔清〕苏舆撰，钟哲点校、春秋繁露义证[M].北京：中华书局，2015：365.

② 同上。

③ 陈植.造园词义的阐述[C].建筑历史与理论，1981：450.

植物类别		植物
东林书院	乔木	柳树、广玉兰、香樟、枇杷、罗汉松、桂花、红枫、鸡爪槭、构树、朴树、栾树、梅花、杏树
	灌木	山茶、金边黄杨、南天竹、云南黄馨、八角金盘、红花灌木、毛鹃、洒金桃叶珊瑚、卫矛、棣棠、金丝桃、火棘、蜡梅
	草本及其他	凤尾竹、孝顺竹、箬竹、金边麦冬、睡莲
天岳	乔木	桂花、山茶、罗汉松、苏铁

杭州万松书院的主要植物为常绿阔叶林和常绿针叶林，常年气候温和湿润。万松书院因处于满山松林之中而得名。显然，万松书院以自然植被为基底，运用生物多样性，形成了自然动植物和谐共生、自然与人工协调、空间合理的植物群落（图4-45）。据调查统计，万松书院主要植物共有85科172属，共224种维管束植物。其中蕨类植物4科6属7种，裸子植物3科5属9种，被子植物78科161属208种[①]。植物四季分明，且开花植物偏多，对于书院的整体环境营造起着重要的作用。

植物景观空间构成上将植物与书院建筑、道路、山石完美有机地结合。万松书院"明道堂"是书院中核心建筑之一，处于中心位置，两边分别是"由义斋"和"居仁斋"，这三个建筑与毓粹门围合成一个方正、独立、封闭的庭院。庭院由十字交叉的道路分成左右对称的四块绿地，植物配置也大体左右对称。通过植物形态与色彩的有效配置，形成宛自天开的人工景观，如选用红枫、山茶、南天竹、无刺枸骨、蜡梅、广玉兰、紫荆、石榴等，构筑了建筑空间的四季景色变化。

四、传统书院景观的异质共生

景观异质是一种客观存在且具有空间与时间双重特质的特殊状态。值得注意的是，景观异质是一个系统化的物质实体，包含山、水、林、田、江、河、湖、海等众多土地区域，而每一个低层次系统也具有较强的异质性。生态群落的异质过程是自然进化过程的重要组成部分，景观生态的独特之处就来自于内部和外部异质因素的共同作用。当一个景观生态系统表现得很稳定时，其内部组成要素的异质往往是很强的，并在结构方面显得极其复杂多样。景观生态系统的稳定性，是由乔木、灌木、草本、地衣、土壤微生物和

---

① 张倍倍.杭州万松书院植物景观研究[D].浙江农林大学，2011：56.

一些大小不同的动物群落之间的协同来实现的。这种共生关系是生态系统永续发展的关键所在。

通过对传统儒家书院景观的研究，可以发现其中蕴含了景观生态学的异质共生理念。早期书院大多以山林为基址，如北宋时期白鹿洞、岳麓、石鼓、嵩阳等书院均选址在山林，"择胜地，立精舍，以为群居读书之所"[①]。山林环境中水、植物、动物及人等构成群落共生系统，如被江水围合的白鹭洲书院（图4-46）。两栖动物因自然式驳岸而获得迁徙繁衍的机会，驳岸也有利于提升该地区的水体环境，促进生态平衡。同时，书院进行景观植物的栽培，可提高周边生态系统的多样性和复杂性，保持水系的流通，连通书院内部与周边河道的水资源循环。休闲活动区域作为书院内必不可少的区域，兼顾自然生态效应和美观。软质土壤道路让水得以循环，园路比例较小，利于改善内部空间小气候。多样化的植物配置为空间的层次与生态系统的丰富性做出了贡献，对于乡土植物的利用也有利于增强生物群落抵抗自然灾害的能力。

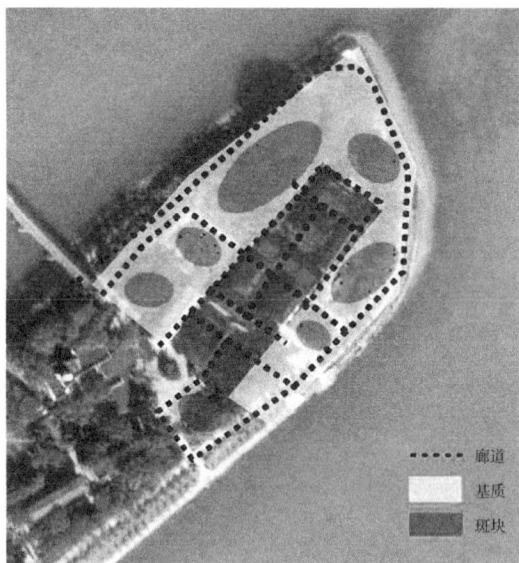

图4-46　白鹭洲书院生态结构图

① 黄仁生，罗建伦.唐宋人寓湘诗文集（二）[M].长沙：岳麓书社，2013：102.

第五章

南方传统书院景观中的儒家文化

儒家思想中的环境审美观

一、关于自然环境的审美方式

儒家以比德的自然审美方式，强调以己度物、由物及己来认识自然环境。比德思想是将自然的某些现象同人内在的精神品质进行关联，将自然物所属特性归类或是比拟为人的道德。由自然现象而引发的对人的精神品质的联想是儒家文化理解自然环境的重要方式。儒家把大地、山脉、河流、动物、植物等诸多自然形态联系到儒家所推崇的君子品德，重视它们的内在价值，要求用道德的方式来理解自然万物。传统时期中国人通过直接形象面对各种自然界，诸如通过水或其他水生的植物来寻求一种哲学上的概念，得以重新构建本喻体。这种哲学思维发展进路主要是整体性的，通过对于大自然的深入思考，而充分洞悉人类对于社会的支配管理能力。比德思想源于早期的原始思维，古人常以自身的身体和情感来观察和理解外部世界，例如《列子·汤问》中神话人物夸父"弃其杖，尸膏肉所浸，生邓林"。自然万物各自具备的不同属性，往往能够在人类社会中找到与之相对应的事物或现象。例如屈原在《楚辞》中有大量以香花香草来比喻君子贤王的句子，因为自然环境中的香花香草和人类社会中的君子贤王都是美好的事物。但在儒家文化中，对社会大自然的主观欣赏并不局限于社会事物或是自然形态，对自然环境的主观认识也逐渐扩大发展到社会道德，用以比喻大自然环境中的自然事物映射的社会现象上，如仁义礼智信。孔子常用"水"作为教育方式与学生论道。相较于原始时期理解外界的方式，儒家对外部环境的理解不是停留在其与人类外部形态表征之间的关系，而是开始从环境精神层面进行理解，但一开始并未赋予其更多的道德价值。后来经由儒家典籍对于君子品德与自然环境关系的多次强调，这种自然事物的道德意义为人们广泛接受和认可，因此诸多事或物，乃至现象都固化成为道德价值的喻体。

比兴简单说就是通过其他事物来比喻所想传达的内容，托物言志是儒家通常运用的比兴譬喻的方法。理学中所提倡的"格物"的学习方式，使得儒者对山水植物的理解有了更为形而上的认知。《树艺志》中记载："今夫草木者，天地之所生，亦圣人之所以寄其生而穷者。"[①]儒家对植物的理解方式为植物与人生哲理之间构架起道德的桥梁，因而书院景观中极为重视植物景观营造，以植物来明理传志并感染在书院就读的莘莘学子，以期实现人格的升华。竹子在书院中的普遍运用无疑是源于儒家对竹的推崇。儒家文化常将竹蕴含的姿态视为君子的气质，并同松、梅合称为"岁寒三友"。加之南方一带的气候适应竹子的生长，传统的书院往往广植茂竹。书院中竹子依墙而种，掩映院墙，丰富书院的空间层次，为书院增添了几分自然生机。莲花同样是书院中的常见植物，莲花被理解为"花中君子"，因其植物天然的特性常被儒者赞颂。周敦颐对莲"不染""不蔓""不妖"(《爱莲说》)的描述，就凸显了儒家文人对莲特性的向往。同时，"莲"常被解读为"连科"的意思，寓意科考顺遂。加之南方河流纵横，书院中往往都会置水池或有流水，更为莲花的生长提供了良好的条件，因此莲花成为传统书院中常见的植物符号，如东林书院中的泮池和西园中的水池、万松书院中的浣云池、二泉书院中的积香池等水景中必植莲花作为主要景观。除竹子和莲花之外，在传统书院中，芭蕉、桂花、银杏、松树、黄杨等都是常见的植物景观。花木的特征与君子品德在书院景观中得以融合，既装饰美化了读书环境，又成为学子苦读的伴侣。同时书院景观中的大量植物也传达了儒家的文化追求，不同植物作为文化符号表达了不同的精神境界。

二、关于人造环境的审美要求

（一）文质彬彬

《论语·雍也》中对君子"文质彬彬"的描述阐述了孔子对于"君子"理想人格的探讨。"文"是指从古代典籍中学习到的文化知识和学术修养，这是一个人所具有的表面的文采；而"质"是指固有的伦理道德修养，是一个人所具有的内在的品德。区别于老子或墨子对"质"与"文"的扬抑，孔子强调二者关系的平衡和融合。

"文"与"质"的辩证思考源于古代先贤对人和外在事物的内与外、表

---

① 赵所生，薛正兴.中国历代书院志·第8册[M].南京：江苏教育出版社，1995：128.

与里或者说是现象与本质之间关系的认知，强调人内涵与外在的统一。将这一观点扩大到审美的角度，便能从中看到儒家对环境的追求——"文"代表着环境的外在形态，叠山、竿卜、理水、置石等环境营造方式，"质"则代表传统书院景观所追求的环境育人的场所价值和内涵的道德文化，文与质在传统书院景观营建中缺一不可。例如书院景观中水景往往是引自周边环境中的天然水流，书院理水同样模拟自然水系生态，将其组织成有源有流、有来龙去脉的完整水系，将其整理为有湖泊、有河流、有山洞的整体（图5-1）。这种景观组织一方面是通过水景为书院景观营建出更好的读书求学环境，另一方面也是追求更为接近天然的环境，使得书院师生能够借由环境修身体道，正如朱熹在《观书有感》中所发出的感慨"问渠那得清如许？为有源头活水来"，通过书院景观的营建来触动人心，引发学子深思，从而达到儒家教化的目的，这是书院景观中"质"的表现。传统书院兼顾审美价值与教育价值，因此才能够成为培养浩然君子的场所。

图5-1 万松书院流水设计分析

自然是传统书院景观营建的重要主题。自然是各类中国传统艺术的灵感来源，书院景观同样也不例外。儒家早期就有私人讲学的传统，虽然唐以前的私人讲学并无书院之名，但的确具备学校的雏形。最早孔子的讲学就在"洙泗"之间，休学于杏坛，拨弦弄鼓，加之《论语》中对环境的描写如"子在川上曰：逝者如斯夫，不舍昼夜"等语句，不难看出早期的教学环境不乏远离闹市的自然山林之地，这是儒家重视教育环境的发轫。吴地最早宣扬孔子学说的言子故居在常熟虞山东麓一带，按照陆广辉在《吴地记》的描述，言子的宅院在常熟县北面，内有深且宽的井，旁有浣纱石。良好的自然环境利于修身养性。后世的书院景观在叠山、垒土、理水、置石的营建过程中往往极力模仿自然环境的天然形态，并将先哲往圣从自然中感悟到的天道融入景观之中。

（二）尽善尽美

儒家视"善""美"为重要命题，尤其是儒家美学的"尽善尽美"，出自《论语·八佾》，最初是孔子关于音乐的体验。美与善不同范畴的划分，反映在书院景观中的"美"指向了书院景观的形式美感，"善"则指向书院景观中所蕴含的等级秩序分明的儒家道德，在儒家文化直接影响下的书院景观同样具有符合书院读书明志、道德教化的功能。

书院景观与伦理等级之间的严格对应体现在书院景观中的各个方面，书院景观形成装饰符号的同时也营造了不同等级秩序的图示符号，是儒家伦理道德的重要表现。对不同等级的建筑在建筑色彩、方位布局、体量规模等方面的规定由来已久，最早可以追溯到《礼记》中：

> "昔者周公朝诸侯于明堂之位，天子负斧依南乡而立；三公，中阶之前，北面东上。诸侯之位，阼阶之东，西面北上。诸伯之国，西阶之西，东面北上。诸子之国，门东，北面东上。诸男之国，门西，北面东上。九夷之国，东门之外，西面北上。八蛮之国，南门之外，北面东上。六戎之国，西门之外，东面南上。五狄之国，北门之外，南面东上。九采之国，应门之外，北面东上。四塞，世告至。此周公明堂之位也。明堂也者，明诸侯之尊卑也。"[①]

不同等级建筑的形制多有不同。书院作为集中了讲学空间、祭祀空间、斋舍空间的建筑群落，自然而然形成了不同建筑空间等级秩序的层次，书院中的纹样装饰也成为区分建筑等级秩序的方式之一。以无锡东林书院为例，在东林书院的建筑与景观中，保留有许多装饰纹样，这些纹样出现的位置都极为考究。其中棂星门、泮桥、燕居庙（祭祀空间）等纪念性建筑和景观小品装饰细节最为丰富。棂星门为屋宇式牌坊，在各层檐部均装饰有

---

① 陈戊国点校.四书五经·上[M].长沙：岳麓书社，2014：549.

鸱吻，下方装饰有镂空石雕和浅浮雕，纹样变化丰富。泮桥正中心有圆形砖雕，为云气纹。燕居庙和之后的三公祠作为书院祭祀所在，建筑细部的装饰也非常丰富，屋脊、垛头、梁枋等建筑细部都有丰富的砖雕装饰。讲学空间中的建筑装饰明显与祭祀空间不同，鸱吻较燕居庙明显减小，其余装饰仅见于马头墙、瓦当等处，未见砖雕、石雕。而在书院的园林区中装饰纹样则更为简单，仅在花窗、铺地等处有纹样装饰，内容题材与苏州民居中的别无二致。

书院景观通过纹饰多寡将不同等级的空间加以区分，在装饰景观的同时，将景观的视觉形式美感转变为儒教道德教化的载体，也成为书院师生活动的行为导引，实现善与美的统一。

第二节

儒家文化影响下的书院景观特点

一、"礼"文化影响下的书院景观

（一）"礼"文化的滥觞

"礼"作为文化内容，其出现是早于儒家文化的。夏商时期"礼"文化继承于前代。在西周周公制礼的基础上，礼制逐渐成为政治的组成，并影响到后世"礼"的发展。

春秋时期，传统的宗教活动开始有了理性思维的转向，其主要倡导者是孔子。"礼"开始成为人际关系的协调产物，"非礼无以辨君臣、上下、长幼之位也，非礼无以别男女、父子、兄弟之亲，婚姻疏数之交也"[①]。再之后经过孟子、荀子等先儒从不同角度对"礼"进行进一步的阐释，"礼"的概念被扩大到价值目标、社会理想、行为活动等各个方面，"礼"的概念具有了更为丰富的内涵和更广泛的适用性。

"礼"的广泛适用性在多种传统艺术中都得到了体现。以礼制文化影响下的建筑"明堂"为例，明堂是古代祭天、祭祖的重要场所，是礼制文化在建筑中的集中体现。据《大戴礼记·明堂》记载："明堂者，古有之也，堂高

---

① 胡骄平主编.国学语录300条[M].北京：国防工业出版社，2014：199.

三尺，东西九筵，南北七筵，上圆下方，九室十二堂。堂四户，户二牖，其宫方三百步。"作为重要的政治场所，明堂的等级形制有严格的定式，其中各种尺寸取自天地四方，并与四时相对应，具有各种象征意义。"礼"文化在"明堂""学宫""文庙"等官制建筑中表现得尤为明显，而传统书院作为儒家文化的重要产物同样将"礼"的文化观念贯穿到了景观环境之中。

（二）"礼"文化下书院景观特征

"礼"文化对于传统社会的秩序产生了深远的影响，特别在书院这种儒家文化主导的空间环境中"礼"文化直接控制儒家主体空间的布局形式。"礼"在传统书院空间中主要表现为两点。

1.主从有序

书院作为反映社会秩序、安顿身心的场所，天然地需要符合"礼"的特征。《礼记·乐记》认为："乐者，天地之和也；礼者，天地之序也。和，故百物皆化；序，则群物皆别。""礼"强调分明的等级区别，书院空间"礼"被诠释得淋漓尽致，主要功能区与次要功能区的差别是极其明显的，在空间布局、规模尺度、建筑形制等方面都是如此。李允鉌谈到古代的建筑制式，规格级别由低到高都受到了礼制的控制与安排，并且最终目的落在精神上。[①]

在文庙等场所中，"礼"表现得尤为明显。文庙兼具"庙"和"学"的双重属性，多以左庙右学的方式布局。以苏州文庙为例，《吴县志》中就曾记载宋代苏州文庙的呈现形式是"左为广殿，右为公堂"，从现今的苏州文庙空间中可看出，之前文庙规模并不如当今的苏州文庙，但功能较为完整。在此后，苏州文庙虽然扩展到1.78万 m^2，但仍旧沿用了原有的布局方式：严格遵循"左庙右学"的布局，主体建筑沿轴线依次排开。

文庙对书院的形制产生了极大的影响，文庙中"礼"的规范随之影响到书院景观的布置。基于礼制规范和实际功能的需要，书院中主体建筑空间都居中或居左设置，次要的空间如斋舍、园林等往往环绕两侧，或偏于一隅。

在主要轴线上的建筑布局更为严谨，秩序井然，庭院空间强调左右对称以突出轴线的导向和组织作用。即便是在书院的主体功能空间中，不同空间因为等级高低之间的差别也非常明显。特别是祭祀空间，建筑的等级更高，建筑的庭院也更为开阔。以无锡东林书院为例，祭祀空间被分为三部分：祭祀孔子的"燕居庙"（图5-2）位于书院后侧，建筑前的庭院面积较其他院落更

[①] 李允鉌.华夏意匠.中国古典建筑设计原理分析[M].天津：天津大学出版社，2005：40.

加开阔，为书院进行春秋两祭留下充足空间，这样的祭祀活动一直保留到今天。第二处的祭祀空间位于书院左侧的"道南祠"（图5-3），道南祠为明万历年间杨龟山先生所建，主要是祭祀杨时及其弟子的专祠。第三处为燕居庙后方的三公祠，主要祭祀在东林书院复建过程中发挥了重要作用的三位官员。

图5-2　东林书院燕居庙前的祭孔活动　　　　图5-3　东林书院道南祠（专祠）

2.尚中

除了主从有序的布局，"礼"在书院空间中的另一个重要体现是对于"中"空间意识的推崇。尚中的空间认知确定了传统建筑的布局定式，大到城市规划，小到民居合院都强调中轴对称的布局，从而形成了井然有序的、以"中"为特点的传统建筑特色。书院空间中有明确的核心区域构成书院的"中"，在吴地书院中，这种核心区域多以轴线区域的形式出现，也有少部分以节点区域的形式存在。其他部分表现出强烈的内聚趋向，这种推崇"中"的空间概念贯穿了传统空间观念。书院中主要建筑（讲堂、祠堂）居中突出重点，前后有仪式性的景观小品共同构成中轴线，使得书院群落依照轴线布局，更易于突出书院空间作为儒家文化产物而具有的等级秩序。

由于位于正中的是书院中最为核心的空间，书院中其他空间往往围绕核心空间排布，例如前方会有棂星门、泮池等作为前导空间，斋舍区位于两侧，园林区往往位于后方或西侧，构成向心内聚的空间布局。这实质上仍然是对"中"这一空间方位的崇拜。杭州万松书院主体空间（图5-4）由踏步台阶贯通了五个平台院落，层次分明，高低错落，构成书院的中心轴线。中心轴线依次为山门、"品"字形牌坊、讲堂空间、祭祀空间和最末的平台。前后的位置和空间在中轴轴线上依次排开，塑造了书院庄重规整并带有纵深的氛围感。

3.庙学兼备

作为儒家学子读书修身之所，从功能角度出发，书院中最为主要的空间应当是讲堂，但事实上书院中祭祀空间同样也占据了主要空间，其根源正在于"礼"对书院空间营造产生的影响。在湘赣地区，书院密集并且建筑整体保存较为完好，从湖南省内现存的15组书院建筑群中可看出带有祭孔功能的大成殿或礼殿均被保留下来，而承担藏书功能的藏书楼仅出现在9所书院中。祭祀先贤的活动是"礼"文化的重要内容，而建筑正是为祭祀活动提供场所并由此产生了书院祭祀空间，而安顿儒家学子身心的场所也形成了书院的礼制中心。书院"庙学兼备"的布局形式足见"礼"文化对于传统书院景观的影响。祭祀空间处在中轴线上，且往往居于书院整体空间的核心位置（图5-5）。而祭祀建筑的形制较其他空间也更为尊崇，大中型规模的书院中大成殿常用歇山顶，其中不乏采用重檐的形制。

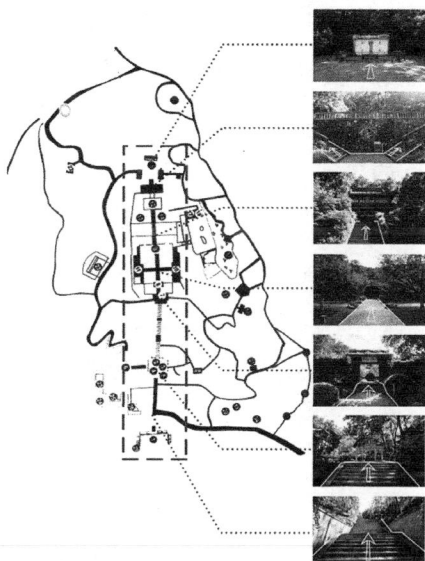

图5-4　杭州万松书院布局图与主体空间

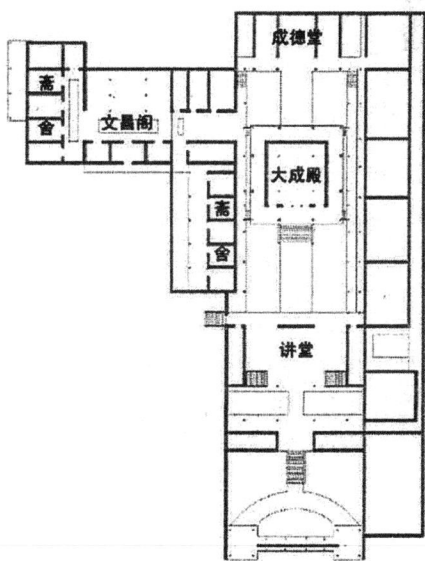

图5-5　浏阳文华书院布局图

二、"乐"文化影响下的书院景观

"乐"是儒家文化的重要一环，《乐记》对"乐"的理解多从与"礼"的对比进行（图5-6），诸如"乐者为同，礼者为异。同则相亲，异则相敬。乐胜则流，礼胜则离。合情饰貌者，礼乐之事也"。相较于"礼"所具有的主次分明的等级之分，"乐"则更为强调"和"的表达，有学者认为中国古代乐学，特别是儒家乐论，对于个人来说是完成了自我的实现，对家国而言更是完成

| 乐 | 象天 | 应天 | 天作 | 阳 | 和 | 和 | 化 | 教和 | 神 | 动 | 始 | 内 | 生 |
		配	地					别					
礼	法地	地	制	阴	节	别	序	别宜	鬼	静	成	外	克

图5-6 《礼记·乐记》中礼乐文化对比

了艺术与学问的结合。"乐"的价值往往在于不同要素之间的协调。"乐"本身生发于天地之间，按照传统儒家文化对于自然的理解，自然万物的变化和运行是有规律和秩序的，种种变化虽然不同，但是宇宙万物之间相互和谐。而"人"作为"三才"之一，往往是处在天地间塑造"赞天地之化育"的角色。书院作为儒家文化传播的重要场所，其景观营建融入了"和"的观念。

（一）景观的统一与变化

书院景观在营建过程中强调整体的统一和变化，通过协调不同景观元素之间的虚实变化、疏密变化、直曲变化等方式使得书院整体空间表现出"和而不同"的丰富形态。

中国古典园林的布置重心在处理空间的虚实中，虚实相互依存、杂糅。虚实结合是书院景观的典型组织方式。庄重严谨的书院建筑往往构成书院中的实景，书院景观中的游廊、亭台等灰空间与庭院构成的虚空间能够很好地平衡书院主体建筑的规整呆板。以石鼓书院为例，石鼓书院的祭祀建筑十分规整却略显呆板，但与两侧林立的树木融合后，实体的白墙与树影婆娑之间形成虚实对比，不断在现实与虚幻之间切换。

前面对书院的择址曾有分析，传统书院有择址在自然山林中的传统，良好的自然环境使得书院在营建中能够借地势营建出景观的高低之势，"房屋忌似平原，需有高下之势"[1]，房屋如此，景观更是如此。书院内高低错落的表现形式以两种主体展现：其一是墙、屋、石等固定物体，书院的地势限制了围墙和建筑的形式，同时古代的建造体系也限制了高度；其二是书院植物，地被植物、灌木与乔木等所形成的高差，带来视觉的层次冲击。以湖南渌江书院为例，渌江书院（图5-7）坐落于醴陵县城关镇西山半山腰上，书院布局依山就势，坐西朝东。从书院入口泮池、院门，到书院讲堂，再到书院藏书楼依地势层层抬高，而书院斋舍位于较高的山坡上，斋舍外设置连

---

① 周武忠主编.设计学研究：20位教授论设计[M].上海：上海交通大学出版社，2015：192.

廊与藏书楼二层相互联通。书院中考棚的地势则较为低平，沿斋舍东侧楼梯而下连接至考棚二层。书院内部依凭地势的天然起伏形成错落有致的形态特征，此外书院中还建有名宦祠，地势较低，与近旁的靖兴寺形成了高低错落有致的空间。书院整体空间因高低变化，既有风格上的统一，又有参差层次的进深变化。

图5-7　渌江书院

（二）内外空间相互渗透

传统书院园林空间形态往往比较丰富，通过不同空间之间视线上的相互渗透，使得原本相对独立的空间产生联系以加强空间的层次感是书院景观营建和谐空间关系的重要手法。特别是位于自然山林中的书院，往往会减少对内部空间的围合，使得内外空间之间平缓过渡，并将部分自然景观纳入书院园林中。如从岳麓书院黉门池通往爱晚亭的山路连接的是麓山寺与道乡祠，在山路旁种有桐树，因而得名"桐荫别径"。利用青桐、枫香等植物在营造书院意境时向外借景，将开放的园林环境平缓柔和地与人造环境合二为一。加之南方书院景观受到江南私家园林造景手法的影响，门洞、空窗、漏窗等被广泛地应用在书院中（图5-8），使得在书院游览时能有游乐的感受。书院景观所具备的渗透性和流动性与儒家文化中"游"的概念颇有共通之处。如东林书院中漏窗两侧分别为书院西园和来复斋（书房），主次不同、功能相异的两部分空间在互不干扰的前提下保留了空间的通透性。

此外，书院中不同空间视线上的相互渗透同样能起到引导与暗示的作用，提示书院中的游览者在院墙或廊庑背后还有书院中的其他空间，虽然只是小小一角的细节变化却能够激起游览者一定程度上的好奇，同时暗示游览者即使当下身处书院中的某一局部但书院空间整体布局是完整的（图5-9）。

图5-8　东林书院中的漏窗　　　　　图5-9　二泉书院中的空间暗示

（三）人造环境与自然环境的融合

自然环境的地势起伏与升降带来了环境中的空间层次感，赋予书院群体组织之间相互呼应的生命力。自然作为外部环境，被视作书院建筑形态的背景，依据内部空间的规则而延伸发展，以不规则的边界在蔓延。

书院山腰的建筑群大多会有向上发展的趋势，而处在坡底的建筑则会显现出退后或水平方向的扩张。书院自然景观与人造环境的关联视觉上虽然是以点为发散，但从路径观赏次序上是串联在一起的。各空间之间往往会有转折的变化，可没有完全割裂。书院的路径往往会把看似分开的空间转变为相互关联的空间。以万松书院右侧园林为例，高低起伏变化的园路将浣云池、可汲亭、观音堂、见湖亭、毓秀阁、存诚阁等景观联系起来，观赏者往往拾阶而上，在连续的人工路径中体验带有节奏变化的自然空间。鹅湖书院则是一个非典型性案例：书院的整体空间体量偏小，且建筑呈环合包围的布局形式，但书院在内部营造了"山林"，进一步延伸了空间的多种层次，视觉上增加了空间的观赏点，原有狭仄的空间在人工的塑造下显得朴素而带有趣味。

三、隐逸文化影响下的书院景观

（一）隐逸文化

1.早期儒家隐逸观

谈及隐逸文化往往会溯源至老庄，将隐逸文化归于道教文化发展的产物，往往会忽视早期儒学中关于隐逸的许多观点：

道不行，乘桴浮于海。

邦有道，则知；邦无道，则愚。

笃信好学，守死善道。危邦不入，乱邦不居。天下有道则现，无道则隐。邦有道，贫且贱焉，耻也；邦无道，富且贵焉，耻也。

邦有道，危言危行；邦无道，危行言孙。

邦有道，则仕；邦无道，则可卷而怀之。[①]

相较于道教为求仙问道而选择的隐逸的举动，儒家文化下的隐逸是以"道"的存亡、政局安危为标准而做出的选择，是一种更具积极意义的人生抉择。孔子在谈及前代隐逸者时做出了评价：

"不降其志，不辱其身，伯夷、叔齐与！"谓："柳下惠、少连，降志辱身矣，言中伦，行中虑，其斯而已矣。"谓："虞仲、夷逸，隐居放言，身中清，废中权。我则异于是，无可无不可。"[②]

孔子对于隐逸的态度由此可见一斑，"无可无不可"是孔子对隐逸的态度，但从孔子对伯夷、叔齐的褒扬可看出，他认为隐逸确实是可以作为身处乱世的一种人生选择。孟子则对隐逸文化有了进一步的阐释："穷则独善其身，达则兼善天下。"[③] 这种观点将人格节操融入文人士大夫的人生追求中，也成了后世隐逸文化的核心。

2.隐逸文化

魏晋南北朝时期，名士或为了远离战乱和社会的黑暗而遁入山林，或为了追求生命的自由而主动归隐，选择离开市井进入荒芜的山林开启隐居生活。"林泉之隐""山水之乐"往往搭载了早期隐逸者内心对理想世界的憧憬。虽然这一时期传统书院的教育机构还未成型，但他们在山林间著书立说、聚徒讲学也成为后来书院的先声。隐逸山林读书成为在乱世"存身达道"的必然选择，竹林七贤、陶渊明都是隐士中的代表。乱世或失意之时投身"壶中天地"的风气一直延续至后世，隐逸文化与文人生活的关系日益密切。刘禹锡在仕途不顺时写下《游桃源一百韵》，其中描绘了隐居生活的日常，不乏

---

① 孙立权主编.论语注译（最新修订版）[M].长春：吉林文史出版社，2011.

② 同上。

③ 毕宝魁著，赵敏俐总主编.细读孟子[M].北京：研究出版社，2017：208.

读书授课的内容，或"买山构宅"，或"开席设讲"，身心无忧。

此后，随着时代政治环境的变化，唐代文人士大夫隐逸的山林逐渐转变为郊野园林中的片山勺水，这种精心筑构的山水满足了士大夫的悠游山水之情，在"穷则独善其身"与"达则兼济天下"之间取得了平衡。隐逸不再是仕途失意文人的无奈之举，而成为文人阶层对抗政治、维系独立人格的手段。白居易《中隐》诗描述了"中隐"的状态：

> 大隐住朝市，小隐入邱樊。邱樊太冷落，朝市太嚣喧。
> 不如作中隐，隐在留司官。似出复似处，非忙亦非闲。
> 不劳心与力，又免饥与寒。终岁无公事，随月有俸钱。
> 君若好登临，城南有秋山。君若爱游荡，城东有春园。
> 君若欲一醉，时出赴宾筵。洛中多君子，可以恣欢言。
> 君若欲高卧，但自深掩关。亦无车马客，造次到门前。
> 人生处一世，其道难两全。贱即苦冻馁，贵则多忧患。
> 唯此中隐士，致身吉且安。穷通与丰约，正在四者间。

中隐的理想生活同样是为了满足存身达道的要求——"致身吉且安"，中隐的内涵与文人阶层的命运紧密地联系在一起。

3.隐逸环境特征

隐逸之风盛行必然带来隐居环境的选择，从"山林之隐"到"园林之隐"就是隐逸文化变迁所带来的景观环境的变化，特别是文人园林的出现叩开了传统园林空间环境的另一扇门。

早期隐居环境中，较为典型的是陶渊明笔下的《桃花源记》中的避世田园，"田园之乐"成为后世文人士大夫理想生活和景观志趣的缩影。这对后世文人园林产生了重要影响，在淡泊明志、恬静淡雅的文人心态下，隐士们更加追求返本归真的隐居环境和生活方式（图5-10）。此后随着隐逸心态的转变，"园林之隐"成为主流的隐逸方式，由此带来了唐代文人园林的兴盛。这时期的隐居环境（园林）讲究既要满足清逸雅致的生活审美情趣、满足其"山水之思"，同时还能满足官员阶层日常工作和交友游玩的需要，私家园林的隐居方式使得文人阶层在仕与隐之间进退自由。这种隐居方式褪去了隐逸文化最初的纯粹性，但对于此后园林的发展却是转折性的，一直到明清时期，私家园林仍保持着这样的环境特色。

图5-10 〔明〕 陈洪绶《竹林七贤图》

（二）隐逸修身观念对书院景观的影响

1.林泉之志

隐逸读书的文人理想远在先秦时期就已出现。自魏晋以来，儒学在道家和玄学的影响之下，在俗世尘嚣与自然山林之间寻求人与自然的和谐统一成为文人阶层的理想。而中国传统书院正是文人读书治学、修身养性之所，书院在一定程度上承载着文人回归自然的内在理想，同时还要满足开展教学、祭祀、藏书等基本的文化功能。

早期的书院大多在僻静之地，白鹿洞书院即为典型。相传该地曾为唐代文人李渤的隐逸读书之地。正是因为李氏兄弟二人居于此并圈养一头白鹿，故书院才被拟为白鹿洞。朱熹曾评价白鹿洞书院是"四面山水"，且水质清彻，并无市井之中的喧哗声。"自古名山僧占多"，南方风景秀丽的自然山林许多都经过了佛、道两家的开发，同样吸引了文人雅士来此讲学授课，例如湖南岳麓书院所在的岳麓山一带，因其为南岳七十二峰的最后一峰，独特的地理位置云集了岳麓书院（儒）、麓山寺（佛）、云麓宫（道）等传统文化场所，这种浓郁的人文底蕴使得原本秀丽的自然环境成为更适宜隐逸修身的环境。

有同样性质的书院还有石门书院，据传为刘伯温求学之所，周边景色宜人。根据柳贯《待制集》记载，石门书院的环境被称为"穹林雪瀑之胜"，处在"云霞"与"泉石"之间，抚云弄霞，因此文人来此均寻求"无穷学"[①]。

2.追比圣贤

除了对山林优美风景的考虑，前代隐居于此读书的圣贤更是为书院增添了浓郁的人文气息，浓厚的历史文脉无疑更受文人隐士的青睐，如常熟虞山

---

① 柳贯.待制集·卷之十五·新修石门洞书院记[M].中国基本古籍库，212.

书院、游文书院。虞山为江南名山，曾为"南方夫子"言子在南方的主要活动区域，言子的专祠"言子祠"就建于虞山山间。而江西铅山的鹅湖书院就起于朱熹、陆九渊、吕祖谦等儒学大师在鹅湖寺举办的"鹅湖之会"。

良好的自然环境吸引了大儒圣贤，而先儒的活动赋予自然山水浓厚的历史文脉。例如周敦颐、朱熹、王阳明等大儒读书、著书、讲学等的活动场所在后世被原址重建为书院，激励学子向先儒学习，修身养性。这些硕儒大多有着丰富的人生阅历，曾辗转多地读书、讲学。以周敦颐的活动轨迹为例，九江濂溪书院是周敦颐退隐之后会友、读书、著述的地方，《太极图说》《通书》等理学名篇都是在此间留下的，之后到九江濂溪书院求学、游学、寻访的学子络绎不绝，苏轼、朱熹、王阳明等大儒都有来此游学拜谒的经历。丹徒濂溪书院最初就建立在周敦颐读书处。赣州濂溪书院在宋代的院址曾是周敦颐与其弟子程颢、程颐的讲学之处。朱熹著述讲学的几处精舍对福建武夷山一带的文学风气产生了极大的影响。"寒泉精舍"是朱熹在为母守孝其间于墓旁建筑的读书之所，《伊洛渊源录》《近思录》等儒学史上重要的著作都是在这一时期完成的；"晦庵精舍"是朱熹在建阳与其得意门生蔡元定师徒结庐读书的地方，同样位于远离闹市的山林之间，在这一时期，朱熹初步完成了对《四书》的集注；"武夷精舍"位于武夷山隐屏峰下，在书院建造的过程中朱熹拒接官方的资助，而是与弟子亲力亲为、叠屋搭舍；而"沧州精舍"位于建阳考亭，朱熹在其间完成了《四书章句集注》，沧州精舍也成为理学的聚集地，吸引各方学者前来求学问道。朱熹兴建的四所精舍对福建建阳一带的儒学发展产生了极大影响，仅晦庵精舍所在的建阳莒口，书院就有二十多所（表5-1）。名师大儒的活动深刻影响了后世书院的营建，成为后人追比圣贤、效仿先儒的途径。

武夷山地区书院与相关历史人物　　　　　　　　　　　　表5-1

编号	书院名称	空间位置	始建朝代	相关历史人物	现存状况	海拔/m	分布景区
1	水云寮	云窝铁象岩	北宋	游酢	已废	208	云窝·天游·桃源洞景区
2	叔圭精舍	五曲北岸云窝	北宋	江黄	已废	208	云窝·天游·桃源洞景区
3	淮阳书院	五曲北岸云窝	北宋	江德修	已废	208	云窝·天游·桃源洞景区
4	武夷精舍	五曲隐屏峰西麓	南宋	朱熹	重建	270	云窝·天游·桃源洞景区

编号	书院名称	空间位置	始建朝代	相关历史人物	现存状况	海拔/m	分布景区
5	石鼓书堂	八曲鼓子峰南麓	南宋	叶梦鼎	已废，遗址辟为茶地	281	九曲溪景区
6	仰高堂	五曲晓对峰麓	南宋	刘琪	已废	204	九曲溪景区
7	独善堂	八曲鼓楼坑	南宋	熊暮	已废，遗址辟为茶地	281	九曲溪景区
8	东莱先生讲学处	九曲寒岩东麓	南宋	吕祖谦	已废，遗址辟为茶地	254	九曲溪景区
9	岳卿书室	山北水帘洞	南宋	刘甫	重修恢复旧貌	268	山北景区
10	洪源书院	五曲晓对峰麓	元	熊禾	已废	204	九曲溪景区
11	双仁书院	四曲金谷洞	明	詹继龙	立碑铭记	224	云窝·天游·桃源洞景区
12	甘泉精舍	二曲楼阁岩	明	邑人	已废，开发为旅游通道	239	溪南景区
13	幼溪草庐	上下云窝	明	陈省	已废	208	云窝·天游·桃源洞景区
14	漱艺山房	玉女峰仙榜岩	明	徐表然	已废	187	九曲溪景区
15	梦笔山房	升日峰	明	江腾鲼	已废	400	云窝·天游·桃源洞景区
16	云寮书院	云窝铁象岩	清	游云章	已废	208	云窝·天游·桃源洞景区
17	茶洞书室	九曲仙掌峰	清	黄道周	已废	254	九曲溪景区
18	留云书屋	楼筝峰左	清	董茂勋	已废，辟为果园	270	云窝·天游·桃源洞景区

第三节

儒家书院景观的教育价值

一、通过自然环境陶冶情趣

"兴观群怨"的儒家艺术审美出自《论语·阳货》："子曰：'小子，何莫学夫《诗》？《诗》可以兴，可以观，可以群，可以怨；迩之事父，远之事君；多识于鸟兽草木之名。'""兴观群怨"的命题源于孔子对诗歌的社会功能的阐述，以及诗歌在儒家理想人格的培养上所具有的作用，究其本源，"兴观群怨"仍在于"迩之事父，远之事君"。而书院景观作为儒家文化下的艺术产物，也在儒家道德品德的培养上承担着"兴观群怨"的作用，景观成为儒家文化的一部分，影响到身处其中的师生，正如葛兆光所指出："思想成为原则，而原则又成为规则，规则进入民众生活，当民众在这种规则中生存已久，它就日用而不知地成为'常识'"[①]。

（一）兴

"《诗》可以兴。""兴"是《诗经》中常用的艺术手法，最为典型的是《周南·关雎》："关关雎鸠，在河之洲。窈窕淑女，君子好逑"，从关雎的鸟鸣而引发出对美好爱情的向往。对"兴"的解释古人有两种看法。其一，"兴"有"比兴"之意。孔安国注"兴"曰："引譬连类"，意指援引相类似的例证来说明事理。通过某些具体的物质形态，书院中的师生能够联想到与之相关联的某些品质，从而为环境所感染。其二，"兴"有"起"的意思，就如朱熹在《四书章句集注》中的解释："感发志意"，意指引发人主观的情感。在对书院景观的认知感受中，不同的景观形态能够激发出书院师生不同的情绪。

1.引譬连类

儒家文化在长期的发展中形成了许多较为稳定的、指向明确的"意象"，这些意象使得书院景观中"引譬连类"的理解方式得以实现。在儒家文化影响下，书院景观中的"引譬连类"主要表现为"比德"的审美方式。

由于早期书院多营建于自然山林之间，由秀丽的山水环境所引发的"山水比德"是儒家文化的重要特点。在这种道德取向的指引下，儒者处在山水之中开始更多地探究其背后所隐含的"天道"。"古代中国人直接面向自然——水及其润育的植物——寻求哲学概念得以构建本喻。他们的思想进路是整体性的：经由对自然规律的考察来洞悉人类社会的支配力量。"[②]

在对山水自然的道德化理解之上，儒家文化中对于山水的亲近和向往无疑是合乎事理的。曾点在谈论志向时说："风乎舞雩，咏而归"。在曾点描述

---

① 葛兆光.中国思想史：第二卷　七世纪至十九世纪中国的知识、思想与信仰[M].上海：复旦大学出版社，2011：273.

② 〔美〕艾兰.水之道与德之端.中国早期哲学思想的本喻[M].北京：商务印书馆，2010：7.

的场景中，自然环境与人是可以相互交流的，在俯仰之间可亲可叹。朱熹称到达了"直与天地万物，上下同流"的境界。

此外，"植物比德"是书院景观中"引譬连类"的另一表现。在"比德"的语境下，对植物的理解更具浪漫色彩。在文人阶层的生活中植物景观成为不可或缺的一环，由此产生了许多佳话，如"一日不可无此君""可使食无肉，不可居无竹。无肉令人瘦，无竹令人俗""梅妻鹤子"等。不同的植物因其特殊的自然属性而被赋予了儒家文化中所推崇的君子品德，最常见的有"岁寒，然后知松柏之后凋也"。理学中所提倡的"格物"的学习方式，使得儒者对植物的理解有了更为形而上的认知。清代岳麓书院山长罗典在对岳麓书院园林整理耕种时，也直接表达过通过植物比德的观念来营造书院环境氛围的想法，《癸卯同门齿录序》记载：

> "洼则潴水栽荷，稍高及堆阜种竹，取其行根多而继增不息也；其陂池岸旁近湿插柳或木芙蓉，取其自生也；山身旧多松，余山右足斜平，可十数画筑为圃，增桃李，取其易实也；是外时杂卉成行作丛生，如紫薇，号百日红，山踯躅，每一岁花再现，取其发荣齐而照烂靡已也。"①

《虞山书院志》中《树艺志》一节更是直言："今夫草木者，天地之所生，亦圣人之所以寄其生而穷者。"② 儒家对植物的理解方式就是在植物与人生哲理之间架起一座桥梁，因而书院景观极为重视植物景观营造，以植物来明理传志并感染在书院就读的莘莘学子，以期实现人格的升华。

2. 感发志意

贾岛《二南秘旨》也说："兴者，情也。谓外感于物，内动于情，情不可遏，故曰兴。"③ 书院是师生日常活动的场所，而其景观自然是师生最直接接触到的外物，"外感于物"，书院景观成为最常被师生感知的对象，从而产生"内动于情"的结果，由"兴"所产生的情绪共鸣是书院景观传递文化内涵的基础。书院景观的文化内涵通过具体的景观实体使得师生形成对景观独特的认知。

书院景观多临自然山川而建，例如衡阳石鼓书院（图5-11）位于蒸水与

---

① 罗典.癸卯同门齿录序//岳麓文钞.卷十六：211.

② 赵所生，薛正兴.中国历代书院志·第8册[M].南京：江苏教育出版社，1995：128.

③ 贾岛.二南密旨·兴论[M].江苏：广陵古籍刻印社，1994：36.

湘江汇集之处，前临耒水，三水聚流于洞庭湖。书院师生驻足山水，以儒家文人特有的情怀与雅致的情趣感慨书院景观，本是自然而生的山水因文人的登临远眺而被映射上特殊的情绪，由此赋予山水景观以文人个人的色彩。在石鼓书院，范成大有"地灵钟杰俊，宁但拾儒科"的无尽感慨，文天祥有"双江日东下，我欲赋扁舟"的闲适情趣，湛若水有"二贤祠下树，勿翦以勿败。勿使我伤心，伤心重感慨"的哀悼之情，邹守益则有"终当结草庐，赤脚踏琼瑶"的洒脱自在，同样的景观引发文人不同的情绪。书院景观往往能够引发不同的感悟，这种感悟是由外物所引发的对自身的感慨，借由书院景观观照自己的内心。

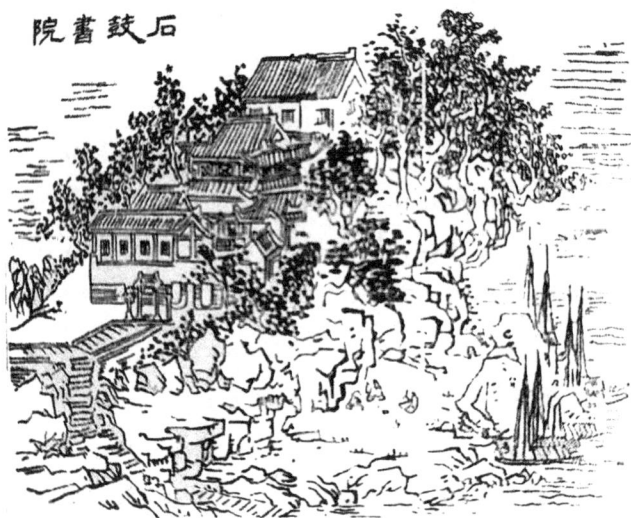

图 5-11　石鼓书院环境

（二）观

　　"《诗》可以观。"何晏引郑玄的注释"观风俗之盛衰"，解释为："'可以观'者，《诗》有诸国之风俗，盛衰可以观览知之也。"[①]"观"的艺术审美方式区别于普通的"看"："常事曰视，非常曰观。"[②]书院景观往往是一个时期儒家文化发展的缩影，承载着同时期的文人阶层的审美情趣和人生追求。"观"书院景观是书院师生学子认识外界的窗口之一，师生能从中察自然风貌，观社会风俗。

---

① 〔魏〕何晏集解，〔北宋〕邢昺疏，〔清〕阮元校刻.论语注疏[M].北京：中华书局，1980：65.

② 黄玉顺著.易经古歌考释[M].成都：巴蜀书社，1995：101.

书院景观是一个时期的社会文化、文人阶层审美情趣、价值追求的综合反映，景观本身就折射出其所处的历史阶段的某些特性，由此成为学子认识外在世界的窗口。美学家H.G.布洛克曾说艺术往往可以推动人从另一个角度看待事物。环境育人作为儒家教育途径带给学子的知识不同于传统儒家经典中往圣先贤的知识经验，而是为学子提供了可游可居的真实环境，使之能够用自己的体验来认识世界。

书院景观并非一成不变的，书院的发展与儒学的发展紧密结合在一起，书院景观形态也随之变化。以杭州万松书院的明代景观变迁为例，表5-2中简要列表展示了书院景观的发展，书院景观的扩建和损毁都与其所在历史时期的重要事件直接相关，透过书院景观的变迁，我们能够一一还原当时的时代背景。从书院初建到嘉靖十年这一阶段，书院景观不断增加，书院规模不断扩大，这一时期是明代学术文化氛围较为宽松的时期，政府对于书院的管制逐渐放松，书院教育事业蓬勃发展，杭州一带成为教育重镇。此后明嘉靖十七年（1538年）书院景观遭受损毁，与之相对应的是明代书院教育的第一次严重打击——嘉靖时期部分当权者打击王阳明心学，对书院的发展造成了严重冲击，由书院景观的变化见微知著，可见历史中这一时期的整体政治和社会文化的紧张氛围。书院景观的第二次严重打击是在明万历八年（1580年），书院不再承担教育功能，改名"先圣祠"仅作为孔子专祠而存在，与之对应的历史事件是万历年间张居正执政时期禁讲学而废书院，万松书院周边的其他书院也都受到严重损毁，常州龙城书院、常熟文学书院、淳安瀛山书院等著名书院都受到损毁。明末崇祯元年书院再次遭受损毁，则是对天启末年东林党案余波的直接反映（明末天启年间的东林党案，殃及杭州万松书院）。

杭州万松书院景观变迁表　　　　　表5-2

时间	沿革	详情
明弘治十一年	初建	在唐代报恩寺旧址上修建孔子殿、颜乐亭、留月台、掬湖亭、明道堂、斋舍
明正德十六年	第一次维修	在万松口东西两侧增建石牌坊两座，增建廊房，在颜乐亭旁增建曾唯亭、飞月轩
明嘉靖四年	增建	增建斋舍、祭田
明嘉靖九年	增建	增建毓秀阁，作为接待外宾之所
明嘉靖十年	增建	开辟西侧石林小径，增建振衣亭、卧萃亭、寒檄亭
明嘉靖十七年	损毁	明世宗下旨废毁所有官员创办的书院
明嘉靖三十三年	重建	重建明道堂，两侧建居仁斋、由义斋

时间	沿革	详情
明万历五年	增建	毓秀阁北侧增建继道堂，两侧穷理、居敬两斋；增祀周敦颐、程颐、程颢、张载、朱熹五人
明万历八年	改名	改名"先圣祠"作为孔子专祠
明崇祯元年	损毁	遭毁

　　从书院景观择址的变迁同样能够解读出书院核心功能的变迁，由此进一步理解在不同历史阶段儒家教育与政治、科举的关系。纵观书院择址的发展，经历了由郊野向城市的转变，驱动书院择址变化的因素由最初利用自然环境进行教育转向着重交通便利和堪舆。书院经历了由自然环境转向城镇，书院景观由注重借景自然转向人造园林。早期书院择址的一大特点在于因人而设，或是作为名家大儒的讲学之所，或是隐逸处士的读书之地，或是为了纪念学派宗师。两宋时期这一特点尤为明显，在《朱子实纪》中列举的与朱熹有关的，由朱熹创建或曾任教的书院有28处之多，例如四大书院中的白鹿洞书院、岳麓书院，以及著名的武夷精舍、瀛山书院都与朱熹渊源颇深，其中的诸多景点都与朱熹在其中的活动相关，例如瀛山书院中的"方塘"、岳麓书院"朱张渡"等。"择胜地，立精舍"，并不仅仅是古代文人阶层的情趣和隐逸思想导致，同时也是由于某些特定的社会历史文化背景形成的一种文化现象。[①] 早期的书院在选址的过程中更为看重环境所具有的教育作用：这种作用一方面来源于自然山水在陶冶情操方面的价值，部分书院会直接用周边山水命名以彰显环境特色；另一方面来自浓厚的人文历史气息，以激励学子效法先哲。随着书院发展逐渐走向官学化，书院纳入官学教育体系后，为了便于管理，书院由两宋时期的亲近自然山水转向交通更为便利的城邑近郊或城内风景较好的地方，例如著名的东林书院改建到现在的位置——无锡城东的弓河岸边。这种择址的改变很大程度地影响了书院园林的营建，原以自然山水作堂成湖的书院景观逐渐转向了书院内部咫尺山林的营建。元明时期的书院就有这样的趋势，在无山水可借的条件下，书院开始营建山石和假山，以模仿自然环境，明代建成的海宁仰山书院中就有人工堆叠的假山，根据《海宁州志稿》记载："南叠石为山曰小狮林"。清代政府对书院的控制加强，大型书院完全走向城市化，新建的书院一般都选择在城镇内部，并与府学、县学相邻。这样的方式便于管理，书院教育也更面向科举

---

① 杨布生，彭定国.中国书院与传统文化[M].长沙：湖南教育出版社，1992：171.

考试。例如苏州紫阳书院紧邻苏州府学和苏州文庙，嘉定当湖书院更是直接建在嘉定文庙中，崇明瀛洲书院也紧邻崇明学宫。这种择址方式使得书院在营建过程中无山水可借，但与之相应的是书院教育功能的不断强化，与早期书院修身养性的目的截然相反，科举课业成为书院教育的中心，出仕成为文人学子所追求的目标。

透过书院景观的变化，书院中的莘莘学子能够认识到一个历史时代的社会文化和文人士子的精神追求，在这样的过程中观风俗盛衰、考见得失。透过书院景观的面貌，学子能够管中窥豹，见微知著，从"风声雨声声声入耳"走向"家事国事事事关心"。

（三）群

"《诗》可以群。"对于"群"的解释，何晏引孔安国注释："群居相切磋"[①]。儒家文化强调入世，重视人与人的社会关系。书院作为文教场所，除了供学子静心潜修、陶冶性情之外，还肩负着人才培养、文化传播的社会责任，但这并不意味着在处理外部关系时毫无原则地随波逐流，因此，朱熹将"群"解释为"和而不流"。书院景观本身虽然是一种受区域民居影响的空间形态，但仍保留着书院景观独特的文化符号，书院本身就成为"和而不流"的产物。

书院作为儒家学子的学习交往空间影响到了学子求学、儒者讲学等群体活动形式。书院作为交往空间具有多层次的特点，使得书院师生学子可进行不同层次、不同规模的交流聚集活动，在群体交往中彼此学习、相互勉励。书院在空间中会营造不同功能的空间节点，以确定使用者的定位。整体自然空间上"点"的形式常见的是"石""碑""亭""池"等，这些显眼的形象成为视觉中心，暗示这些特殊的空间位置可作为停留点，并成为小型的、非正式的活动聚集的地方，例如清代李煨《夏日诸同人侍先生大树下讲学》就描述了师生在树下的空间节点讲学活动的交往情形。另外书院周边秀美的自然景点也为书院师生交往活动提供了场所。而书院中讲学空间、祭祀空间则是较大的、正式的活动场所。讲堂前的院落往往空间开阔，在宣教式或是讲会式讲学活动中，院前的院落就会被利用起来，作为大容量人群的集散场所；景观同时还承担了连接各个建筑的通道作用。祭祀空间同样如此，例如东林

---

① 欧婧.符号六因素阐释下的孔子"兴、观、群、怨"说[J].楚雄师范学院学报，2019：95-101.

书院燕居庙，建筑前的庭院面积较其他院落更加开阔，为书院春秋两祭留下充足的空间（图5-12）。

图5-12　东林书院燕居庙前的祭孔活动

书院作为学子的交往空间呈现出强烈的场所文化特征，由此来加强书院景观的领域感，身处其中的学子能够经由场所空间形成场所意识。书院景观文化特征通过对儒家文化多角度的展示，强化学子对环境的认可。书院景观的儒家文化并非是直白的填鸭式灌输，而是巧妙地融入进书院景观的细节之中，书院中的花木置石、楹联匾额都在以润物无声的方式，无处不在地影响着环境的参与者。无论是楹联匾额、纹样装饰还是花木扶疏等景观符号，实质上都是为了表达儒家文化，从而在文化表达的过程中实现学子对空间的认同。书院中的文化符号传达出的对读书的热爱，对功名的追求，对高雅生活方式的向往都是对书院师生心理的真实写照，身处其间，书院师生更能明确自己的身份地位和价值取向。而认可空间恰恰是观者被空间所引导和影响的基础。诺伯舒兹认为：“认同感意味着与特殊环境为友。”[①] 学子在求学中浸染于儒家书院空间所传达的礼制文化氛围，潜移默化地被环境所影响。因此，对儒家文化秩序的一致认同是书院学子之所以能够“群”的基础，同样的环境背景和文化语境为学子提供了“切磋”的可能，在相互的交流和学习中，学子们见贤思齐，从而提升自己的境界。

---

① 诺伯舒兹.场所精神：迈向建筑现象学[M].武汉：华中科技大学出版社，2010：7.

二、通过人造环境达到教化

（一）克己

阿尔多·罗西在谈及集体的记忆时引述了艾帕瓦克斯的观点："当一个群体成为空间的一部分时，群体会将此部分空间转变成为自己的意象，同时群体也会屈服或顺应与之相对抗的一些具体事物。群体会限制于本身所建造的框架中。外界环境的意象与群体本身所维持的稳定关系便成为群体自己的理念。"[①] 环境对于人的制约和引导由此可见一斑。"礼"所具有的外在的规约性和内在的强制力都相应体现在传统书院空间的景观中。

书院的布局都是围绕着教化学子的目的展开的，书院中主次分明的布局本身就是在不断强化"礼"这一观念，以规整的空间影响身处其中的学子。特别是在书院的祭祀空间中，对"礼"的强调尤为明显。在儒家文化中，礼是以祭祀的形式出现的，所谓"凡治人之道，莫急于礼。礼有五经，莫重于祭。夫祭者，非物自外至者也，自中出生于心也，心怵而奉之以礼。是故，唯贤者能尽祭之义。"（《礼记·祭统》）

以礼化人是空间对人产生影响的另一方式，而且是更为深刻的影响途径。祭祀空间中景观对人的影响是基于人对于空间氛围的认同，书院空间中有明确的核心区域构成书院中的"中"，其他部分表现出强烈的内聚的趋向，这种推崇"中"的空间观念贯穿了传统空间营造手法。《吕氏春秋·慎势》中提到国为天下之中，官为国之中。书院空间同样如此，主要建筑（讲堂、祠堂）居中，前后有院落构成中轴线，依轴线布局而更明显地突出儒家等级秩序。祭祀空间作为书院的精神中心，带动了对书院周围环境的认知，身处其中的人无论是被动还是主动都会被环境所影响，人的内心世界与祭祀空间呼应，促使人自发性进行"礼"的限制，即"克己"。

（二）致中和

"乐教"是儒家教化的另一方式，常常与"礼教"相提并论。"故乐者，天地之命，中和之纪。"（《礼记·乐记》）乐致中和的作用使得"乐教"不再仅仅局限于音乐这种具体的教育形式，而被引申出更广泛的意义。"儒家将乐的本质看作是'和'的演绎，'和'作为乐的本质，是乐在人心、人性的精

---

① 〔意〕阿尔多·罗西.城市建筑学[M].北京：中国建筑工业出版社，2006：130.

神层面与生产生活的社会层面具有调谐功能的根本原因。"①"中"指向了事物所处的位置，"中，正也"，中的位置十分重要，而"和"是"中"的结果，儒家以"中和"来要求人的德行、修养，恪守中道从而实现万物和谐的目的。乐的核心在于"和"。书院景观中除了"礼别贵贱"的设计思想，也包含着"乐以和同"的思想。乐的本质在于调节不同的情感，"先王慎所以感之者，故礼以道其志，乐以和其声"（《礼记·乐记》）。延伸至书院景观之中，书院的空间布局不仅仅只是用"礼"来区分其中的上下等级，还以"乐"来调和书院景观中的关系，使得诸多因素组织成和谐且富于变化的整体。在空间的处理之中，"乐"的思想无处不在。

书院景观的设计手法可以归纳为"守正出奇"，"守正"是指其主体部分祭祀空间规整对称，是为"礼"之观念所驱使；"出奇"则是指其附属部分斋舍空间、园林空间等往往自由布置，是为"乐"之观念所推动，二者共同形成书院景观的中和之美。书院作为讲学、祭祀、藏书、居住等多种功能的文教场所，布局中仍然保持了多个空间之间的协调关系，空间整体和谐而变化丰富。在"礼"与"乐"观念的影响下，书院空间各个部分各安其位，建筑之间的比例关系协调。位于自然山林中的书院还要兼顾内外空间之间的中和之美。传统书院与周边环境没有隔断，而是与周边环境呼应，呈现出半围合的开放式状态。在半开放式的环境中，书院的游憩空间得以延伸，突出了融合共生的哲学观点。

"我国传统书院最突出的育人思想是环境育人，如君子比德、儒家等级伦理秩序、'五常'思想、忠顺观念等寓教于景，通过环境教化求知者。"②环境能够影响到个人德行的培养，而富于中和之美的书院空间影响到身处其中的学子，帮助学子来理解"百物皆化"的意境，帮助学子更好地理解人与人、人与物、人与天地的关系，在和谐有序的环境中践行身心的和谐统一。

---

① 刘华荣.儒家教化思想研究[D].兰州大学，2014：61.

② 蒙小英，伍祯，邹裕波.传统书院园林景观的教化作用与启示[J].北京交通大学学报（社会科学版），2016：152.

第六章

南方其他传统礼制
建筑景观

中国古代城市中有诸多建筑类型，除了民居，还有宫殿、衙门、寺院、庙宇等，城市中布满了各种生活与信仰所需的空间。礼制性建筑则占据了城市较大的空间，其中文庙、孔庙、府学、县学、明堂、辟雍等更成为礼制建筑中数量占比较多的一类。而祠堂、私塾、私人创办的书院等乡土建筑的规划则较为自由与灵活，往往在城郊，占地相比前者较小。以上建筑都受到儒家思想的影响。本章将对尊崇与宣扬儒家文化的孔庙与文庙、府学与县学、明堂与辟雍、祠堂等的历史发展、建筑与景观及其中所蕴含的生态智慧进行研究，并与儒家书院进行对比，探讨传统礼制建筑之异同与各自的特色。

文庙、孔庙的建筑景观

书院与孔庙、文庙同为儒家的礼制性建筑，深受儒家文化的影响，但两者建置的目的与空间特点却有着明显的区别。本节将从孔庙的发展历程入手，了解其发展的政治、经济与文化背景，并对它的空间职能、建筑选址、布局形式进行分析，探讨其建筑景观的特点。

一、文庙、孔庙的发展史

孔庙，又称文庙、夫子庙、文宣王庙、先圣庙、先师庙等，之所以有这么多称呼，主要是因为历朝历代孔子所获封号与称谓不同，譬如唐玄宗赐孔子"文宣王"称号，宋真宗封孔子为"至圣文宣王"，孔子还在元朝得到"大成至圣文宣王"的称谓，这也是"文庙"这一名称的来源，如苏州文庙、江阴文庙、德阳文庙、建水文庙、哈尔滨文庙等。

孔庙还有三种不同的类型，分别为家庙、国庙与学庙。中国历史上有两座孔氏家庙，最早的孔氏家庙是山东的曲阜孔府家庙，孔子死后一年，鲁哀公令将其居住的三间房屋改为家庙，其后不断发展，至汉朝发展为国庙。另一座家庙是衢州孔庙，北宋靖康之变期间，孔子后人第四十八代衍圣公孔端友率族人南下避难，后在浙江定居，并建立另一家庙——衢州孔庙。中国的国庙亦只有两所，一是前面提到的曲阜孔庙，二是北京孔庙。国庙规模较大，不具备学校的性质，是古代帝王与地方官员祭祀孔子的场所。第三种类型是学庙，由以教习儒家经典的学校与祭祀孔子的庙宇相结合而成。除了上述的家庙与国庙，其余中国地区的孔庙基本为学庙。学庙又分为地方学庙与书院学庙，前者一般由地方政府修建，后者依书院规模而建，如岳麓书院、白鹿洞书院空间中建置了文庙建筑，而鹅湖书院等小型书院空间中并没有建立文庙。中国古代的学校有官办与民办两种，即前面提到的官学与私学，不论中央还是地方建立的官办学校都称为学宫，而官办的学宫附近一般会建置文庙，符合《礼制·王记》中"凡始立学者，必先奠于先圣先师"[①]，这种形制称为"庙学合一"，我们今天所见的孔庙与文庙多为古代的府学、州学、县学的所在地。

孔庙自初建起经历了两千多年漫漫历程，历经兴衰。从唐开始为了抑制农民起义，统治者开始运用儒家文化对民众进行思想控制，并大规模地扩建孔庙。此外，宋代的兴学运动也为推进庙学的迅速发展提供了土壤。到了元之后，儒家思想备受推崇，孔庙建筑得以全国开花。进入近现代后，孔庙虽偶有所建，但大部分是在之前建筑的基础上翻修，或是仿制建造。

二、文庙、孔庙的建筑形制

文庙、孔庙是中国历史上推崇儒家思想文化的礼制建筑代表，它崇尚儒家文化，彰显了国家弘扬中国传统文化的意志。其建筑也受到儒家思想的熏陶，充满礼制的韵味，此外其建筑形制还考虑到现实功能的需求，设计体现了古人的匠心。

1.文庙、孔庙中的重要建筑构成

孔庙的空间中一般包括如下几个常见且具有重要意义的空间或空间构筑物，如位于大成门前的泮池、状元桥、棂星门与万仞宫墙，为彰显礼仪的礼门、仪路以及孔庙中最为重要的、用于供奉孔子的大成殿，供奉孔子先祖的

---

① 陆永耕编著.大学生心理辅导与案例分析 理工类[M].北京：北京航空航天大学出版社，2018：1-2.

崇圣祠，用于纪念孔子办学施教的杏坛等。

　　孔庙的建筑功能一般为"庙"和"学"，即祭祀和教育的功能。文庙起初为祭祀孔子而建，后来，其建立经常伴随着教育机构的出现，呈"庙学合一"的形制，成为官学教习的场所。在中国古代，只有县级以上的城市才可修建，并且区域越大的城市修建的文庙建筑一般规模越大。以下列出一些孔庙中较为常见的建筑空间并予以说明，如万仞宫墙（图6-1、图6-2）位于孔庙建筑的最南端，在部分孔庙建筑群落中也称为"数仞宫墙"（图6-3、图6-4），在空间中起着"影壁""照壁"的功能。孔庙中轴线的前端经常会出现牌楼式的木质或石质结构的棂星门，棂星门象征着祭孔如同尊天（图6-5）。泮池同为孔庙建筑中标志性节点，古代天子太学四周环水，诸侯之学只能南面泮水，故呈半月形，是官学的象征（图6-6）。泮池之后的大成门标志着

图6-1　曲阜孔庙万仞宫墙

图6-2　四川德阳文庙的万仞宫墙

图6-3　四川富顺文庙的数仞宫墙

图6-4　台湾屏东孔庙的九仞宫墙

图6-5　湘阴文庙棂星门

图6-6　湖南岳阳文庙泮池

对于圣庙的尊崇。大成门后的大成殿是孔庙建筑群落中最为重要的空间，其起源于《孟子·万章下》中的"孔子之谓集大成"，其中供奉着孔子及四配、十二哲的雕塑，地方性的孔庙大成殿中一般供立着牌位。大成殿两侧，两庑供奉着孔庙先贤、先儒的牌位。大成殿后一般为崇圣祠，也称为启圣殿，主要祭祀孔子之父叔梁纥，配祀孔鲤等十位先贤先儒。孔庙建筑中还有奎文阁等建筑，其具有学校的性质。还会设立祭祀活动所用的配套建筑，这些配套建筑一般不出现在孔庙的中轴线上，如景贤祠、乡贤祠、忠义孝悌祠等。此外，曲阜孔庙与衢州孔庙这样的家庙中还有一些特有的建筑，如圣迹殿、圣时门、启圣门、承圣门等。

2.文庙、孔庙的布局特征

孔庙历经两千多年的建设，成为极具东方特色、气势雄伟的礼制建筑群落。孔庙与书院建筑一样，受到了儒家思想的深厚影响，强调建筑中的等级次序，意在树立庄重与威严感，因此多采取对称的布局方式，沿着空间的纵轴线与横轴线进行空间设计，并且多以纵轴线为主轴线，在主轴线上布置重要的建筑空间或建筑单元，如大成门、大成殿。目前国内孔庙建筑以纵轴线的建筑群落划分，一般有九进、七进、五进、三进院落等几种主要形式；从大成殿单体规格来说，有面阔九间、七间、五间、三间等。

山东曲阜孔庙由九进院落组成，也是目前唯一有此规格的孔庙，享受了皇家的规格。九个院落依次为：棂星门—圣时门、圣时门—壁水桥、壁水桥—弘道门、弘道门—大中门、大中门—奎文阁、奎文阁—大成门，经大成门后分东西两路：西路为启圣门—启圣殿—启圣王寝殿，东路为承圣门—崇圣祠—家庙，最后一进院落为寝殿—圣迹殿。曲阜孔庙无论历史溯源、形制规模还是名声地位都独领风骚，因此地方孔庙在建设时多以曲阜孔庙为标准，在形制上与之有着相似之处，但由于各地孔庙环境与等级不同，其在形制上仍有差异之处，以下会着重分析。

曲阜孔庙位于古鲁城西南部，始建于鲁哀公年间，经历了2500余年历史。据史料记载，曲阜孔庙经过多次修缮，其中仅大型修缮活动就进行过60多次。孔庙的第一次修建是鲁哀公时期，由其生前居住的三间房屋改建而成，供奉者是颜母与孔子夫妇，此时孔庙性质为家庙。三国到北宋期间，孔庙历经波折，几经修补。唐代以前孔庙的具体形制已经很难考证，原南京工学院建筑系根据史料记载，绘制了唐代主体建筑的猜想图（图6-7）。北宋至元代，孔庙的规模逐渐变大，天禧二年（1018年）的大规模修建突破了原有的孔庙布局，主殿向北偏移，并增加了316间殿、堂、廊、庑（图6-8）。

金代比宋代增建了50间房屋（图6-9）。明清时期将家庙改为崇圣祠，家庙移到原神厨位置，且在大成门前建立了九座碑亭，此时期的孔庙形制与前代形制已经大不相同。现今遗存的形制基本沿袭着清代的形制，空间可分为四个部分（图6-10）：第一部分为金声玉振坊到大中门的前导空间，空间次序为金声玉振坊——棂星门——太和元气坊——至圣庙坊——圣时门；第二部分是大中门到碑亭的过渡空间，空间次序为大中门——同文门——奎文阁——碑亭；第三部分是大成门到寝殿的主体部分，空间次序为大成门——杏坛——大成殿——寝殿；第四部分为圣迹殿到土祠、燎所、神庖和神厨四个小院的尾声空间。

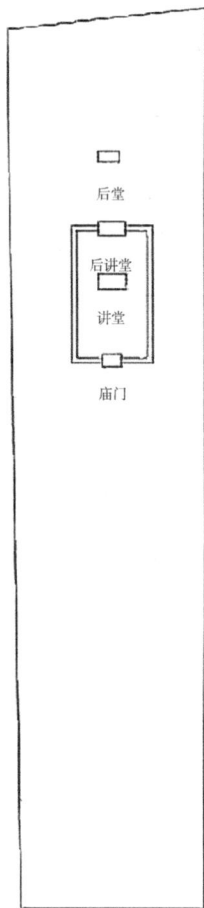

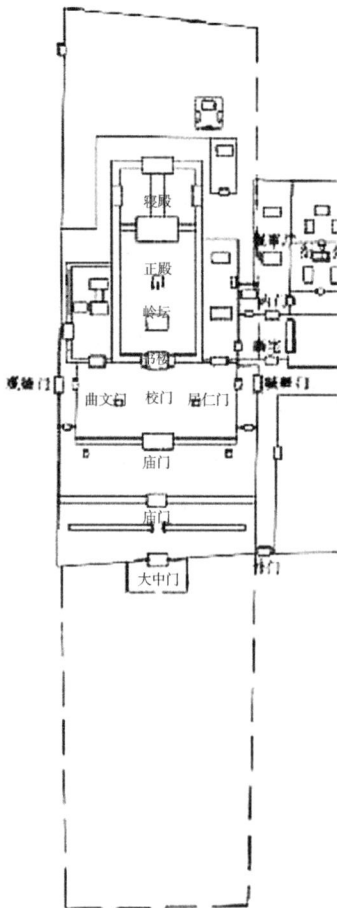

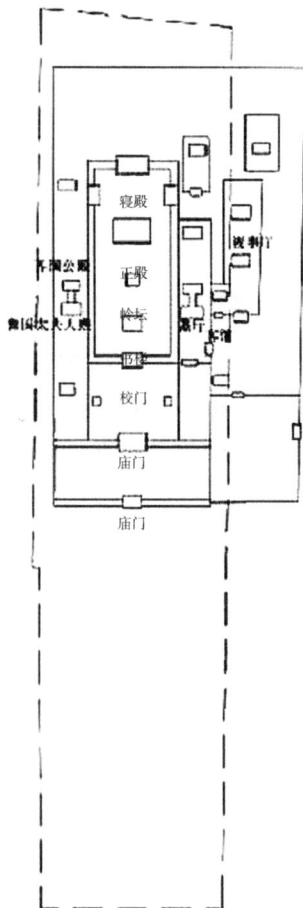

图6-7　唐代曲阜孔庙　　图6-8　北宋曲阜孔庙　　图6-9　金代曲阜孔庙的
　　　　的猜想图　　　　　　　的猜想图　　　　　　　　猜想图

相较于曲阜孔庙，中国仅存的另一孔氏家庙——衢州孔庙的空间格局显得简单一些（图6-11），空间以前门、大成门、大成殿所在的纵轴线为主轴线，东、西两侧各自有次轴线（图6-12）。

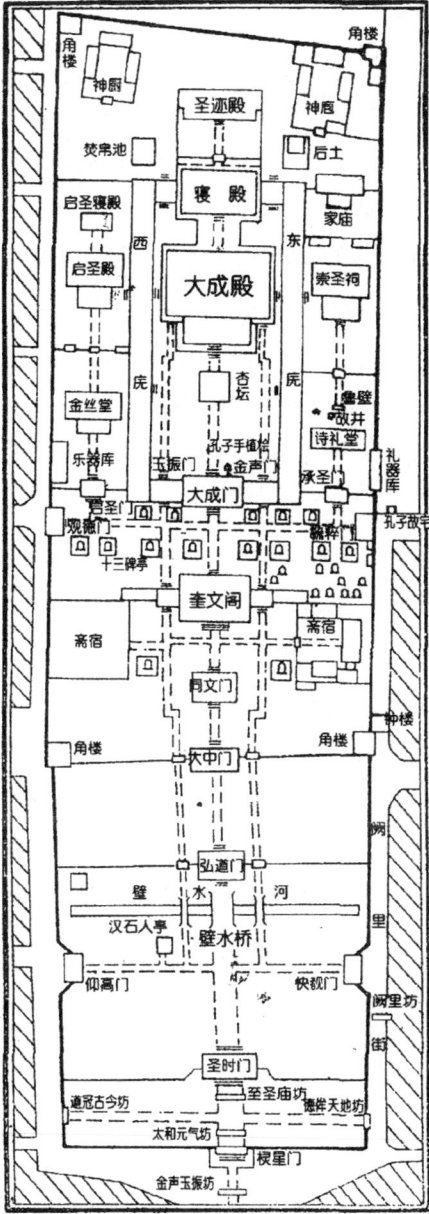

图6-10 曲阜孔庙平面图

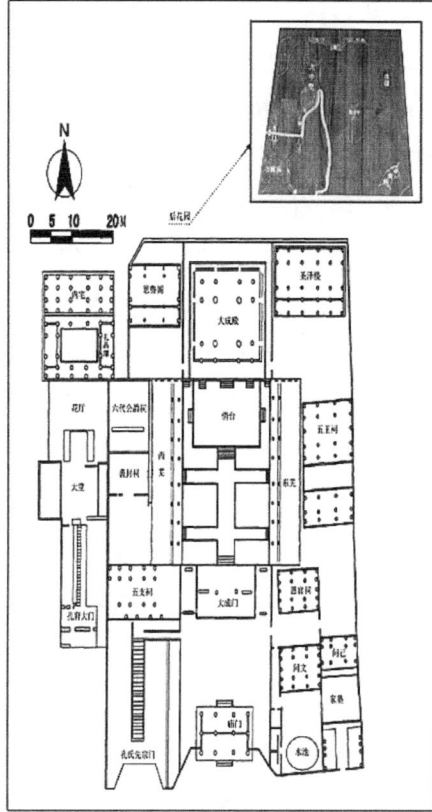

图6-11 衢州孔庙平面图

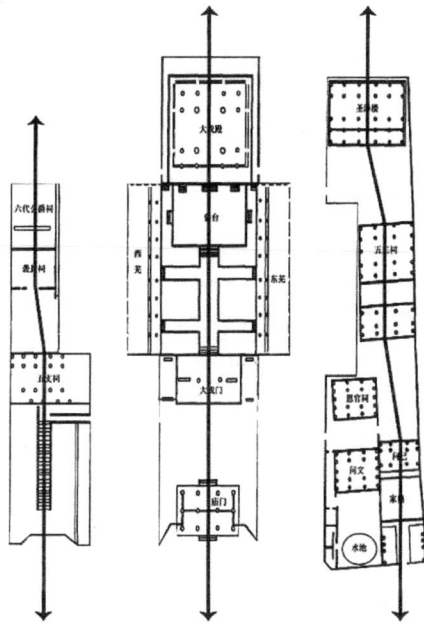

图6-12 衢州孔庙三条轴线（从左往右
分别为西、中、东轴线）

从这两大孔庙的布局可以看出轴线两侧的建筑几乎是一一对称的，显示出孔庙建筑中的礼制思维。

地方孔庙的普遍规制是三进院落。一般三进院落的空间次序为：万仞宫墙——大成门、大成门——大成殿、大成殿——崇圣祠。这种划分方式不同于传统民居院落的划分，不以封闭的庭院形式来限定，而是依据轴线上建筑群的主要框架进行划分。但是，有的孔庙建筑群的格局与此不同，有一定的随意性。如曲阜孔庙的崇圣祠位于大成殿东侧的院落，而江西丰城文庙的崇圣祠位于明伦堂后的轴线上，此类打破传统固定形制的案例亦较多，可见孔庙规制布局有较为固定的原则，但并不刻板，会因时因地进行灵活的安排。此外，中国孔庙在建置时，往往伴随着"庙学合一"或"庙学并存"的建置方式。

三、文庙、孔庙的景观

孔庙的选址十分重要，亦深受古人的重视，宋代之后，古人甚至将一个地方科举的兴盛与否直接归结于孔庙选址的情况，并认为两者有着正相关的关系。我国古代城市一般为区域的政治、经济、文化中心，城市中多配备衙署、孔庙、寺庙等多种公共建筑，孔庙的择址要考虑到大量人群使用的便利性，因此多选于人流集中的繁华之处，但有时，"喧嚣热闹"的市井环境不利于孔庙肃穆祭祀环境的要求，在不同情况之下，孔庙的环境选择考虑的因素比较复杂。

第二节

府学、县学的建筑景观

中国古代社会十分重视学子的文化教育，各朝代都有较为详备的教育系统，一般包括官学与私学两大类型，官学又分为中央与地方两种级别，中央层面的像太学、国子监，地方层面则是孔庙、府学、县学。私学有书院、私塾等。

一、府学、县学的发展史

府学与县学是中国古代地方官办教育机构，是古代供学子读书的学校，在古代社会具有重要作用，承担着教化、教育、礼仪、科举等多种职责。府学与县学中的"府"与"县"是行政区划，在行政区划范围内所创办的官学多以地区加区划及"学"字命名，如苏州府学、江宁府学、海门县学等。除府、县外，各朝代还有多种称号的行政区划，如道、州、路、乡等。"府"这一行政区划自唐朝诞生，一直发展到清代（表6-1），之后便取消了这一行政区划。相较于"府"的行政区划，"县"的发展史更加长一些，该区划产生于春秋、战国时期，一直沿用至今。在中国古代，官办的教育机构往往将教育及祭祀功能融为一体，即将学习儒家经典与祭祀孔子的活动结合在一起，《礼记》中记载到："凡始立学者，必设奠于先圣先师"，唐代以后，孔庙与官学结合的方式得到极大发展，因此就有了"庙学合一"的说法，府学与县学也不例外。较为知名的府学有苏州府学、江宁府学、顺天府学、大同府学、泉州府学等，吴地自古以来崇文重教。这里以苏州府学为例，苏州府学建立于北宋年间，《吴县志·文庙》中记载了"景祐元年范文正公仲淹守乡郡……二年乃诏苏州立学，并给学田五顷"，当时府学（始称郡学）的格局为"左为广殿，右为公堂，泮池在前，斋室在旁"，府学建成后，范仲淹邀请胡瑗等人来苏讲学，苏州府学规模也日渐增大，影响更加深远。嘉祐二年（1057年），知州富严增盖了十六楹屋，12年后，李延又以南园地为之扩充面积，直至朱长文掌教时，苏州府学面貌已焕然一新。南宋建炎四年（1130年），金兵南下，苏州遭受蹂躏，苏州府学也受到了巨大的摧残，一场大火

各朝行政区划单位表

表6-1

朝代	新出现的行政单位	具体行政区划设置
唐	道、府的出现 节度使辖区（镇）	道、州\郡（府）、县、乡、里（保、邻、坊）
五代十国	军监	道、州（府）、县、乡、里（保、邻、坊）
宋	路	路、州/军（府）、县、乡、保（甲、坊）
辽、西夏、金		
元	行省	行省、道路（州、府）、县、乡、村（社、坊）
明	布政司 总督、巡抚辖区、市（村级）《明史 地理志》	省、道、府（州）、县、乡、村（图、镇、市、都、厢）
清	直隶州、厅	省、道、府（州）、县、乡、保（甲、牌、图、镇、市、都、厢）

后，只有大成殿得以保存下来。绍兴十一年（1141年），宝文阁直学士梁汝嘉看到学宫被烧，心中不忍，于是请命修建，四年后，宝文阁直学士王唤在此基础上又"绘两庑、从祀像、创讲堂、辟斋舍、俾讲诵有堂，休息有斋"，并给予府学大量的公田，府学内的学子也逐渐增多。此后历年，苏州府学得以不断修缮，府学规模也日益扩大，学子数量也在增加，培育了大量的人才。明清两代，苏州府学造就了多名文武状元，一时间声名鹊起。

宋代是中国古代文化较繁荣的时代，这与当时高度发达的教育事业有着较强的联系，上至当朝天子，下至地方官员甚至普通民众都十分关注教育，官、私学都得以迅速发展。除了上述的苏州府学建立于宋朝，县学在宋代也得到极大发展，尤其是北宋时期。县学同样作为儒学士子学习之所，需要进行童试，通过后方能入学。明代朱元璋在洪武年间兴教化，在各级府、州、县广建学校，《明史·选举志》中记载了府、州、县的教官编制、学生数量、教官待遇、教学内容等方面，且均有相关的规定进行管理，可见政府的重视程度。明中期以后，科举制度逐渐固化，学校的教育功能也日渐丧失，学生读书的目的仅仅为了入仕与功名，这时的地方官学已经不再是培育人才的地方，而成为禁锢人才的场所。

二、府学、县学的建筑与景观

府学与县学仍是儒家思想影响下的文教建筑，其建筑格局与景观序列都深受儒家文化的影响，以下将以杭州府学与崇明学宫为例对府学与县学的情况加以分析。

由于我国封建时期多数统治者尊崇儒术，孔子的地位不断提升，甚至获得"文宣王"的称呼，在社会上具有极大的影响力，也因此开辟了因庙建学的模式。杭州府学始建于何时何地已不可考，据推测，可能始建于唐太宗时期，但北宋时期的地方官员在今馒头山货运仓库一带建立了孔庙，由此可以猜测府学应距其不远。南宋时，杭州被擢升为皇朝首府，为皇帝行在，府学地位更加上升，成为全国最高等的学府——太学。直至明代，杭州府学的格局基本确定，以后都没有大的改动：大成殿位于居中的位置，殿内祭祀着孔子，以及四配、十哲，两侧的东西两庑分别祭祀着其他先贤，前面有大成门（戟门），门外左右分别为乡贤祠与名宦祠，中间有泮池，两侧为长廊，再往前是棂星门。大成殿的西侧为尊经阁、斋舍、明伦堂、书籍乐器库、神哥、宰牲所等，大成殿东北为启圣公祠，祠南有神器库、甫雍厅、宿斋所、应魁楼、文昌祠，大殿之后还有敬一亭，形制规范，功能齐全。

由于宋代文教政策较为开明，刻书事业较为发达，所以县学发展较为快速。此外，根据郭九灵《宋代县学论述》一文中整理的数据可知：从时间上看，北宋建学情况优于南宋建学，这与北宋末年发生的战乱及其对南宋的较大影响有关。从空间上看，中国南方地区的县学普及程度高于北方地区，究其原因主要有以下几点：南方地理位置优越，自然资源较为丰富；亦得益于南方有利的自然环境，使得南方土壤肥沃、水利发达，远远超过北方地区，因此南方地区经济更加发达；此外，相较于北方，南方地区自北宋以来重教风气更加浓厚。据旧志记载，崇明学宫始建于元代，采取了庙学合一的形制。今存之学宫为明天启二年（1622年）重建，近代包括新中国成立后也多有维修，大成殿与东西庑于1997年重修，建筑规模较大，制度也较为完备，与府学结构较为相似。大成殿位于中间位置，左右为两庑，前面是戟门，左右分别为东官厅、西官厅，再前方为棂星门，棂星门与戟门间为泮池、登云桥，南面有照墙，大成殿后为尊经阁，其东面有崇圣祠。学宫东面为礼路，进儒学门，过仪门，可见正中是明伦堂，左右还有碑廊。学宫西面轴线上则是忠义孝悌祠、唐赵二公祠、沈忠节公祠和瀛洲书院，现为上海占地面积最大的县学。

第三节

明堂、辟雍的建筑景观

明堂与辟雍是中国传统礼制建筑的重要部分，这两类建筑遗存几无，多为考古遗迹的留存，但古往今来，历代学者对这两种具有独特意义的建筑的研究从未间断过，大量的文献资料与考古遗迹成为我们研究的重要手段。明堂与辟雍的研究对于探析中国传统文化有着重大的帮助，尤其是明堂与辟雍的名称寓意、功能作用、建筑形制及其中的礼仪制度都体现出古人的文化观念与审美意识，这些内容都使得明堂与辟雍建筑有着不一般的研究价值。

一、明堂、辟雍的发展史

"明堂"一词由来已久，在一些古诗文中也十分常见，如《木兰诗》中出现"归来见天子，天子坐明堂"，《古松》中"报言帝座抢才者，便作明堂一柱看"，《武陵春五首》中"衮上明堂透玉岑"等。但"明堂"具体是什么，很多人却不清楚。明堂，即"明正教之堂"，是天子用于朝会、祭祀、教学、庆赏、选士、养老等典会的地方，"天子造明堂，所以通神灵，感天地，正四时，出教化，崇有德，重有道，显有能，褒有行者也"。"明堂"最早出现于《逸周书》中，周公管理国家政务时在洛阳建立了明堂，以之明诸侯尊卑，且按照明堂中规定的位置来安排诸侯面见天子。说明当时已经出现实体的明堂建筑，但并没有对明堂形制的确切记载，后代书籍虽对明堂也多有说明，如《礼记·明堂位》《周礼·考工记》等，但明堂建筑应比这些文献年代还早。有资料说："（炎帝）以时尝谷，祀于明堂"，因此，可能上古时代就已有明堂。《周礼·考工记》中更细致地记载了各朝代对明堂建筑的不同称呼："夏后氏世室，殷人重屋，周人明堂。"东汉晚期的蔡邕《明堂论》中也有相关的记载："明堂者，天子太庙，所以崇礼其祖，以配上帝者也。夏后氏曰世室，殷人曰重屋，周人曰明堂……朝诸侯选造士于其中，以明制度……取其宗祀之貌，则曰清庙；取其正室之貌，则曰太庙；取其尊崇，则曰太室；取其堂，则曰明堂；取其四门之学，则曰太学；取其四面周水圆如璧，则曰辟雍。异名而同事，其实一也。"但由于实例证明不足，学术界关于明堂的定义也没有一致的答案，学者们更是各持己见。汉初已难以找到明堂的实迹，汉初的理论家们也难以了解明堂的构造，只能依赖于文献中的相关理论和想象对明堂加以描述。汉武帝初年，大儒赵绾与王臧因向皇帝提议建立明堂而得罪了颇有权势且遵从黄老之术的窦太后，最终获罪自杀，窦太后去世后，汉武帝才独尊儒术，欲在泰山东北方建立明堂，武帝正苦于不知明堂形制时，时人公孙带献出自称是黄帝时期的明堂图，武帝便命人在汶上建立此种明堂，祭泰一神与五帝于其中，可见，此时期的明堂主要用于祭祀。公元4年，王莽于汉长安南郊建立了明堂，由古文经学大师刘歆主持设计，该明堂的形制较符合《礼记》等文献中的相关记载及泰山明堂的形制。东汉光武帝建武三十二年（公元56年），都城洛阳中建立了一座明堂，但明堂所在的详细地址与具体形制都没有记载。就在明堂刚刚建好之际，光武帝便去世了，《后汉书·祭祀志·中》中记载，汉明帝即位后，祭祀五帝于明堂，配祀光武帝于其中。从中可以看出，东汉明堂与西汉明堂已经不同，西汉明堂的主要祭祀对象为泰一神，以高祖作为配祀，而东汉明堂的主要祭祀对象是五帝，并以光武帝作为配祀。曹魏、西晋对前代的明堂进行修缮并继续使用，两晋与南北朝时，明堂由前代的十字对称、井字分隔的台榭式形式转而为一般的木结构殿宇。南朝宋大明五年（461年），建明堂于丙巳之地，并祭祀太祖文皇帝于明堂，以配上帝。北魏太和十五年（491年），在平城建立的明堂承袭了汉明堂的形式。隋朝时，著名的建筑师宇文恺对明堂建筑进行了大量的考证研究，但最终由于社会动乱而没有建设。唐代初年，朝代更替的后续影响仍在，社会仍不够太平，因此，唐高祖时期并没有建成明堂。到了唐太宗时期，太宗命儒士议明堂形制，但由于无章可循，共议出四种意见，各家分歧较大，终未建成。唐高宗倾向于前代商议中的"九室"图式，但最终也没有建造出来。直到武则天时期，为了完成高宗遗愿及确立自己的王权地位，明堂建设才正式开启，"则天临朝，儒者屡上言请创明堂。则天以高宗遗意，乃与北门学士议其制，不听群言。垂拱三年春，毁东都之乾元殿，就其地创之。"[①]武则天创建的明堂在证圣元年（695年）被大火烧毁，后又依原样创建。唐玄宗时期，"武氏明堂"被大臣们贬损，称其"有乖典制"，于是玄宗命人拆毁东都洛阳的"武氏明堂"，匠人康𪩘觉得此举劳民费财，便谏言玄宗，最终没有完全拆毁明堂，而是在前制基础上进行了改建。但在唐朝末年的安史之乱中，明堂被彻底烧毁。宋徽宗时期，命蔡京为明堂使，按照"内出图式"，兴工建明堂，日役上万人。但蔡京认为此种形制尺寸偏小，便进行了增改。辽、金、元三代都没有明堂之制。明嘉靖九年（1530年），嘉靖皇帝在大祀殿南建圜丘祭天，在北城安定门外另建方泽坛祭地，以此分祭天地，四年后圜丘改为天坛，方泽坛改名为地坛，大祀殿改为祈谷坛，之后，祈谷坛被废，坛上另建了大享殿。清乾隆年间改为祈年殿，此后多经修缮与扩建，北京天坛祈年殿成为古代明堂建筑中仅存的一例。

"辟雍"也多见于经书之上，如《礼记·王制》中"大学在郊，天子曰辟雍，诸侯曰泮宫"，《大戴礼记》中"明堂者……上圆下方，所以朝诸侯。其外有水，名曰辟雍"，《辟雍赋》中"辟雍岩岩，规圆矩方"等。据说辟雍最初是西周天子设立的用于教育贵族子弟的大学，作"行礼乐，宣德化"之用，即"天子之学"，包括五学——南有成均、北有上庠、东有东序、西有瞽宗，中有辟雍。其中，辟雍具有最为尊崇的地位，因此五学统称为辟雍。李山与李贵田在《〈诗〉"辟雍"考》一文中结合《大雅·文王有声》中的"文王有声，遹骏有声。遹求厥宁，遹观厥成。文王烝哉"与"文王受命，有此武功。既伐于崇，作邑于丰。文王烝哉"等诗句，认为辟雍的建立并不是为

① 后晋刘昫等撰.旧唐书·卷一百九十·刘允济传[M].北京：国家图书出版社，2004：5013.

了满足当时周王的个人私欲，而是为了祭祀文王。而关于辟雍的真正起源，学者们也多有讨论，其中以清代学者阮元与近人杨宽的观点最为人广知。杨宽在其著作《西周史》中首先阐述了阮元的观点，"阮氏认为辟雍起源于上古刚有宫室之时，其制如今之蒙古包。"①文中还引经据典，证实阮元的说法是正确的。但学术界亦有诸多学者不赞成这样的说法，认为阮元所说的起自远古的辟雍传统是不存在的。总之，众说纷纭，尚无统一定论。根据史书记载，历史上曾有几座辟雍较为有名，如汉代长安与洛阳两地的辟雍，这两座辟雍随着历史流逝已不复存在，但两地存留的遗址揭示了相关信息：西安城西北10km曾是西汉时期的政治、经济、文化中心，王莽虽在执政期间修建了诸多礼制建筑，但至今日存有遗址的仅有辟雍与九庙。辟雍遗址在洛阳开阳门外大道东侧，从遗址碑中记载司马炎曾三临辟雍考察太学学生德艺才能的历史可查确为皇家学所。金、元、明三代没有建过辟雍，清代辟雍建成于乾隆五十年（1785年），位于今北京东城安定门内成贤街国子监的中心，是乾隆皇帝的讲学之所。总之，辟雍作为"天子之学"，是高等级礼制建筑。

以上对明堂与辟雍的发展史进行了简单的概述，其中我们发现两者存在很多雷同处，甚至在某个时期存在着惊人的相似，不禁让人思考：这两种建筑是否为同一种建筑，只是称谓不同罢了。其实，古往今来有很多学者对这两种建筑是否为同一种建筑做了很多推测与论证。在汉及汉代以前的文献中，有说明堂与辟雍是同一种建筑，亦有说两者并不相关的，甚至还有说明堂外环形水沟就是辟雍的。东汉蔡邕曾指出明堂与辟雍为同一种建筑，只是各个时期称呼不一样。

但学者赵玉春在《坛庙建筑》一书中却提出异议，认为在汉代时期明堂与辟雍不是同一种建筑，分属两类。依确切的文献记载，西汉以后才有辟雍这类形式，并且除了在北宋末年辟雍作为太学的预备学校外，一般都作为祭祀场所用，且在历史的某一时间段消失过，或是因为其最初的功能被取代，或是因为习俗已殊。

二、明堂、辟雍建筑的文化内涵

明堂是中国古代重要的礼制建筑类型，是古代政治活动的历史标志，更是历代统治者权利的象征。本节从传统亚形结构建筑、易学象数、统治文化

---

① 杨宽著.杨宽著作集：西周史（下）[M].上海：人民出版社，2016：720.

对明堂、辟雍建筑的影响出发，探索明堂与辟雍建筑的文化内涵。

1. 中国传统礼制建筑的象形结构——"亚"字形对明堂格局的影响

多数的文化人类学家都认为新石器时代的"大房子"遗址与如今某些原始部落的公共居所、公共场所或酋长住宅等与明堂联系较为密切，如仰韶文化的西安半坡村1号大房屋，临潼姜寨的五座大房子，其复原图或与明堂建筑的某些外部特征有着相似之处。20世纪80年代在甘肃秦安发掘的一座仰韶时期的F901室房基平面布局便呈现出以主室为中心的亚形结构。大地湾遗址是一幢多空间的复合体建筑，其主室便是中室，前开三门，左右侧室与前后室组成四出室的对称式布局，其南室与中室的三门相通，三门的建立显然是为了满足礼仪性的要求。学者曹春平认为此建筑并不是普通生活用房，而可能是作为祭祀、集会或举行仪式的礼制性建筑，这也是目前考古发掘的最早的亚形结构建筑的遗址，与后代儒士考证的周代明堂十分相似。[①] 此外，殷墟发掘的商代后期大墓中，部分墓室与木椁室都呈现出亚形平面。诸多古文中也都记载了明堂与亚形结构的关系。阮元在《揅经室续集·明堂图说》中说道："钟鼎文每有作此形者，古钟鼎铭每曰：'王格太室'，比形即四堂背五室之形。"高鸿缙在《中国字例》中说道："'亚'原像四向屋相连之形，乃古宫室之制也。前期金文著族徽者多圈以亚字，亚盖家族之'家'之最初文也。"[②] 张凤也对两者的关系进行了论述："亚形像庙室之平面基地形……其初形仅为四面屋。"[③]《吕氏春秋·十二纪》中也已经形成一套完整而严密的系统，吕氏门客们创造的'青堂''总章''玄堂'等名称，与'明堂''太庙''太室'一起构筑了一座严谨有序的建筑物，并首次赋予亚形五室以名称：东青阳、南明堂、中太室、西总章、北玄堂。"[④] 亚形结构是一种古老的形式，先秦与两汉的礼制建筑均采取了此种结构，明堂与辟雍应当也不例外，深受此种礼制思想影响下的亚形结构的熏染。

2. 易学象数对明堂布局的影响

中国古代易学中的数并非简单的数字符号，而是糅合中国传统文化与古代天文、数学等知识的合体，往往象征与隐喻着古人看待世界的朴素世界观。如前述，古往今来，学者们对于明堂、辟雍建筑的形制多有探讨，却未

---

① 曹春平. 明堂初探[J]. 东南文化，1994（6）：73.

② 高鸿缙. 中国字例[M]. 台北：广文书局，1960：116.

③ 张凤. 图像文字名读例[J]. 说文月刊，1939（2）：192.

④ 曹春平. 明堂初探[J]. 东南文化，1994（6）：79.

得出统一结论，其中讨论最多的便是明堂的"五室"或"九室"形制，《大戴礼记·明堂》描述："明堂者，古之有也，凡九室。"这里认为明堂有九室，持相同观点的还有《管子》《吕氏春秋》等，由此可看出象数对明堂规格的影响。唐高宗李治的《定明堂规制诏》中亦反映了象数对明堂布局的影响，如"基之上为一堂，其字上圆。按《道德经》：'天得一以清，地得一以宁，侯王得一以为天下贞。'又曰：'道生一，一生二，二生三，三生万物'。"[①]呈现出明堂的格局布置、轴线设计、建筑规划与局部设计，充分展现出象数在格局中的运用。

3.统治文化对明堂的影响

古代中国是皇权统治的国家，并形成一套以礼法制度为核心的管理手段，其中尤以"敬天"观念最为深刻。古代社会的科技尚不发达，人们还不能够完全驾驭自然的力量，而一些奇特的自然现象或自然灾害使得人们对自然界的力量产生惧怕与敬畏，人对自然的态度也变为敬畏与崇敬，这里的"自然"之后演变为"天"，人类甚至大规模地开展祭祀活动，以显示对天的敬仰与虔诚。而古代统治者深谙人心，将人们对"天命"的敬畏与家庭观念及朝堂礼法等相结合，将"天"的神权与君权相结合，这都是基于人们对"天"的敬畏之心。如殷周时期，统治者需要利用"天授其命"的形式，将天命观念刻于众人的脑海中，明堂建筑通天的政治作用与教化价值便凸显出来。又如汉代董仲舒的天人三策对汉武帝建明堂有较大影响。《春秋繁露·尧舜汤武》中记载到："天以天下予尧舜，尧舜受命于天而王天下"，《春秋繁露·为人者天》中记载："唯天子受命于天，天下受命于天子"，《举贤良·对策一》中记载"王者承天意以从事"，可以理解为汉代大儒通过"天"来抑制皇权，并以明堂为建筑载体，将其作为施礼的空间和推行儒者理想的工具。

4.礼乐文化对辟雍建筑布局的影响

中国自古以来就十分讲究礼数，西周时期确立的"礼乐制度"在历史上形成了一座文化高峰，同时也奠定了中国独有的艺术美学。以明堂、辟雍为代表的礼制性建筑深受此种礼乐文化的浸染，礼乐对建筑的空间秩序性、节奏性都颇有影响。以周代辟雍制度为例，建筑遵循着严格的几何结构，而周代礼乐演奏时等级规范十分严格，与辟雍建筑所彰显出的森严的等级观念十分契合。再以汉代辟雍为例，人们的行走路线有序可循，首先要越过圜水沟的神圣界限，其次从小门进入庭院，辟雍的主体建筑便壮观地呈现出来，其

---

① 〔清〕董浩等.全唐文第1册（卷十三）·定明堂规制诏[M].北京：中华书局，1983：156.

面前空地更衬托出主体建筑的雄伟，也与小门的狭窄形成了对比，先抑后扬，从低矮到高大，具有强烈的视觉冲击感，而四方对称的布局又给人以规则、秩序的空间感受。

三、明堂、辟雍的建筑形制

中国古代礼制建筑是施行礼仪的场所，包括有祭祀功能的坛庙、宗庙，有教化作用的明堂、辟雍，以及因礼仪而产生的钟楼、鼓楼、牌楼等。其中，明堂与辟雍可以说是中国传统礼仪文化的直接建筑载体，更是历代统治者的权利象征。

明堂最初也作为祭祀场所之用，如炎帝将其作为祈福丰收、祭祀与崇拜农神之所——"以时尝谷，祀于明堂"，黄帝作"合宫"以祀上帝，尧舜禹祭祀五方、五帝与五神于明堂，将其作为祭祀五谷五土之神。《明堂月令》中记载到天子按照四季与十二月的时间顺序居住在明堂的不同房间，吃不同的饭、穿不同的衣，可见明堂亦有供天子饮食起居的作用。此外，明堂承担起布政、恤幼、选士的功能。

学界对于明堂建筑的形制，多认为分为一室、五室、九室，少数人还认为明堂存在五室、九室或十二室，尤其在唐太宗、唐高宗时期讨论较为激烈与深入。《淮南子·主术训》中记录明堂是有盖但没有四方的，可见明堂为一室。《周礼·考工记》中写到明堂具有五室（图6-13）。《大戴礼记·明堂》中展现出九室明堂的建筑形制（图6-14）。

在此以影响较大的武后所建明堂为例进行分析。武后登上天子之位后，对明堂的建设十分上心，垂拱三年（687年）春，武后力排众议，毁了东都

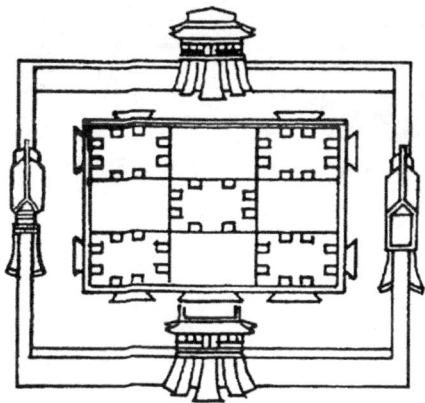

图6-13　五室明堂

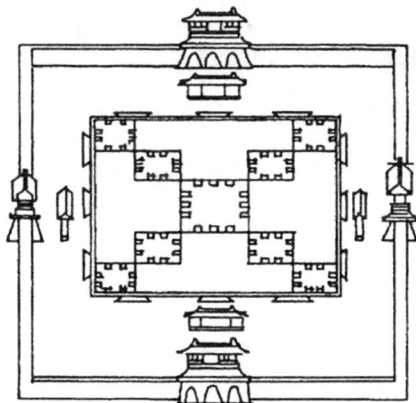

图6-14　九室明堂

的乾元殿，并在此建立了明堂。《旧唐书·志·礼仪二》中推测了此明堂的形制：武后所建明堂为正方形的平面形制，呈十字轴线对称形式，每一面有十一间，中间是七间形制的"布政之居"，四个角落有各两间的实心假室，中心室中有到顶的堂心柱，其周围有八根柱子贯穿三层，二层是中空的八角形，三层呈圆形，十分奢华与雄壮。但这个不合旧制的明堂不久便被烧毁了，后来又重新建造，但玄宗即位后便对这个明堂进行了整改。

关于辟雍的建筑形制，杨宽先生的《西周史》中记载了阮元的描述，阮元认为辟雍的形制如同蒙古包，"四周有沟绕水，后来制度大备，还沿袭古风"[①]。对于他的观点，学术界既有支持的，也有反对的。当今遗存的唯一一座辟雍位于北京国子监中。国子监（图6-15）位于北京安定门内成贤街上孔庙的西侧，是元、明、清时代中央用于培养学子的最高学府。辟雍建筑位于国子监的中心，建立于清代乾隆年间。辟雍建筑坐北朝南，方位端正，建筑平面呈正方形，深度、广度都有五丈三尺，四面都开设一门，四周被回廊和圆形水池所环绕，水池又被白玉雕栏所围绕，水池上建石桥，通向辟雍的各个门。辟雍在建筑装饰上也别具一格，屋顶为重檐四角攒尖顶，上覆黄琉璃瓦片，殿内的天花顶为藻井彩绘，内部还有各式各样的皇家器物，以供天子使用。辟雍建筑的南面是琉璃牌坊门（图6-16），北面有彝伦堂，为七开间之制，作藏书之用，建筑两侧分别有三十三间厢房，是教育之所，统称六堂。此外，东西面还有其他堂式建筑，再之后的敬一亭院是国子监中最高身份的教官——祭酒的办公之处。

图6-15　北京国子监内辟雍　　　　图6-16　辟雍建筑南面的琉璃牌坊门

四、明堂、辟雍的景观

明堂与辟雍建筑多选择建立在景色优美之处，往往择址于城郊之地。如

---

① 杨宽著.杨宽著作集：西周史（下）[M].上海：上海人民出版社，2016：720.

汉武帝将明堂建立在泰山东北方，汉平帝在汉长安南郊建立明堂。明堂与辟雍建筑是中国古代地位较高的礼制性建筑，也是皇权彰显的重要形式，因此其深受严谨的礼制思想的影响，呈现出完全中心对称的布局形式，亦体现出其对秩序的把控，并且周围的建筑与环境都被这种秩序"牢牢把控"，凸显出主体建筑对周围环境与景观的统摄力，也在一定程度上反映出天子对诸侯或群臣及天下子民的统摄力。所以，相较于书院，明堂与辟雍是完全的官式建筑，其景观的灵活性与自由度远远不及书院那般，而受到严格制度约束，从建筑到景观都凸显出规整与秩序性。

祠堂的建筑景观

祠堂是中华民族传统文化的重要组成部分，具有源远流长的历史。本节将对这一充满中国特色的建筑景观进行分析，探索其建筑与景观的设计及其中所蕴含的文化生态内容。

一、祠堂的发展史

宗族祠堂也叫姓氏祠堂，是中国古代祠堂中数量最多且最为人们熟知的祠堂。中国古代社会以氏族为基础单位，继而发展为部族或民族，从而形成国家，所有财产的继承、血脉的流传繁衍都与氏族的兴衰有着密切的关联。因此，后辈对于祖先的贡献十分尊重，并为此建立供奉的祠堂，以此怀念与祭祀祖先。此外，除了祭祖功能，宗族子孙的婚、丧、寿、喜等事宜都会利用宽敞的祠堂作为活动场所。

自原始社会后期就有祠堂的影子，殷墟中尚存有最早的宗庙建筑遗址。周代之后庙祀开始有了分级，庙祀制度非常严格：天子、诸侯、大夫、士享有七、五、三、一庙的区别，庶人只能祭于寝。天子与诸侯的祖庙称为宗庙，而士大夫以下的称为家庙，也就是现今所说的祠堂。魏晋以后，祠堂的发展在民间进展颇为缓慢，朝廷虽然重视，但并没有上升到迫切的地步，所以"违慢相仗""安故习常"。北宋时期，一些因特殊需要而建立的祠堂发展速度较快，如纪念范仲淹的"范文正公祠"、纪念王安石的"荆国王文公祠堂"，但普通家族的祠堂建设并不十分积极。直到理学兴起，儒家十分奉行的"三纲五常""孝义"等伦理道德观念逐步深入人心，朱熹所说营建宫室要先建造祠堂，且置于卧室方向的东面，还有起火要必先救祠堂等言论亦受到百姓的极大重视，由此，百姓的敬祖需要快速提升，祠堂被看作高高在上的空间，神圣而不可侵犯，血缘宗法的观念也得以深入人心，家族也逐渐在族群建筑中建立家族祠堂。

直到南宋时期，家庙正式得到"祠堂"这一称谓。朱熹在其《家礼》中写到了祠堂之制，奠定了祠堂制度的基础。但普通老百姓不能随意立庙。这一制度直到明嘉靖年间才得以改变，此时的朝廷才"许民间皆联宗立庙"，人们逐渐将这种依附于寝室的祠堂迁至外面。祠堂多建立于家族聚居地。一般家族早期人口不多，祠堂便建立于宅中，但随着家族逐渐庞大与人丁兴旺，祠堂便需要单独建造了。明清时期，经济发展较为迅速，一些名商巨贾凭借着雄厚的经济实力而大修家族祠堂，设祭田，诸如经济实力较强的徽商、赣商、晋商、闽商等都广泛修建祠堂，这些地区也成为祠堂建筑兴盛之地。

中国古代的祠堂常分为两类，即氏族所建或是为名人所建。氏族祠堂也就是宗族祠堂。历史名人祠堂则是为了纪念历史名人而设立的专祠。

中国古代封建社会中，国人受到血缘宗法等思想的深刻影响，家族多采取聚居的生活方式，一个村落中往往就生活着同一个姓氏同一祖先的几个家庭，他们建立自己的祠堂来祭祀祖先。其中又有宗祠、支祠与家祠之分。宗祠是多个家族分支共同的祠堂，多个家族分支里子孙都可进行供奉祭祀；支祠是宗族的分支——往往是从总的宗族里分裂"房"所建的祠堂，祭祀对象为该支系祖先，成为自家家族所有；而家祠是最小的单位，为家庭服务，供奉对象为支系家庭的祖先。由于家祠的供养者为单个家庭，在财务上和人丁数量上有着较高的要求，因此相比于宗祠，支祠、家祠的数量远不及前者。

二、祠堂建筑的文化内涵

1.风水文化对祠堂选址的影响

风水文化是中国传统文化中极为重要的内容，风水文化影响了大部分中国传统建筑。祠堂建筑亦十分注重风水环境，认为靠近水为利，远离水为害，且山体的形状比其防卫功能更加重要，小气候适宜、微环境良好都是风水极佳的重要标准。这样的风水观念满足了人们对美好生活的向往与追求，于是衍生成为祠堂建设环境规划的重要指导思想。

2.礼制观念对人们在祠堂建筑中活动的影响

中国社会经历曲折漫长的封建社会，人们的观念也被封建等级制度固化。由于礼教的教化，长幼有序、男尊女卑的观念深入人心，因此，男女在祠堂中的活动范围差距甚大。传统的祠堂为三进院落，第一进为仪门，仪门之后的第二进一般为享堂，第三进也是最后一进多为寝殿，在不同的祠堂中，女性被限制的活动范围亦不尽相同。在宗祠中，女性完全不可进入，且低于50岁的族中女子没有管理族中大事的权利；支祠中，女性只能踏入第一进的仪门，之后的空间是绝不可进入的；此外，唯有宗族中德高望重的老者在重大活动时才可通过祠堂天井中的甬道进入正厅，平时这条甬道是不开放的。

3."宗法一体化"促进了祠堂建筑特征的形成

众所周知，中国古代的血缘、宗法是维系家族存在的重要纽带。宗法制度在原始社会中就已确立，古代社会中，宗法制度的实质是一个大家族中只能有一个人继承先人的权利、爵位与氏族的名称，这个人便成为庞大家族的正统血脉，其余的子嗣需要另立旁支，成为宗族里的小宗。小宗要服从家族继承人——大宗的管理，由此，为了方便管理与统治，也为了可以相互依靠，互帮互助，人们便形成聚居生活的习惯。尤其在宋明期间，理学中的礼法思想更增进了人们崇祖尽孝的观念意识，为了提倡孝道，统治者鼓励人们广建祠堂，由此，家族聚落多设立祠堂建筑。

4."三纲五常"对祠堂建筑规模与格局的影响

三纲表现为君王与臣子、父亲与儿女、丈夫与妻子的主次地位，视君主、父亲与丈夫为阳的一面，而臣子、儿女与妻子处于阴的一面，前者对后者有统治的权利，后者的地位更加卑微。五常表现为仁、义、礼、智、信，是一种尊卑有序的伦理道德原则，在封建社会中，这种思想对天子、诸侯、卿、大夫、士的祭祀空间的设立形成有差等的影响。清政府规定有品级的官员可在居室东面修建家庙，并依据1～3品、4～7品、8～9品来区分，从庙五间、阶五级到庙三间、阶一级。

5.祭祖观念对祠堂建筑布局的影响

祠堂的主要功能是祭祖，家族中的大部分人都会来参加祭祖活动，祠堂建筑的室内空间一般无法容纳参与祭祀活动的所有人，因此，祠堂往往设立为内向型的合院式空间，主体建筑物在中轴线上整齐地排列，分别为仪门、享堂与寝殿。两侧有廊庑围合，形成两个天井院落，极大地增强了人数的容纳性与人们的互动性。除了祭祖，祠堂中的享堂往往还作族人婚嫁、冠礼、议事、审断等活动之用，开放式的庭院又发挥出巨大的作用，享堂建筑的外部便是天井，再往前又是空间引导向寝殿，一般这里的空间都会做地基抬高的处理，因此，最后往往以高层的楼阁建筑结束。整个空间布局工整，序列完善，地面逐次升高，相比民居建筑更加奢华与隆重。

6.儒家文化对祠堂建筑装饰的影响

在传统的祠堂建筑中，儒家文化所提倡的耕读传家、礼乐文化、伦理文化等思想深刻地影响着建筑内的装饰。古代社会，人们铭记"诗礼传家"，读书人更是认为"万般皆下品，唯有读书高"，广大的人民群众包括贫穷子弟都急切希望能够读书入仕，为家人和社会贡献自己的力量。于是，这种求功名入仕的愿望在祠堂内部装饰中深有体现。如潮州市湘桥区的刘氏宗祠的门联"锦世泽莫如积德，振家声还是读书"，村中的"刘允祠"联为："一等人忠臣孝子；二件事耕田读书"等都表达出深厚的愿望。此外，祠堂中多悬挂名士的墨宝，以表达对名儒的赞赏与褒扬之情，既有警示与激励族人之意，又弘扬了儒家的传统文化。

三、祠堂的建筑与景观

祠堂由于其功能特殊、分布范围较广、服务于民等特点，其建筑与同为祭祀类的官式坛庙呈现较大差异。祠堂建筑既保持了封闭与威严的礼制建筑风格，也融合了许多活泼精巧的民间艺术风格，如广州的陈家祠堂，其建筑具有鲜明的地方特征。总体上，祠堂建筑的空间组织与造型、装饰风格等方面更加自由丰富，显露出更多的民俗文化特点。祠堂建筑不仅在外观形制上较为讲究，其在建筑用料、制作工艺上亦十分注重，可以说，祠堂的建筑技术在一定程度上也展现出当地建筑技术的发展水准，更展现出中国传统小木、砖雕、石刻、粉塑、嵌瓷等高超技艺。

1.祠堂的建筑布局

上面提及，以规模划分，祠堂分为宗祠、支祠与家祠。若按照祠堂的建筑布局来分，亦可分为三类：第一种是大儒朱熹《家礼》中记载的祠堂。祠堂布局基本承袭了唐宋之前官员家庙的形制。此后宋元、明初祠堂大多属于此类型（图6-17）。第二种主要在先祖故居的遗址上发展演变而成，这类祠堂的平面布局因民间建筑风格的不同而不同。第三种是前面提到的明清之际独立于寝室的大型祠堂，明代中期之后，随着家族人丁的兴旺与家门的繁

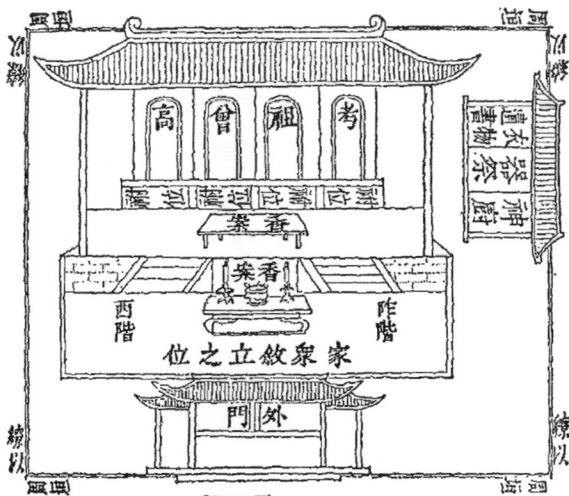

图6-17 以《家礼》为蓝本的祠堂型制图

盛，前两种形制的祠堂已经不能够容纳族众来参与大型的祭祀活动了，再加上此时建祠者多为富商巨贾，因有雄厚的财政支持，这类祠堂规模较大，建筑装饰倾向于奢华。在空间上，祠堂与住宅分开而立，在村首往往以其高耸的形象及较大的规模成为村落的标志性建筑，如江西婺源的萧江宗祠，祠堂位于村口，村口处立了三间四柱五楼石牌坊，气势雄伟，祠堂门前还立有两座石狮，石狮前是一座石桥，周围绿植环绕，十分气派（图6-18），其空间布局为大门——享堂——寝殿（图6-19）。或位于村中，"与书院、文会、社屋、戏楼等文化建筑共同组成宗族的祭祀、礼仪及社交娱乐中心"①。江西婺源汪口镇的俞氏宗祠（图6-20）为对称式布局，占地约1116m²，合

图6-18 萧江宗祠外观图

① 丁宏伟.中国古代的祠堂建筑[J].北京：文史知识，1987：50-52.

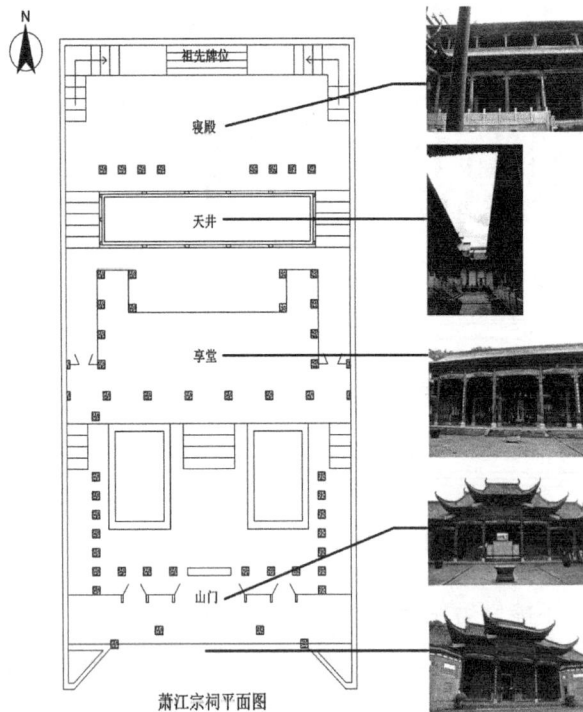

图6-19　萧江宗祠空间序列图

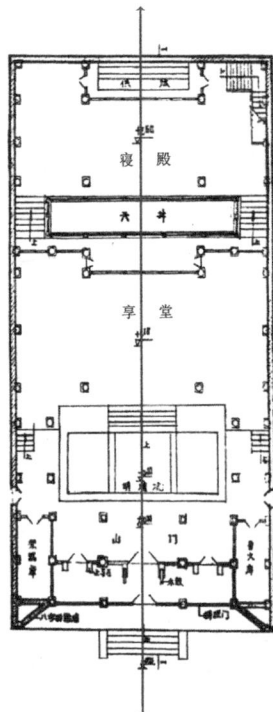

图6-20　汪口俞氏宗祠的
平面布局图

院式院落，祠堂十分大气，建筑部件多作木雕，古色古香，十分优美壮观（图6-21）。仪门采取了五凤楼形式，建筑翘起的翼角十分轻盈灵动，为歇山式，建筑之间逐层跌宕、气势雄伟，其门厅之后为三开间的单层享堂，享堂之后为三开间两层的寝殿，享堂与寝殿的梁架结构木雕精细优美，图案寓意深刻，令人惊赞。

图6-21　汪口俞氏宗祠建筑

在古代，名人专祠在形制上与宗族祠堂较为相似，建筑风格较为传统。但近代的名人专祠与古代有着很大的不同，如建筑形制与风格差异较大，大多属纪念馆性质，如苏州范成大祠、淮安韩侯祠、成都武侯祠、湖南汨罗屈原祠等。相较于宗族祠堂，名人祠堂在数量上少许多，但其影响更为深远。

2.祠堂的建筑细部艺术

宗族祠堂与历史名人祠堂在建筑细部中也有着各自的特点与明显的区别。宗族祠堂外部设有三个门，中门作为正大门，门上为宗族祠堂的名称，如"汪口俞氏宗祠""方氏大宗""陈氏支祠"等。部分祠堂在祠堂门前设立聚星池。还有一些祠堂会在门前设立照壁，为获取功名的族人设立旗杆石，用以鼓励后人。祠堂内部设有神主龛，以此供奉祖先的神主牌位，这亦是宗族祠堂的最大特点。而祠堂的堂号金字匾一般由书法名家来题写，牌匾悬挂于祠堂正厅。祠堂四周墙壁上有绘画、雕刻等装饰纹样，堂内柱身上有楹联、祠联，如"高山流水家声远，云谷星溪世泽长""青山抱水水抱村赣北无双景，彩凤盘龙龙盘阁江南第一祠"等。宗族祠堂会定期举行祭祀以及修族谱活动。历史名人祠堂一般不进行如宗族祠堂中常举行的祭祀活动，但祠堂内部也供奉有祭品，上香祭祀等活动也不时举行。但名人专祠室内一般不设立神龛及神主牌，堂中多为名人塑像、画像及天子御封的牌匾，同时，室内还会陈列与名人相关的资料、著述及文物等。其室内装饰的主要作用是展示相关文献资料以供后人瞻赏，以便弘扬历史名人的丰功伟绩或高尚品德。

3.祠堂的景观

祠堂的建造十分讲究龙脉风水与生气来源，追求左青龙右白虎，南朱雀北玄武。因此祠堂在建造时会测定方位。古时人们认为，祠堂风水的好坏与宗族时运的兴衰及发展正相关，风水极佳的选址寄托了人们对家族繁盛、人才辈出、耀祖光宗的厚望。祠堂是家族聚落的中心，为了凸显其崇高的地位，祠堂的外环境要求十分高：一般来说，祖祠面前绝不可以有其他的建筑，即使各房有建房祠的需求，也只能在祖祠的左右或后方（北面），且这些房祠的最南面至多只能与祖祠并齐而不能超过祖祠（图6-22）。此外，家族建宅时也先建祠堂，且多背山面水（图6-23）。祠堂一般采取坐北朝南的形制，前面地势较为开阔，且多位于聚落的南端，在聚落中处于最重要的位置。

如今遗留在城镇中的祠堂多为以士族及官宦为主体的宗祠，因而往往规模较大、装饰华丽、雕刻精美、布置规整，彰显出祠堂的威严气势，如闽南

图6-22　汪口俞氏宗祠宽阔的前景

图6-23　汪口俞氏宗祠背山面水的外环境

一带、粤中一带的祠堂尤为华丽，与一般的民居建筑相比，其用料质量、做工技巧、加工精度上皆胜一筹。而古村落中的祠堂多注重环境优美。

书院与其他礼制建筑景观的比较

本节在之前分析儒家多种礼制性建筑特点的基础上，将书院与儒家其他礼制性建筑——孔庙、明堂、辟雍、府学、县学、祠堂等建筑的历史沿革、空间特点、景观等方面进行对比，并以孔庙、文庙作为重点对比研究对象，以剖析书院与之的异同。

一、发展历程的比较

前已述及，中国最早的书院建于唐朝，兴盛于两宋，普及于明清，前后历经一千多年。而孔庙始建于鲁哀公时，此后经历了两千多年的历史，历经兴衰变迁。唐至五代，统治者吸取了前代教训，认为儒家文化乃治国之本，因此该时期营建了大量的孔庙，但留存至今的较少，且多经后代的修葺。宋代统治者承袭前制，大兴土木建设孔庙，兴学运动的繁荣也加速了孔庙的建设；元明清时期，统治者对儒家思想的大力推崇，促使孔庙在全国各地发展。封建社会后期，孔庙建筑已逐渐形成自成一体的建筑风格。近现代，孔庙偶有新建，但多为古代孔庙的翻新与修葺，以仿古建筑恢复其格局。目前，孔庙已遍及中国的大江南北，甚至国外。表6-2为书院与孔庙发展历程简要对比图。

发展历程 建筑	发展初期 （初建时期）	兴盛时期	衰败时期
书院	唐代末年	两宋时期	民国
孔庙、文庙	春秋时期	元明清时期	近现代仍有修建，但数量很少

书院与孔庙发展历程对比图　　　　　　　　　表 6-2

相比于孔庙，书院建筑的三大重要职能分别为讲学、祭祀、藏书，与孔庙的功能相似，但侧重点不同。孔庙为官学教育模式，其中的讲学与学术讨论的风气远没有书院那样浓厚与自由，祭孔为其主要功能。此外，孔庙建筑也具备藏书功能，但并不作为主要职能，而书院的藏书功能却是十分重要的；为突出其重要性，藏书楼一般建置于书院的中轴线上，并且许多书院的藏书楼都受到皇帝的嘉赏，获御赐牌匾及书籍。

府学与县学作为规模较小的官学，在初建时期与书院较为相近，亦在宋代达到发展的高峰时期，尤其在北宋时期，府学与县学得以飞速发展，为地方教育事业发展做出了较大的贡献。明堂与辟雍建筑由于遗存十分稀少，学者对其研究也多依赖于遗址及古文献资料，并推测其建立于远古时期，而对于两者的关系也莫衷一是。以上的书院、文庙与孔庙、府学与县学、明堂与辟雍都承载着文化教育的职能，也有祭祀及其他功能，是古代文教建筑中的重要类型。祠堂建筑的主要功能是祭祀，维系着整个大家族宗族子弟间的血缘纽带，同时作为家族或宗族举行活动、商议大事的空间。所以祠堂建筑空间主要是祭祀空间，有的附带蒙学堂，具有私塾性质，但与前面几类礼制建筑相比，教育功能偏弱，发展时期也偏晚。

二、建筑形制的对比

以下主要将孔庙与书院的相似性与差异性进行了对比（图 6-24）：

1. 相似性

（1）孔庙与书院同为中国传统儒家文化的产物，是中国古代具有代表性的文教建筑，因此其空间的布局安排与伦理观念相互依存，体现出强烈的等级观念与秩序性。两者在空间布局上多以中轴线为主，在中轴线上布置重要的功能空间，两侧轴线上布置其他空间，这些建筑都以轴线为对称轴，形成轴线两侧对称的建筑形制。

（2）中国孔庙发展从鲁哀公以孔子的三间屋邸立庙祭孔开始，到近现代大型的孔庙群落，出现了合院式的建筑组合形式，这与书院的建筑形制也相

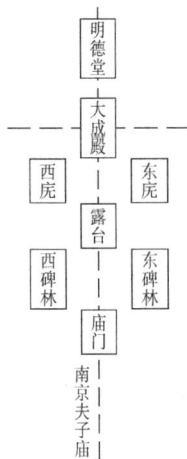

南京夫子庙

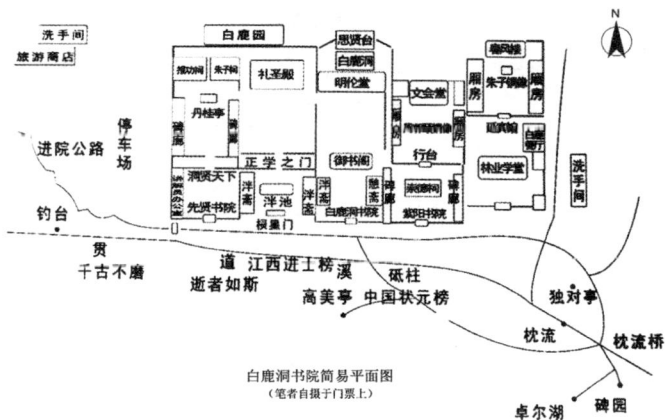

白鹿洞书院简易平面图
（笔者自摄于门票上）

白鹿洞书院

南方传统书院景观与人居环境

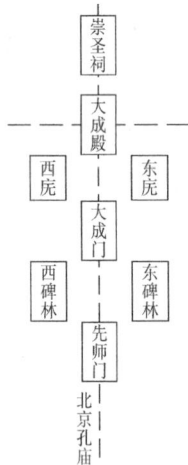

北京孔庙

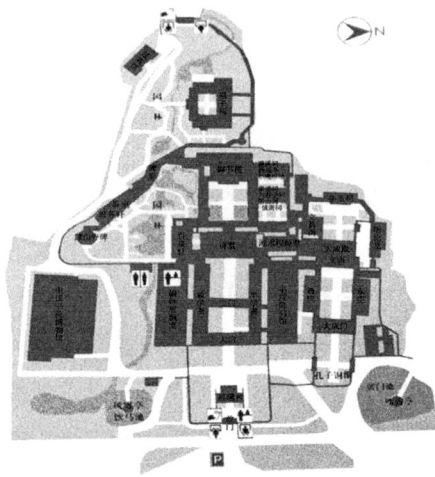

岳麓书院

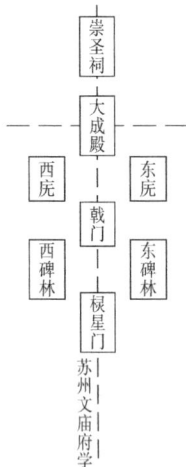

苏州文庙

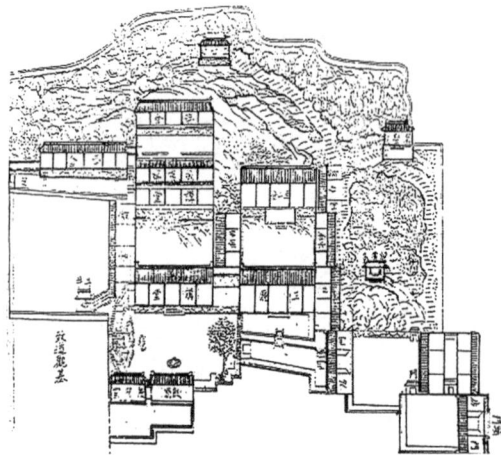

游文书院

图6-24 孔庙与书院布局对比图

似，一般都是围合的闭合院落。

2.差异性

（1）孔庙与书院都受到儒家"礼乐"思想的影响，在空间中体现出一定的秩序，但"礼"的规范性更强，"乐"的灵活性更强。书院的格局虽然多遵从于规则性的布置，但一般是主轴线上的建筑群，相较于孔庙，书院中其他区域与建筑群往往因地制宜，具有较为灵活的布局方式。总言之，孔庙的布局形制偏向于"秩序"，书院的布局形制则偏向于"自由"。

（2）孔庙的建筑组群往往执行着庙学合一、庙学并存的思想。《礼记·文王世子》中记载到："凡始立学者，必设奠于先圣先师"，因此，中国古代出现了大量因庙立学的建筑，孔庙中也出现了明伦堂、国子监、书院等学校性质的配套建筑。如北京孔庙与国子监。而对于书院来说，部分书院群落中也出现了文庙建筑，但此类书院多为建筑规模较大的书院，如江西省的白鹿洞书院与岳麓书院。而规模较小的书院通常只设一个小殿用于礼孔祭孔。

而府学、县学、明堂与辟雍作为官学教育机构，建筑形制较为规整与严谨，尤其是明堂与辟雍为中央政府的礼制建筑，其不仅在形制上呈现出对称的十字轴线格局，规模还十分雄伟，内部装饰更加精致与奢华，象征着皇家的权威，彰显出与普通礼制建筑的等级差异。而祠堂建筑的建造者多为普通民众，即使有部分祠堂的修建较为精细华丽，但在规模与结构上远不如官学建筑那么讲究，且祠堂建筑的外观往往深受当地民居建筑的影响，在外观上与以上这些礼制建筑也存在较为明显的差异。

三、建筑相地选址及景观的比较

1.传统书院与其他礼制建筑择址的比较

孔庙与文庙在环境选址上都十分讲究，作为官府的宣传窗口与标志性建筑，其择址备受优待，都位于环境优美或风水较好的地方，且一般在城镇中心的位置。府学与县学是重要的地方官学，数量众多，除了具有教育的功能外，还有礼仪、祭祀、科举考试的作用，其选址也多位于府州县中心的位置。明堂与辟雍因规模较大，多建于都城的郊外，彰显出皇家的威仪，并且这些官学建筑都营建在平地，其与周边建筑共同构成城市的格局。祠堂建筑选址多位于村子南端或中心位置，方便家族或宗族使用，民俗气味较为浓厚，其布局较为自由与灵活。

书院是私学性质的教育机构，小部分书院兼具官学功能，但以私学性质的书院数量更多，因此其选址的主要依据是其自身的需求，而并非官府的限制。为了给书院内部师生提供良好的读书环境，书院往往选址于自然山水与名人胜地，既受到儒家隐逸文化的影响，又受到儒家审美思想的影响，往往多考虑城郊风景绝佳处构筑。书院的创办人大多是仕宦、乡绅、读书人，其目的就是希望学子们能够安心读书，学有所成。因此，书院往往远离喧嚣的城市，以便学子们寄情于山水之间，与山水比德，修身以至今后兼济天下。受到儒家思想的影响，书院注重人与自然和谐相处的关系，以期达到"天人合一"的境地。这种心理不仅体现在儒者关爱生命的思想上，也反映于书院的创建及营造书院的景观环境中，如前所述，体现出儒家的生态智慧。而作为官学的府学、县学，作为国学的明堂、辟雍、国子监和民间礼制建筑——祠堂在功能、规模、选址、布局、景观等各方面都有区别，表6-3是这几类礼制建筑的对比表。

儒家各类礼制建筑特点对比表　　　　　　　　　　　表6-3

特点 ＼ 建筑类型	书院	文庙、孔庙	府学、县学	明堂、辟雍	祠堂
始建时期	唐	春秋时期	府学最早建于唐朝	上古时代（有争议）	原始社会
功能	藏书、祭祀、教学	教学、祭祀	教化、教育、礼仪、科举	朝会、祭祀、教学、庆赏、选士、养老等	祭祀、表彰及举办宗族活动
规模	规模不等，有大有小	较大	规模不等，有大有小	较大	较小
建筑服务对象	士人	学子与社会大众	学子	天子、百官、士子等	宗族
选址特点	环境秀丽处，多为偏远处	城市东南方向；繁华处；风水极佳处	环境优美处，市中心	都城、城郊处或其他核心位置	依山傍水，村落与城镇中都有
空间布局特点	对称或自由布局，因地制宜	多采用对称的布局方式	对称布局为主	对称布局方式，十分规整与严谨	对称式布局
景观营造（内部）	着重营造，景观与建筑相协调	注重内部装饰，色彩鲜艳	注重内部装饰	注重内部装饰	景观着力不多，建筑较为讲究
景观营造（外部）	环境极佳	注重选址环境	注重景色的优美，多选址于市中心	注重景色的优美，多选址于城郊	风景优美

2. 传统书院与其他礼制建筑景观的比较

传统儒家文化传承有三个重要的载体：一是通过史书典籍；二是官学教育体系下的国学、州学等；三是民间文化传承的书院和祠堂。后两者均是以空间实体的形式出现。

（1）官学与传统书院同源异流

书院与官学在起源上是古代教育的两个主要载体。古代有官学、私学两大教育体系，官学延续的是国子监、州府县学各等级的体系；书院是两千年前孔子设坛授课而发展出来的私学体系，汉代所存的精舍被视为书院的前身，民间山野的"私人讲学"形式成了后期书院发展的主要形式，可以说书院与私塾是历代民间最主要的两种私学形式。后期书院在以儒家思想为主的大环境下，或多或少地受到官府的影响及利用，但其发展仍具有一定的独立性。史料记载唐代的集贤书院和丽正书院都是作为国家修书的行政机关，一定程度上肩负了官方功能。由此可见，官学和书院两者属于同源异流。

虽然都是古代教育体系下的产物，但终归属于两大类，其景观表现形式也必然具有差异性。但就其共同点而言，作为中国古代校园的官学与书院景观都以建筑组群景观为主，以庭院园林为辅。而差异性方面，两者表现在选址、布局等方面。

古代官学均位于城市内部，整体平面和轮廓趋于规整，设在城市中心，尤其是在王城内设置的学校被称为"辟雍"，如图6-25所示。《陈氏书堂记》认为"择圣地"是营建书院的原则之一。诸多的书院就遵循这一原则，如岳麓书院后倚岳麓山，前瞰湘江；白鹿洞书院同样也是前有流水，后有松柏，并充分利用自然地形与山水条件对士人心性进行锤炼。

官学庭园内则没有过多考虑环境的问题，只是注重对庭院内部空间植物的栽培，以此凸显人的品性。国子监内种有槐树，代表太师、太傅及太保。另外，松柏等常青树木也被配置在祠庙广场周边，以示官学庄严和长青。此外，官学空间因坐落在城市，一般空间入口都较为直接明了，注重庭院内部各建筑之间的空间关系。官学发展后期祭孔的文庙和讲学的校舍开始结合，形成在礼制管理下并行的两大轴线空间。

书院入口布局则往往根据环境做了适应性变化。前导空间以棂星门为入口，不设其他隔离建筑。虽然强调轴线但并未完全按照轴线严格布局，与基址环境的地形关联密切，强调环境的自然过渡性，内外空间之间存在呼应，在内部设置游息空间，体现与自然环境的"乐"处其中。院墙边界以墙垣围绕，利用围墙与外界隔断，期望建构远离外界喧嚣而隐退的景观空间。布局

图6-25　北京国子监辟雍

规整对称或因地就势，如应天书院和白鹿洞书院主要采用秩序井然的规则式中轴对称布局，而类似秀容书院等则随自然地势自由布局，没有明显轴线关系，或是分散成多轴线布局。

因此，官学与书院景观均是对周围环境的适应与融合，只是官学庭园景观延续城市肌理，而书院则"礼乐"相融。相对于自然山林中和乐的书院，官学的尊卑等级礼制反而限制了庭院景观的天成之趣。

（2）传统书院与文庙的庙学合一

作为孔子与儒家思想的物化表征，文庙与儒学教育相始终。文庙是皇家祭祀孔子和周公的场所，后来逐渐发展为主要祭祀孔子的场所，称为孔庙，为历代帝王所重视。文庙按规制性质可分为三类。其一是北京孔庙，属于国家级孔庙，是官方代表国家祭孔的场所；其二是山东曲阜孔庙与浙江衢州南孔家庙，是全国仅有的两座孔子家庙；其三则是各地孔庙，多为地方政府主持祭孔的场所。地方孔庙的发端在北齐，在地方官学普及的基础上，北齐地方州学普遍设有孔子庙，并制定了孔庙的祭祀制度。隋代大兴官学，州县乡地方官学成为庙学合一的基础。唐代后全国大规模因庙设学或因学设庙，"庙学合一"的制度确立，孔庙开始被称为"文庙"[①]，形成庙和学两大部分，即祭祀和讲学。因此，文庙有孔庙祭祀和官办教育两个源流，在空间上文庙也就有了祭祀和学署两大空间。在庙前基本设置前导空间，棂星门和东西牌坊构成文庙的前部区域。

曲阜孔庙作为家庙，功能主要为祭祀孔子，仅有前导空间和祭祀空间两大部分，在空间上主体为祭祀区域，如图6-26。空间呈南北长、东西窄的矩形平面，设有九进院落，可分为"内""外"两部分区域。"外"部区域为

---

① 孔祥林.世界孔子庙研究[M].北京：中央编译出版社，2011：45.

仰圣门（万仞宫墙城门）至奎文阁之间的院落，这一区域是曲阜孔庙的前导空间，主要建筑依次排列于中轴线上，多为牌坊、门殿建筑。"内"部区域为大成门以北的建筑群，东西方向共分为三跨院落，是曲阜孔庙的主要组成部分，其中主要为具有祭祀功能的殿堂建筑。"内""外"两区以大成门前院（十三碑亭院落）相连，中轴线对应相接，组成了曲阜孔庙独具特色的院落格局。而教学功能的开展则由曲阜孔庙旁的家学、曲阜地区其他县学及尼山书院承担。衢州的南孔家庙保留了曲阜孔庙及全国各地孔庙里都有的祭祀建筑，为三进院落式建筑，如棂星门、大成门、大成殿、两庑、杏台、崇圣祠等，西轴线为家祭空间。其作为家庙又保留了独特的形式，如"思鲁阁""五支祠""袭封祠""圣泽楼""报功祠"等祠堂建筑，以此突出"家礼"，从而确定家庙的性质。

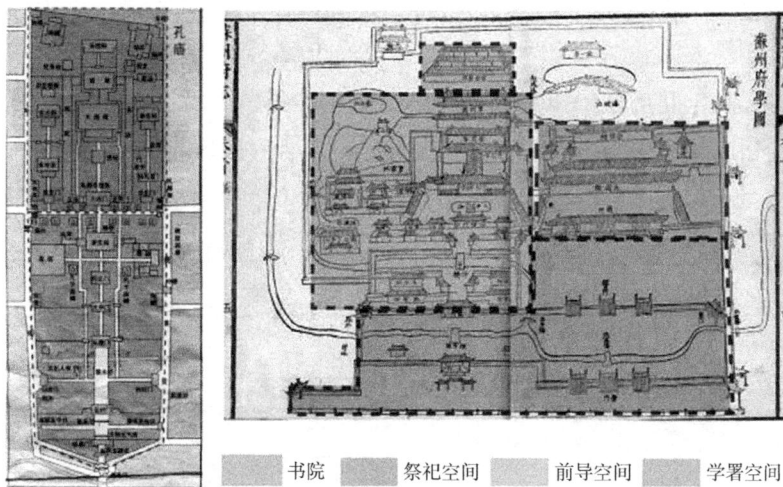

书院　　祭祀空间　　前导空间　　学署空间

图6-26　曲阜孔庙与苏州府学

大部分地方文庙往往学附于庙，合为一体，京师、府学、州各立一所，同样也是学署空间和祭祀空间兼具，在等级规制与有限的空间尺度要求下，仍表现为主次分明、对称方整、多轴平行的空间布局，体现着儒学文化影响下的文庙轴线关系。作为学署，空间关系呈现为"左庙右学"或"右庙左学"或"前庙后学"等形式，组合成以主要建筑"大成殿"院落的祭祀空间为核心，其他内庭空间为辅的位置关系。以苏州文庙为例，最初便分为东西两院，形成了以两条中轴线统领的两大建筑群体，成为"左庙右学"布局的典范，并且也开启了庙学合一的模式。

庙学合一之后，文庙出现了学署空间，庙与学的主次地位曾多次反复变化，最终因为祭祀规制的不断提升，"庙"最终成了文庙建筑中的主要部分。

譬如明初年间，南京国子监的建造先"学"后"庙"的顺序，整体空间构成就以学署空间展开。学者认为明初南京国子监虽庙居于左位为尊，但学的空间处于整个建筑群的中心位置，统领和控制整体建筑群，"学"的空间地位事实上更为重要。

文庙中的学宫区域实质为官学体系下形成的学署，民间的教育及儒学的传播依然主要靠民间书院。山林书院的空间布局形式较为随意灵活，通过变化的空间关系营造书院环境，如虞山书院形成了与文庙不同的自由分散的布局形式，只是空间中出现了模仿官学的独立祭祀空间（图6-27）。清代书院开始逐渐从山林向城市推进，出现城市书院，同时采取与文庙相邻的组合形式，这时书院景观布局及空间受到文庙环境的影响。苏州文庙内部的紫阳书院位于文庙尊经阁后，与尊经阁、明伦堂处于同一空间轴线中，归属于"左庙右学"的学署部分。可见，文庙从"庙"发展成为"庙学合一"，在空间布局上逐步扩大，并纳入官学作为其空间中的一部分。书院在唐、五代的山林发展阶段，空间形式依据环境进行布局，尚未见祭祀功能的记载，之后书院开始模仿官学，但祭祀空间仅为次要部分。山林转向城市后，书院开始依附于文庙，大多按照轴线形式进行布局，且划分了学署和祭祀区域，也转向了从"学"向"庙学"发展[①]。

图6-27　虞山书院

（3）书院与祠堂的互为转化

唐宋开始，书院历经元明清阶段逐渐成为主导民间教育的组织。经由地方儒士的创办与支撑，各地区的书院往往单成一派，这种趋势在南宋初期凸显出来。理学群体在社会上形成推动文化发展的强势力量，引领理学思潮与书院教育的结合。与此同时，为了延续学统，各个地区为先儒、先贤修建祠堂以尊学统、弘扬学术，因而建成一批有别于城隍庙、土地庙、关帝庙等庇

① 朱汉民.南宋书院的学祠与学统[J].湖南大学学报（社会科学版），2015：5-12.

佑性祠堂的场所，即礼制教化为主的先贤祠堂。《嘉泰会稽志》中记载："郡人谓禹庙（祀主：大禹）为庙，下千秋观（祀主：贺知章）为先贤堂。"而民间庇佑祠庙随即也受到礼制文化的影响，构成祠堂的另一部分。两者虽然都归属于祠庙形制，但先贤祠堂与书院的关系更为密切，主要源于儒家礼义教化，庇佑性祠堂则来源于传统的民间信仰。

在选址方面，与书院开始建立时选址于山林不同，先贤祠堂的选址带有极强的功利性，大多是在城市。一方面面向城市大众，如绍兴镜湖先贤祠、建康青溪先贤祠、临安西湖先贤祠等，使得大众方便参与儒家主体文化的教化活动；另一方面明清时期所建祠堂靠近各州县学宫，"不于庠序，非所以风励学者"[①]，因而处于教育机构周边或先贤活动有关的地点，"学者游是学，拜是祠，庶几想象诸贤之为人，以无负国家之倚赖"[②]，进一步促成社会教化下移，成为城市中儒学的最高精神代表。北宋年间"讲学道义，贵近庙庭"[③]。以明代嘉靖年间长沙祠庙建筑分布为例，在明嘉靖年间《长沙府志》中总共记载了长沙府16处庙祠，其中先贤祠10处。除岳麓书院内设置二先生讲堂和六君子堂，其他祠堂建于长沙府城内的占比大于建于城外的占比，且密集程度远大于城外的祠堂，同时祠堂所建位置多靠近文庙。而至清光绪年间，《湖南通志》中共记载长沙府祠庙27处，建于城内比例远大于城外，先贤祠庙依旧围绕文庙及庙坛周边建造，见图6-28。据清代湖南巡抚王文韶《敕建曾文正公祠碑》记载，曾文正公祠就位于贡院以东。

在布局方面，以"院落"为单位是我国传统建筑平面布局的基本特点，祠庙与书院建筑同样具备这一特点，均围合形成院落。但祠堂与书院之间存在一定的差异。从平面布局上看，祠堂以轴线形式分布，呈现大门、拜殿、正殿、寝殿的序列，主要功能是祭祀；而书院从棂星门开始，讲学、藏书、斋舍为传统书院的主要功能空间。其中教学、藏书为大部分书院的主体，空间比重突出，祭祀功能空间弱化，尤其在部分家族书院中。另一方面在祠祀建筑空间内部，书院大多采用"同堂合祀"的方式，通常将一祠划为左右二室，左右两边依次祭祀名宦和乡贤，并依据朝代及其时间顺序分布。之后开始出现分祠，尽管历史记载的时间并不确定，但作为独立的祠堂，并未呈现

① 沈旸.宝璐·明代庙学建制的"变"与"不变"：兼及国家权威的呈现方式[J].建筑学报，2018：56-63.

② 李修生.全元文（60册）[M].南京：江苏古籍出版社，1999：69-70.

③ 沈旸.宝璐·明代庙学建制的"变"与"不变"：兼及国家权威的呈现方式[J].建筑学报，2018：56-63.

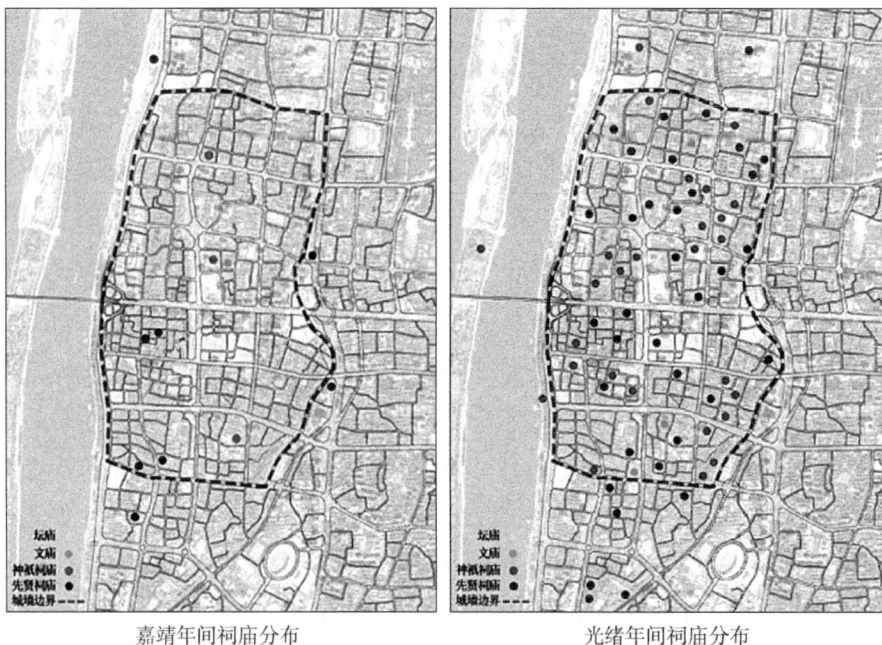

嘉靖年间祠庙分布　　　　　　　　　　　光绪年间祠庙分布

图6-28　长沙府祠庙建筑分布图

左右二祀室的布局，而是在两厢以左昭右穆的序位供奉支系祖先。

从布局选址、内部空间两大方面，书院与祠堂虽在建筑形式上呈现为两种实体，但空间关联密切，互为影响。这种影响发展到一定程度，导致祠堂与书院之间出现了转化。朱汉民认为，南溪书院就是祠堂转变为书院的案例之一。在尤溪县南公山之山麓，地方官营建祠堂纪念二朱先生，南宋后期由祠变学，即从祭祀二朱的祠堂变成聚徒授学的南溪书院。同样，濂溪书院早期形态也是祠堂的形式，在历史推进中逐步加入了教学场所，演变为祭祀与教学并重。诸多书院也是遵循这一发展路线，但也有反其道而行之的案例，像陈氏书院就是在书院"外壳"下的宗族祠堂。陈际清在《白云、粤秀二山合志》中提及"乾隆间有合族祠之禁，多易其名为书院、为试馆"[①]，陈氏虽为"书院"而却担负宗祠的实际功能。建筑整体为四向封闭的院落，围合成向心的形式。整体建筑群前低后高，正中主房是所有建筑中体量最大的一处，主要是作祭祀之用——供奉历代祖先，蕴涵传统"礼"的观念。而真正的书院空间往往封闭性较弱，表现出的向心性不强。

总之，无论是官学文庙或是祠堂，与儒家传统书院在景观或是空间上存在诸多的差异，但在其精神本质上，都是出于对传统礼制文化的继承和对共

---

① 胥璟.岭南明清建筑"陈氏书院"装饰艺术初探[D].西南交通大学，2009：89.

南方传统书院景观与人居环境

同祖先的尊敬。在祭祀空间或是教学的环境中，通过外在的空间结构与内在人文社会所表现出来的形态相互作用，形成了特有的空间形态。儒家礼制义化建筑中隐形的规则和无形的张力赋予其在景观及其空间中的象征内涵：一方面反映着官方与民间共同的物质文化需求，另一方面，建筑的中轴线排列、庙与学的模式、择址等方面均暗合着精神观念上对秩序的追求。

第七章
南方传统书院景观
设计的观念与原则

儒家书院的择址原则

　　书院的择址观念内含着儒学文化下古人对理想人居环境和生活状态的理解。书院多选择在僻静优美之处，亲近自然而远离喧嚣。这种书院周边环境的主动选择与儒家传统的治学方式有着密切的联系。儒家更倾向以体验和感悟的方式来提升自我，知识可以通过求知的手段、学理的途径来掌握，而对"性"与"命"的感知更多需要切身的体验和经历。在中国传统观念中，"自然"是一个极为重要的概念，回归自然的状态是追寻"道"的重要方式，身处尚未受到人类活动影响的自然环境之中，内心的欲望将受到荡涤。因而书院择址于自然山林之中并非只是作为单纯的读书空间，更是格物穷理、修身体道的场所。

　　儒教书院的择址大都极为讲究，从儒家对环境的理解中我们可以对儒家书院择址的观念稍作分析。"儒家文化把动物、植物、大地、山脉、河流都作为道德共同体的一员，重视它们的内在价值，要求用道德的态度对待它们。"[①] 这样的道德取向使得儒者在对待环境中的客体时不仅仅关注环境本身，而更多地关注其背后所隐含的"天道"、尊重个体生命。"古代中国人直接面向自然——水及其润育的植物——寻求哲学概念得以构建本喻。他们的思想进路是整体性的：经由对自然规律的考察来洞悉人类社会的支配力量。"[②] 儒家对于山水的偏爱造成了书院大多坐落在自然山林之中，或紧邻自然山体和冈阜，这里在自然资源上比城市乡镇中的环境更为丰厚，书院内外几乎不缺乏自然山石之美。因而，在书院周边环境中的山（石）、水、植物成为空间的主导，形成地貌特征具有典型性、文化积淀浓厚、生态环境

---

① 乔清举.泽及草木、恩至水土：儒家生态文化对于自然的保护[C].//国际儒学论坛，2010：10.

②［美］艾兰.水之道与德之端：中国早期哲学思想的本喻[M].北京：商务印书馆，2010：7.

优良的区域。书院的择址分为三种类型：以水为主体、以山林为主体、山水相依。

一、就水架屋：选择水川为主体环境

水是人类生活中不可或缺的物质，也随处可见，它会以各种形式出现。但在景观环境中，主要是以江河或是池、湖等形式出现。在传统儒家文化看来，水还具备了其他多重内涵——儒家性善论的哲学面相。孟子最早用水性来形容人性，提出人性的向善。张载认为："性之在人，犹水之在山，其清不可得而见也，流出而见其清，然后知其本清也。"[①] 程颢在孟子的基础上将水分为三个层次，以此划分人性所受到其他影响后而出现的变化。

书院作为一种实体环境的一部分，必然也会与水发生关联。部分书院建在水边、湖边，甚至有的书院被水所包围。白鹭洲书院就是（图7-1）典型的被水包围的例子。赣江环绕在白鹭洲书院周边，吉安知府沈作朋作序云："见章贡之水自南而下，中衍一洲，蜿蜒若长虬，诸峰环拱，二水分流，神冈崎其前，螺川汇其后，所谓风帆沙岛，烟云竹树，靡不竞献于讲堂学舍

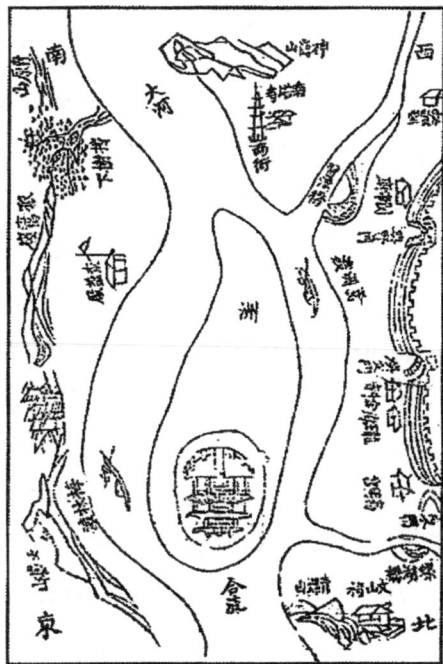

图7-1　白鹭洲书院地形位置

---

① 张载.张子语录·后录下[M].北京：中华书局，1985：341.

间。"^①正是利用了被水包围的特点，白鹭洲书院才得以与两岸喧嚣的环境相隔，获得了一个远离世俗的读书之所。另一个案例为衡阳北部的石鼓书院。石鼓书院三面均被江水包围，是为绝佳观景之处。朱熹在《石鼓书院记》中开篇即点明书院的择址所在："衡州石鼓据烝湘之会，江流环带，最为一郡佳处。"^②李拔常在傍晚之时卧坐于此吟唱作诗，如《留待轩说》：

> 盖尝登览而领其越矣。轩之只非一，以月为最；月之景皆同，得水而神。蒸湘交会于前，汪洋无际，每遇皓魄东来，波光灿烂，如万顷玻璃盏，荡人心目，不觉尘念为清……夫心之与理，亦犹水之与月也，水映于月，理涵于心。月落万川，面面皆圆，而不知止此一月也；心藏万理，头头是道，而不知止此一心也。然水至清乃能照月，心至清乃能烛理。假而云雾障之，物欲戕之，譬扰反鉴索照，而欲尽其能也，不可得矣。

二、因山构室：选择山林为主体环境

上古时期我国先民就已然产生了对山岳的崇拜，在他们看来，山与神灵之间是相通的，并由其产生跟山有关的神话传说。这就为"山"这一文化意象赋予了神秘而神圣的色彩，激发出古人对山岳的敬畏和崇拜，也促使古人自发地开始对山岳进行想象、理解和思考。如果说水在儒家文化中象征着生命的变化不息，山作为自然现象中最为永恒的事物则象征着生命的恒久与静止。孔子认为："知者乐水，仁者乐山。"（《论语·雍也》）在儒家观点中，"仁"是最为重要的德性，是人之所以为人的最重要的体现。朱熹《四书章句集注》注为："知者达于事理而周流无滞，有似于水，故乐水；仁者安于义礼而厚重不迁，有似于山，故乐山。"山不因外界纷扰而有丝毫的改变，故而在儒家思想中山象征着安稳、厚重等特征，更是儒家义礼观念的具象化体现。此外，山为草木、动物提供了生发之所，使其可以安居于山林间，这种品性展现出山的"造化之仁"，其在内涵上与《易传》中"天地大德曰生"的"生生之德"有共通之处。"夫山于天地间为物最庞硕，草木之所生，禽兽之所蕃，宝藏之所兴，古称出云风通气于天地之间而国家以成，是仁者所以乐

---

① 高立人.白鹭洲书院志[M].江西：人民出版社，2008：3.
② 王涵.中国历代书院学记[M].北京：商务印书馆，2017：52.

山，是固非局于游观之娱而昧于造化之仁者所能体认而兴起也。"[1]

儒家隐逸文化也使得山林环境成为文人士大夫的修习之所。传统儒家文化中"达则兼济天下，穷则独善其身"的生活态度为文人提供了仕与隐两种人生选择。在隐居读书的过程中，这部分儒者在山中聚徒讲学，著书立说，明理静心成为其精神上的追求。远离尘嚣、亲近山林使身心得到全面的熏染，山林景致为其带来新的生命感悟。

在儒家的审美观中，注重利用植物表现出的特性与其所推崇的君子美德相比附，比如在《论语·子罕》中所提到的："岁寒，然后知松柏之后凋也"。因为植物寄托了完美的人格理想，也相应地在自然环境中成为观者所共同理解的文化象征。例如荷花出淤泥而不染、松柏傲雪凌霜不惧风寒、竹子有节等观念广泛地影响了中国的诗画、文学、园林等艺术创作，成为中国儒家文化的特点之一。此外，植被的颜色、质感将山地的肌理变化凸显出来，成为书院人为景观与山川自然景观之间的过渡。

以山林为空间主体的书院往往选择在山麓或是山间台地，这样的空间往往是土壤肥沃，植被茂盛，被天穹、山体、林木所围合。书院周边空间往往呈现出"秀美"或者"幽静"的空间特点，而非高山大川的奇绝险峻。这样的空间往往具备两个要素：其一，山在整体形态上柔和平缓，少有突出高耸的悬崖峭壁。空间呈现出"山光悦鸟性，潭影空人心"的亲切和谐氛围，使人沉浸其中，更为接近"天人合一"的理想状态。以山林为主体的书院周边环境最明显的特征就在于地形的起伏变化，地表的隆起构成了视觉景观的主要组成部分，高低变化的轮廓使得山林环境明显区别于平旷的、以水为主体的环境。地形的高低变化提供了不同的观赏视角，人在山林之间可仰视、可远眺、可鸟瞰，视觉感受丰富。书院周边草木丰美，人在其间虽然视线受到阻挡，但可以沿着草木的方向进行延伸，体验一种曲径通幽且"奥秘性"的氛围。"置身于风景环境，倘若能进一步'走进去'的话，仿佛就可以观赏到更多的东西，索取更多信息，使风景场面具备引人入胜的气氛，人们在这方面的偏爱就是奥秘性所具有的品质……人们总是偏爱那些值得探索、有待深入发现的环境。"[2]重庆聚奎书院（图7-2）山顶布满磐石，石头突出部分被苔藓覆盖，冬天看起来像黑色一般，错落于山林之间，为书院营建出与周边迥异的环境。

---

[1] 何忠礼.黄震全集[M].杭州：浙江大学出版社，2013：2341.

[2] 刘滨谊.风景景观工程体系化[M].北京：中国建筑工业出版社，1990：79.

图7-2 聚奎书院现状

三、山环水绕：山水相依的环境

山水相依的环境是最为理想的读书修习之所。山水相依的环境构成景观的自然感和丰富性。郭熙在《林泉高致》中谈及山水关系，认为"山以水为血脉，故山得水而活；水以山为面，故水得山而媚。"水景借助地形的变化而产生不同的形态。不同于上面提到的在以水为主体的书院环境，在山水共同主导的环境中，水的体量往往无法与山相较，但却形态活泼多变，成为环境中的点睛之笔。宋代画家郭熙认为："水，活物也。其形欲深静，欲柔滑，欲汪洋，欲回环，欲肥腻，欲喷薄，欲激射，欲多泉，欲远流，欲瀑布插天，欲溅扑入地，欲渔钓怡怡，欲草木欣欣，欲挟烟云而秀媚，欲照溪谷而光辉，此水之活体也。"因而在山水相依的环境中，不同形态的水景在视觉景观中有着突出地位。水与周边的山林草木形成对比，水蜿蜒曲折的流向突出了山地的远近层次，水或湍急或平缓的流速突出了山地的起伏，水的清澈透亮则衬托出山石的厚重沉稳。狮山书院是山水相抱的典型（图7-3）。书院处在平坦之处，周边环绕山峦，根据《浏东狮山书院志》中的描述，在群山包围中形成了独立的空间，其中伴有狮山八景（图7-4）。

同时，山水地形影响着书院朝向，"风水说中提倡的以'背山面水'为佳地的通则亦与'智者乐水，仁者乐山'的思想相契合"[1]。"形胜"的风水观念成为古代书院择址的重要因素，士人只有禀天地之灵气才能成长。

南方传统书院景观与人居环境

---

[1] 卢山.书院建筑的文化意向浅论[J].中外建筑，2002：13-15.

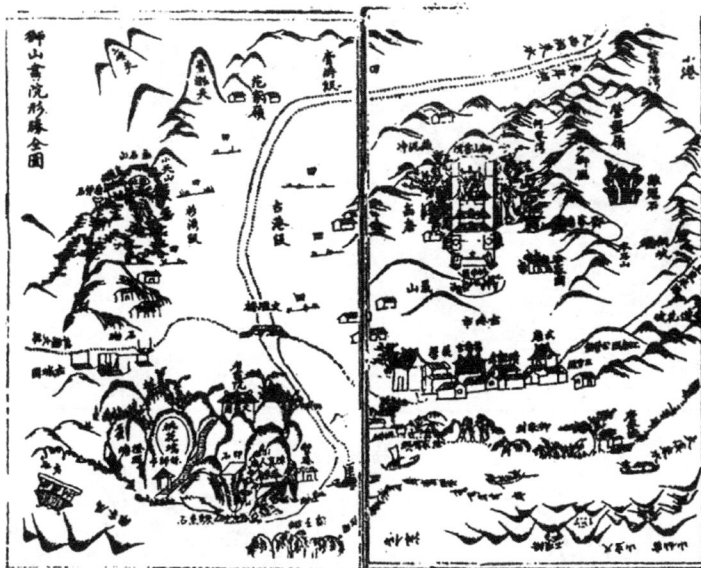

图7-3　狮山书院形胜

图7-4　狮山书院八景图（一）

图7-4　狮山书院八景图（二）

1. 三面环山，一面向水

三面环山，一面向水的格局是传统书院择址的一种典型环境格局。群山的环抱为书院提供了清幽安静而较为封闭的场所空间，其间也更易形成良好的小气候环境。岳麓书院（图7-5）代表了"三面环山，一面向水"的书院择址。岳麓山、凤凰山、天马山与湘江构成的山环水绕的格局是绝佳的"藏风聚气"的地形，挡住了来自西北方向的寒风，书院前地形一片平坦，与湘江之间没有阻隔。宁乡云山书院也如出一辙，是所谓"如盂如掌"的吉地。

2. 三面环水，一面背山

无论是出于生活还是生产的需求，水自古以来就是重要的自然资源。所以除了上面所提及的儒家对水的推崇，出于生活所需，书院建筑的选址有着天然的亲水倾向。因而书院外部环境以水为主的山水格局中，三面环水的环境以水作为阻隔外界干扰的有效屏障，同样有助于学子们静心求学。宁乡东山书院被水所环绕，呈"品"字形，与周边隔绝（图7-6）。原被称为"竹林精舍"的考亭书院三面均被溪水所绕，故又名"沧州"。

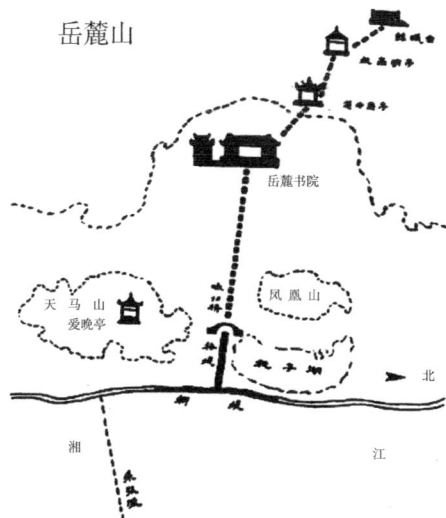

岳麓山

岳麓书院

天马山
爱晚亭

凤凰山

北

湘　　　　　　　　　　江

图7-5　岳麓山示意图

图7-6　东山书院周边环境

3.依山傍水

依山傍水是指在书院两侧有山和水的存在，但离书院尚有一定的距离，从宏观的角度而言，山水在大的范围上依旧影响书院。如洞溪书院离山水虽然较远，但整体坐落在山围水绕之间。书院发展到后期，特别是到了清代大多坐落在城市中，但为了文人的山水情结，在择址时尽量靠近山丘和流水，如长沙城南书院依托了妙高峰的山、水、林、池等自然景观。

总的来看，书院择址遵循儒家"天人合一""与天地参"的思想，前者主要是指天地人三才各有其道，其中天道在于"始万物"，是宇宙间一切事物的肇始之源；地道在于"生万物"，是地球上万事万物的生养之本；人道在于"成万物"，是人世间所有事情的形成之因。所以居于人道的人们需要在遵循天道、地道的基础上来用物以成物，这样，人才可以与天地并列为三，即与天地参，书院的择址与建设也是如此。

第二节

书院景观的山水格局

书院景观与自然山水保持着多维的联系。在空间中，书院依山傍势；在生态关系中，书院维持原有生态格局；在情境关系中，书院景观是从人的角度去处理自然环境。

一、书院景观与周边山水的空间关系营造

在自然的环境条件下，书院因基址环境大小、宽窄、陡缓不同，而表现出的书院景观与周边环境的空间关系也不尽相同。但总的看来，传统儒家书院景观中节点设置、延伸趋势和总体形态常错台构设、顺应地形、依山傍岩，呈现出书院景观与周边自然环境依存的关系。

1. 节点设置

景观节点是构成景观的基本元素。书院景观中的节点多以石、碑或是亭作为节点，展现自然景观的空间秩序。

（1）起点

书院中的序幕往往是书院的前导空间中亭阁、棂星门、碑刻等景观小品，用来昭示书院起点，引导人们进入书院。如岳麓书院自卑亭（图7-7）。自卑亭名源于《中庸》："君子之道，譬如远行，必自迩；辟如登高，必自卑。"禹王碑则是石鼓书院的起点。

（2）视觉焦点

"对自然环境的结合和利用，不仅限于邻近建筑物四周的地形、地貌，而可以扩大到相当远的范围。"[1] 书院景观中视觉焦点的形式是多样的，或是因借天然的流水山石，或是因地形而建的亭、轩、廊、榭。如果处于山林之中，在自然环境中进行经典的布置，可形成视线焦点。在郊野书院中，高耸直立的塔是整体环境中最为突出的点，自然成为视线焦点。同时，水景也能吸引人的视觉注意力。岳麓书院周边的山泉溪流、泉眼和水池等构成了书院周边

---

① 彭一刚.建筑空间组合论[M].北京：中国建筑工业出版社，1998：71.

景观的视觉焦点。

（3）停留点

景观中的停留点大多是观景的地方，且可供休息。无锡二泉书院的点易台（图7-8）既是一处景观停留点，也是一处观景平台。因此，停留点和视觉焦点可能是以组合的形式出现，在观赏的同时被塑造。

图7-7　岳麓书院自卑亭

图7-8　二泉书院点易台

2.延展趋势

自然环境中的地形起伏变化为空间提供了山水营造的可能，也提供了灵活的书院建筑群体。书院景观受地形的影响产生宽窄高低起伏的变化，因而书院景观的延伸方向表现为沿溪水展开或顺山势起伏。沿地形产生的丰富变化强化了书院整体空间在整体山水格局中形态的连续性、空间的渗透性及延伸方向的不确定性。

（1）连续性

书院景观与外部环境，其关系实质上是连续性的。这种连续性是由路径连接，在空间中由起伏错落的道路加以整合。吉首潕溪书院中小溪被桥串联后经由牌坊、路亭，在台阶的指引下到达书院。曲折的路径串联了整个景观，拉长游程的同时也串联了景观小品（图7-9）。

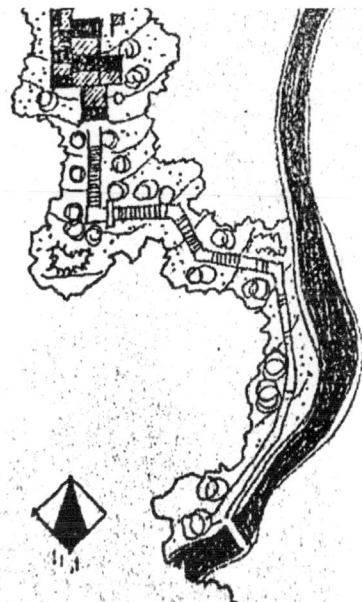

图7-9　潕溪书院前导空间平面图

（2）渗透性

书院对于内外空间的处理，采用的是联系与分隔并用的手法，以此体现景观空间的渗透性。书院内与外分隔明确，往往会缺少灵活性，两者之间没有交流；但如果不做分隔处理，空间没有内外之分，则会削弱空间之间的界限。书院的内外空间保持若即若离的分隔与联系，就可达到空间的渗透效果，景观视线也会从一个空间穿透到另外一个空间。

（3）不确定性

书院景观的延伸拓展趋势在空间中呈现出不确定性。自然景观丰富变化的形态使得书院景观鲜以某种固定的模式向外延伸，书院作为人工环境，在向自然环境延伸生长的过程中经常会出现自由和模糊的形态。

3.整体形态

书院注重对原有自然环境形态的维护，所以在营造的过程往往会为了与自然环境融为一体而整体具有一定的特征：

（1）小

书院整体的建筑规模虽然较大，但单体建筑或是主体建筑却是规模较小的。这样整个环境当中建筑的体量会被削弱，更加突出环境的因素。这是在儒家中庸的思想下以"度"为基础形成的。书院主体建筑一般都以小而内敛的形态出现在整体自然环境中，尽量削弱与自然环境的对立。"人、建筑与大自然同在，这才是真正的和适，是忘适之适。"①

（2）散

在书院环境中，不论是依据地形或是其他因素，在景观的布置上注重分散布局，即将景观点分散于不规则的山林地中，插进自然环境中。以上饶信江书院（图7-10）为例，清康熙年间书院始建于黄金山麓，在此之后不断扩建，乾隆年间在讲堂后建楼以祭祀朱熹，并建学舍八十余间，之后再次扩建，曾购西偏民房为乐育堂、近思堂，建斗山阁、五星堂、蒙泉堂、青云别墅、亦乐堂、一杯亭、问月亭、夕秀亭、三希殿等。同治五年（1866年）又建魁星阁、钟灵台、日新书屋、课春草堂等。② 目前书院虽无建筑留存下来，但根据方志资料中的图片来看，书院从江边山麓地带逐渐向山腰延伸，建筑扩建多根据山间台地分散布置。

① 王贵祥."大壮"与"适形"：中国古代建筑思想探微[J].美术大观，2015：90-93.
② 杨慎初.中国书院文化与建筑[M].武汉：湖北教育出版社，2002：97.

南方传统书院景观与人居环境

图7-10 信江书院全景

（3）隐

　　"隐"即与环境融为一体，注重自然环境与书院的关系。从主次关系上来说，"隐"已经确定了自然环境的主体地位，将书院形态退为其次，如"纳于大麓，藏于名山"。浙江平阳会文书院（图7-11）就"隐"于三山之间，建于峰后的平地上。书院以山地的形态组织空间，将山洞作为入口，借助山间平缓地势构屋架室，以后侧向上的蹬道作为书院的结尾，将书院建筑整体隐匿于山间，缓和了建筑这一人造环境与自然环境的对比冲突，营造出独特的书院景观。

1 书院入口
2 会文书院
3 华表、龙角、仙冠三峰

上观音洞

东洞

图7-11 平阳会文书院平、剖面图

二、书院景观与周边山水的生态关系营造

以自然作为书院景观空间的载体是最基本的方式，周边环境也就成了书院景观可取可用之物。在这一基础之上，完成了对书院周边环境的优化改造。这并非单纯的人本主义，也不是环境主义，而是将环境与人协调后统一发展的生态关系。

儒家的观念中就包含了朴素的生态观，"亲亲""仁民"到"爱物"突出了同心圆式的生态伦理关系。同时，周边环境也充分显示生态伦理的关系，如《孟子》中所描述的理想生活聚落的形态（图7-12），从内是人为的聚落，向外是自然的山野。①

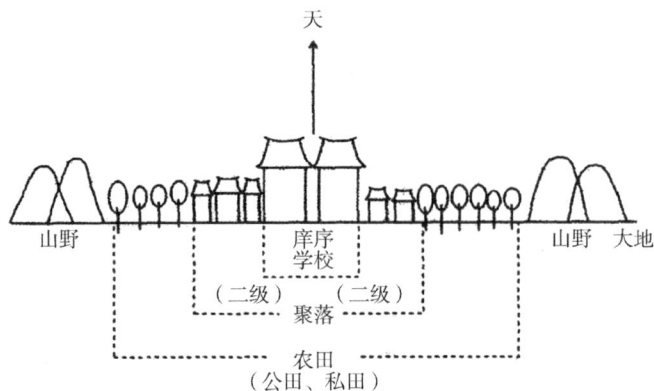

图7-12 孟子井田型生活聚落空间示意图

因此，可以看出古人对于自然虽然做了一定的介入，但并未实施大范围的干涉，人与自然始终是共生依存的关系。当然，在不同尺度下与周边环境的关系略有区别，即地域视角、景域视角和局域视角。

地域视角指的是较大的区域范畴，即书院的整体区域生态，具有独立性的生态特点。在地域视角下，书院往往会适应周边环境和生态。

岳麓书院作为书院中典型的代表，经历了千年的演变，但从文献资料可知岳麓书院与周边岳麓山的格局并未发生较大变化，仍旧保留大面积的植被（表7-1）。

① 潘朝阳.儒家的环境空间思想与实践[M].台北：台湾大学出版中心，2011：91-95.

岳麓山生态资源类型表　　　　　　　　　表7-1

类型	景型	资源单体
地文景观资源	山岳	禹碑峰、尖峰山、北极峰、响鼓岭、仰天坪、天马山、凤凰山、石佳岭、牛形山、桃花岭、寨子岭、仙窝岭、石家寺
	峡谷	穿石坡、苦竹坡、父子坡、熊家冲、桃花坞、石佳岭谷地、二环西谷地、桃花村谷地
	岛屿	柳叶洲、橘子洲
	洞穴	蟒蛇洞
	地表岩溶	笑啼岩
	奇形山石	飞来石
水文景观资源	河流	湘江
	湖泊	桃子湖、咸嘉湖、后湖
	泉景	白鹤泉
生物资源	原始植物群落	青风峡原生性常绿阔叶次生林
	风景林	枫香林

在区域的地理关系上，岳麓书院尽管是位于岳麓山的核心地带，但在营造的过程中没有对周边生态环境做出扰动，避开建造在植物繁密的区域。同时，出于用水的考虑也保留了岳麓山一带泉眼，并留有百泉、文泉、拟兰泉和汲泉四泉。

景域视角下的书院景观通过介入原有生态环境的方式，对书院周边环境进行局部调整，并在长期的发展过程中转化为整体生态环境的一部分，成为生态系统的有机组成部分，在不影响整体生态环境的前提下丰富了景观形态，并且体现了儒家"成物"的理念。岳麓书院营建过程中对植物的选择更倾向于岳麓山一带的乡土植物，这样既能保持原有的生态体系，又能在原有生态体系的基础上进行景观营造。岳麓书院在设计路径之时，尽量避免分隔原有生态区域，同时利用石、土等铺设路面，减弱人为设计而造成的异质感（图7-13）。

在局域视角下，书院建造注重人造环境，但仍旧追求"虽由人作，宛自天开"的境界，可以说局域视角营造书院景观是对周边环境的复制。岳麓书院内"花墩坐月"（图7-14）和"曲涧鸣泉"（图7-15）二景利用原本高差构成，通过对于自然的模仿，营造出局部精当的视觉中心。

图7-13　岳麓书院桐荫别径

图7-14　花墩坐月

图7-15　曲涧鸣泉

三、书院景观与周边山水的情境关系营造

儒家文化重视"意"的传达，讲求"意外生象"，更有着"神似"胜于"形似"的追求，这在书院景观中表现为景色被抽象理解为情感意象。

1.书院景观与周边环境情境营造

（1）"立象以尽意"

"立象以尽意"是《周易·系辞上》提出的著名命题："子曰：'书不尽言，言不尽意。'然则，圣人之意，其不可见乎？子曰：'圣人立象以尽意，设卦以尽情伪，系辞焉以尽其言，变而通之以尽利，鼓之舞之以尽神。'""书不尽言，言不尽意"，以文字语言表达"圣人之意"时存在着局限性。"象"因其本身所具有的形态与细节能传达"言"之所不能，故圣人"立象"以打破这个局限。"'象'是'物'的写实画，具有再现性；从语义学的观点看，'象'观念起源于观察天象的活动，是'天象'虚幻的心灵投影，具有表现性。前者，是实象，重在'象内'之构形；后者，是虚象，重在'象外'之迁想。这种既实（具象）且虚（抽象）、既内（近）又外（远）的'人心营构之象'，就是'象'的本质特征。"[1] 同样，在书院景观中有多重"象"的形式可以表达"意"，所立的"象"是环境中的点睛之笔，是空间情境关系的主导，因而书院景观得以在较小的视野下通过"立象"的方式达到情境关系的"尽意"。在"立象以尽意"的情境营造方式中，"象"只是一个或是一系列载体，而背后的情境才是表达的关键所在。

（2）以"小"见"大"

"以小见大，说的不是物理的事实，而是体验的真实。"[2] 书院景观的"小""散""隐"将书院景观分散在整体的自然环境之中，是对自然环境的回归。对"小""散""隐"的形态认知是通过环境中某一角度或位置对书院景观与周边环境进行观察，通过细小或是某一节点的景观，感受所有的景观意象，进而达到"所见之景非平常所见"的感观。所以，古代的"登高"往往并不只是为了看到更为遥远和壮观的景色，更多的是实现心灵的超越。

2.书院景观与周边环境情境的分离与融合

（1）情境分离

以院墙、竖向植物和山门为界，将书院内外划分为两个世界，书院景观与自然环境保持着和谐共生的关系，但是在认知上书院对人而言还是有着内外部空间的划分，而这种对于内外环境的认知来源于三个方面：其一，作为物质空间，书院景观是有边界的，书院景观的边界多以垂直界面的方式出现，如院墙、植物竖向的高低变化、自然的山体等。垂直界面围合起书院景观，至少是书院景观的主体部分。虽然书院内部景观与周边环境有着渗透、联通等空间关系，但书院主体景观边界依然是较为清晰的，导致书院主体空间具有内向性趋势，这与周边自然环境向外延伸拓展的形态又有明显不同。其二，作为社会空间，书院景观除了供学子静心潜修、陶冶性情之外还承担着培养人才、传播文化的社会责任，"书院建筑是民俗建筑和庙宇建筑的复合体，是一种以民俗建筑为主体、庙宇建筑为重点，带有园林环境的乡土性文化建筑，它是一个多样性、多功能的建筑组群，是教育与学术研究相结合、培育人才、传播文化的基地。"[3] 书院明确的社会功能带来了独特的文化氛围，楹联匾额、摩崖岩刻等元素无不在提示书院的教育责任，身处

① 古风著.中国美学范畴丛书·意境探微[M].南昌：百花洲文艺出版社，2017：172.

② 朱良志.中国美学十五讲[M].北京：北京大学出版社，2006：228.

③ 陈思思.白鹭洲书院的环境布局与其人才培养目标[J].课外语文，2016：164.

其间感受到的更多是入世的文人情怀。虽然自然环境在儒家也扮演着"山光悦鸟性，潭影空人心"的教育角色，但是更引发出人对自我心性修养、对自我身心的关注，所带来的是"处江湖之远"的隐逸文化。其三，书院作为精神空间，有着不同于自然环境的规范和秩序。书院的外部空间保持着更为自然的形态，而书院景观内部有着人造环境所特有的秩序。书院的秩序性体现在"礼"的精神。书院景观主体部分布局规整，强调中心轴线上的前后次序，事实上潜移默化地影响与改造着书院学子的修养与品行。出于这三方面的原因，在书院内部，书院景观保持着相对独立性，得以从周边环境中分离出来，成为整体空间中的中心。

（2）情境融合

书院景观追求与自然环境的融合，究其本质其实是追求人、人造环境和自然环境的融合。"中国古代美学历来强调，在审美境域创构过程中，主体应将自己的淋漓元气注入对象中，使对象具有人格生命的意义，以实现人与自然万有的亲和，从而在心物相应、主客一体中感受美与创造美。"[1]书院景观在其"营造"的过程中内涵了儒家理想道德境界，甚至可以说书院景观是"我"在自然环境中的具象表达——在"君子比德"的文化影响下，景观不再是纯粹的物质对象，而是被观照为具有理想人格生命的存在。而书院周围的自然环境中也包含着儒家的道德认同，正所谓"智者乐水，仁者乐山"，山、水、植物等自然元素都包含儒家对其理想人格化的理解。无论内外，书院景观环境的情境认知都是建立在儒家理想品德之下，建立在人对其的感悟和认知之下。儒家思想中，无论是创造环境还是感受环境都采用"人与万物一体"的立场。《中庸》云："唯天下至诚，为能尽其性；能尽其性，则能尽人之性；能尽人之性，则能尽物之性；能尽物之性，则可以赞天地之化育；能参天地之化育，则能与天地参矣。"从己到人，从人到物，从物到天地，人与天地万物合德所经历的必然过程，只有在"上下与天地同流"中才能获得心灵的自由和内在超越。

---

① 李天道.中国古代人生美学[M].北京：中国社会科学出版社，2008：90.

儒家书院内部景观组织

一、儒家书院景观的空间布局

景观的空间布局不仅要满足外在地形条件，而且也要满足内在功能。书院虽然承担了部分祭祀的功能，但没有像其他宗教建筑那样过于强调神圣感，只是为了营造一种可游、可居、可感的空间环境。所以书院的建筑单体高度并不突出，而更重视空间结构和序列。在此，我们对书院景观的空间布局类型进行分类。

1.轴线连接型

轴线连接型的空间组织形态是以轴线、轴网来组织书院的空间，也更像是民居中的合院或天井的形式，利用轴、网线串联起每一进院落，空间呈现出紧凑、内敛的状态，在整体空间上呈现出线状或线网交织的面貌。这样的空间结构多应用在地势较为平坦，没有太多起伏变化的地形中，是山脚下的平地、郊野或城乡中的书院空间组织的常见方式。轴线连接型的书院空间表现为两种形态，一是以单一轴线进行空间的组织串联，二是双轴或以上轴线并列排布，使空间出现并列的形态。

在一些规模不是很大的书院中，单轴是最为常见的。单轴引导空间和组织空间，利用轴线关系强调景观空间中的主次。在这种基础上，书院内部庭院以建筑作为主体，配合使用左右对称的栽植方式，山石等较少出现在有限的空间内。观赏视线上比较简单通透，直来直往。以四川成都的绣川书院为例（图7-16），书院总共有四进，其中每进都被轴线串联，植物是较为矮小的乔木，空间内部简单，组织关系明确。

双轴分布的书院目前遗存较少，但古籍文献中有不少记录。如淮安奎文书院（图7-17），根据《奎文书院图》来看，明显分东西两个部分，存在平行的两条轴线。另外台湾新竹明志书院、湖北松滋鸣凤书院也都是以双轴的方式进行空间组织布局。除此之外，多轴并列也出现在书院的布局中，最为典型就是白鹿洞书院（图7-18）。

图7-16 四川成都绣川书院第三进院落

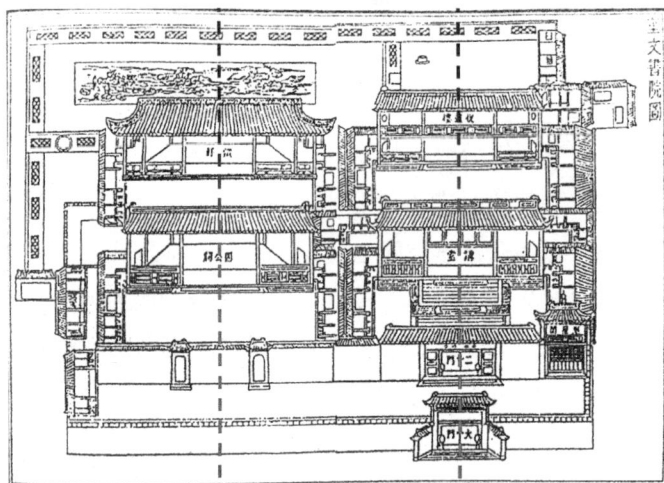

图7-17 淮安奎文书院平面图

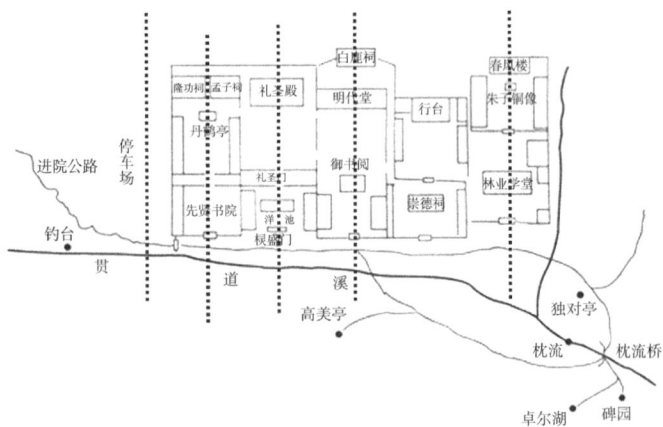

图7-18 白鹿洞书院平面布局图

除此之外，以台阶连接串联空间也是书院的一种组织形式。这种布局大多处于斜坡山地处。浙江杭州的万松书院就是典型案例。书院整体处在万松岭南坡，南北高度落差超过40m。学海堂书院（图7-19）虽已损毁，但据资料记载设在山腰一带。

图7-19　广州学海堂书院布局图

2.台地组合型

台地组合是利用多层空间布置，以适应不规则的山林地。这样的组合将书院的使用空间与交通空间明确分开，保证空间之间不相互干扰，也使空间之间保持功能联系。浙江绍兴的蕺山书院（图7-20）建造充分利用山间高低错落的若干台地空间，以石阶山路串联。紫阳书院凌空架构在两石之间，背靠石崖。

图7-20　蕺山书院旧照

二、儒家书院景观的时间序列

儒家书院景观中的时空序列通过人在其中的活动而产生。人在空间中的运动产生对空间的认知，认知伴随运动发展成为时间变化。在儒家看来，时间并不仅仅代表时间本身，而是指向富有生机的天地万物，即万物的生长变化。尽管人处于空间的位置不发生改变，但周边的景观植物依然发生变化，也会让人产生时间之感。在古代，人们对于空间与时间的认知实际上是一体的，在营造书院之时景观融合了时间与空间两者。

从人的视角看，时间的流逝在空间的推进下演变。梅洛·庞蒂认为人意识不到时间，但可以从位置的转换体验到时间的运动。中国传统空间中"观游"也就是一种时间向空间转换的审美体验。人在空间中"游"走，以游息的节奏推进，空间中疏密有致的布局规范了观者游息节奏与时间，景色的不同使得观者在各处所用的时间也不同，每一处的不同也导致观者在每一地的行、停、观所花的时间并不一致。步伐随着位置和景色发生转变，人依据次序和空间安排从一个空间进入另一个空间，不知不觉间时间流动的节奏引导了我们对空间的认知，最终在穿行之中感受到景观的全貌，也体会到不同时间点下景观的各种状态。因此，书院景观的整体性是随时间流逝而实现的。

书院的空间四方并不是表达时间的主要方式，还添加了其他的时间介入景观的方式。人在景观空间中的运动方式并不是直线形式，以四方作为时间的表达并不明显。蜿蜒曲折的路径构成书院园林的各个景点，形成"路径""节点"，实质上都是时间的景观。在万松书院的游览中，时长决定了认知空间景观的整体程度。万松书院根据浏览的不同时长给出了不同的游览路线（图7-21～图7-23）。

图7-21　万松书院一小时建议游览路　　图7-22　万松书院两小时建议游览路线

图7-23　万松书院半天建议游览路线

同时，书院景观的命名方式也体现了"时间"与"空间"的结合。春、夏、秋、冬四季或是朝、晨、暮、昏等特定时刻都是书院景观"时间"上的体现。例如"东岩晓日""佛寺晨钟""仙岩夜月""夜渚月明""风日水滨""明月雪时"等，利用这样的"时间"作为引导将松散的"空间"重新整合。

除此之外，书院特定景观空间与时间的结合会带动人的情绪。在儒家传统的时间观念中，生命的价值在时间中变迁和流转，尽管个人在其中的体悟不尽相同。孔子感叹"逝者如斯夫"，在他看来，景观中的水不仅仅代表水体，更代表"昼夜"，即时间的流逝。这种利用景观表达时间与空间的结合，让人所关注的不再仅仅是当下，更多的是指向过去或未来（图7-24）。因而书院中的景观建筑，尤其是祠堂等往往是对故人旧事的追忆和缅怀，利用物或景回到过去，并且激励儒生后学产生向学的问道之心。

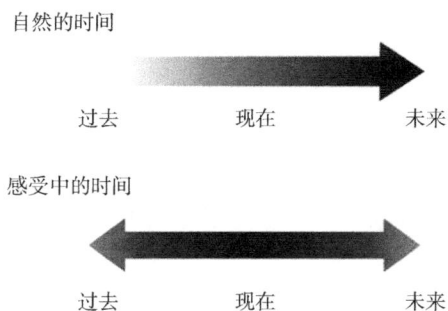

自然的时间

过去　　　　　现在　　　　　未来

感受中的时间

过去　　　　　现在　　　　　未来

图7-24　空间下的自然时间与人感受到的时间

第八章

南方传统书院景观
对当代人居环境营
造的启示

吴良镛先生在其著作《人居环境科学导论》中认为，人居环境可以理解为人类聚居生活的地方，是与人类生存活动密切相关的地表空间，它是人类在大自然中赖以生存的基地，是人类利用自然、改造自然的主要场所。人居环境是人类与自然之间发生联系和作用的终结，人居环境建设本身就是人与自然相联系和作用的一种形式，理想的人居环境是人与自然的和谐统一，或如古人所云"天人合一"。[①] 传统书院兼具教育、祭祀、游憩等多种功能，是古代师生工作、学习和生活的空间集合体，另外，书院以远离市井、亲近自然山林的环境为择址偏好，因此，可将其视为一个相对独立的人居环境组团展开分析。

传统书院景观设计中的生态智慧

中国传统书院是我国具有代表性的教学建筑，与当代文教建筑具有比较相近的功能属性。挖掘其景观设计的生态智慧，有助于提取有效的文化、审美和景观设计信息，运用于当代文教建筑的设计。

一、天人合一：注重与大自然的结合

古人，特别是儒者，构筑人居环境，一定是在天人合一的理念下，在大天地中造小居所，是为与天地参。由此，儒者的人居环境择址多为傍靠群山、水流环绕的山林环境，在方便交通的同时亲近自然。北宋理学家周敦颐以门前的杂草不予清除比拟生活情趣，侧面反映出古代儒士热爱自然的态度，也体现了善用自然的生态智慧。山林远离城市的喧闹，宁静而质

---

① 吴良镛.人居环境科学导论[M].北京：中国建筑工业出版社，2001：38-39.

朴的环境为静心学习提供了良好的环境。中国古代书院建筑善用环境，其因地制宜的空间布局减少了人工改造，成就了书院与自然融合的环境美感。

相对于传统书院，当代的文教建筑多以"方便"为准则，择址于闹市区，也因此失去了宁静的空间环境；不尊重原始环境，"夷为平地"的做法在一定程度上违背了生态伦理。从学校这一类具有教育功能的场所来说，承接中国传统文化，可把自然环境当作教育的母本，使学生在和谐共生的自然环境当中产生"比德于山水"的情感，塑造其完整的人格。

二、经世致用：注重实用功能的安排

《大学》提出格物、致知、诚意、正心、修身、齐家、治国、平天下"八条目"，是为儒家的道德修养论。无论是自身修养，还是兼济天下的远大抱负，儒者一直秉持入世事功的理想，追求经世致用，对于人居环境的构建亦是如此，注重场所的使用功能和精神功能。使用功能上满足书院教学、祭祀的要求，精神功能上注重书院环境对于儒者人格的塑造，体现出儒家景观设计中的物质生态智慧。

书院作为一种建筑群落，具有严谨的功能布局形态。一般来说，书院前部多设置引导区，后由讲学区、藏书区承接，呈轴线布局形态，主轴线单侧或两侧安排祭祀区，或将用于师生休息的斋舍放置在讲堂两侧。这种平面布局形态突出了中国古代的礼法制度，而由功能决定的动线安排也为学生切换学习与休息活动节省了大量时间，学居一体的空间模式便于学生向老师请教。廊道是联结书院不同功能的通道，是常见的交通走廊，又因经常被设计成碑廊而具有极强的教化作用。当然书院的师生数量无法与现代大学相比，故二者的空间尺度也不在一个层面，但仍可以传统书院作为范本，考虑将通道视为活动路线，如在过道空间内部安排文化宣传，增强交通空间的附属功能。

三、仁义礼智：注重文化氛围的营造

在人居环境的精神功能营造上，礼的观念一直贯穿其中。书院大多数空间为中轴对称布局，在中轴线上布置最重要、最主要的建筑，其左右配房通常是对称布局，在景观环境上呈现为规整的空间，这种空间似乎有点刻板，但很"正"，十分规矩，符合儒家礼仪，主次分明的建筑隐喻着长幼尊卑的社会秩序，而措辞讲究的匾额、楹联也点出书院的主旨，体现出中国古代儒家书院景观设计中的文化生态智慧。

自古以来，书院都是培养名人与大儒的摇篮。王夫之、陶澍、曾国藩、左宗棠等经世之才均出自岳麓书院，良好的空间设计成为影响个人行为的利器。文化是空间设计的源头，空间设计中文化氛围的营造表现为区域文脉的传承，从设计方法来说，景观小品是景观氛围营造的重要方法。以中国古代书院建筑为例，建筑内部的碑刻、楹联及匾额多以名人故事、励志或警示的语句、修身之道和规章制度等为主要内容，学子在这样的文化环境中接受教育，更易于培养其勤奋学术、提升品性的远大志向。当今的文教建筑场所，亦可以采纳古人智慧，通过设立文化雕塑、碑刻等富有启迪作用，同时包含深刻文化意义的景观小品，增添建筑空间的文化气息，以求熏陶学生，使学生产生正向的行为。

四、斯文在兹：注重场所的文脉延续

书院自产生以来，多数是私立传道教学场所，但是很快就确立了自己的建筑属性。虽然各地书院地域、气候、风格、材料有所不同，但总体上形成了一套独有的空间布局。除了明显的中轴对称布局，书院内教书处多在大成殿两边的庑廊，斋舍都在旁边的位置。这样的布局加上各个建筑对应的儒家典故，暗喻了每一处建筑的功能，也延续着书院场所的文脉，体现出儒家景观设计中的社会生态智慧。

场所文脉不仅是区域内的历史和文化精髓，还包括当地日照、温度、季风等自然条件和自然现象，区域文化与自然条件是场所漫长时光的衍生物，并同时生长出价值观，是一种记忆的延续。[①] 人们只有了解与掌握了当地的自然环境、气候、文化历史和现实使用需求，才能设计出具有历史文脉且舒适的场所环境。这种情况下的建筑基本具备了当地的区域文化特点，也会受到当地营造技术与空间形态的影响。我国南方地区自然条件优越，择址于山林的书院恰好利用了这一天然的资源优势，同时，由于受到南方天井式院落布局传统的影响，书院多呈现出廊庑式布局心态，兼具雅致的建筑艺术风格和实用的功能布局形态。反观当代文教建筑，追求"时尚"，徒有"现代化"外表，而不考虑区域的文化性与民族特征，缺失在地性，也就失掉了历史文脉。

① 熊华希.书院空间模式在现代大学校园公共空间中的重现[D].厦门大学，2014：45.

五、君子品格：注重审美情趣的培养

中国传统书院以教书育人为主要目的，虽然某种程度上属于中国古典园林一脉，但在空间形态上远不及后者自由闲适，正由于此，书院建筑谨严的布局处处透露出法度和仪礼，可以培养儒生自省、克己、慎独的品质；书院园林自由的布局又处处显示出活泼的氛围和特性，可以培养儒生宽仁、磊落、恬淡的品质，体现出儒家书院景观设计中的精神生态智慧。书院的空间艺术风格雅致且朴素，运用对比、借景等景观营造方式，产生高低错落的景观效果，与严整的平面布局结构形成强烈的互补，反而平衡了空间，构成了协调的建筑构图形式。作为神圣的教育场所，我国现代大学校园的景观设计可以传统书院为范本，在校园景观设计中结合中国传统园林可游可观的自由气质，同时突出校园的文化性，权衡"学"与"游"的关系，在优化校园环境的同时，突出学的主题，营造文教建筑严谨素朴的精神气质。

当前，自然、轴线、组群、景观要素是构成环境空间面貌的关键因素，相关的空间营造在人居环境的设计实践中仍不完善，而这些要素恰是书院传达其精神文化内涵的重要手段。环境可对人产生直接或间接的影响，在传统书院环境中，其择址、空间布局、花木置石、楹联匾额都以或大或小的空间形式对人的心境产生作用，且这种作用似乎可以穿越历史和时间，以至于今天置身于千百年前的书院，浓厚的学习氛围和浓重的儒家文化依然令人感动。当代人居环境，不仅是可供居住与生活的物质空间，还是精神栖息之所。公共空间最大限度地承载着区域内的公共活动，是最有力的当代文化的承载者与传承者，以大学校园为代表的文教建筑是与传统书院功能相近的区域公共空间，其设计可从书院汲取智慧，因袭人与自然和谐共生的生态理念，传承优秀的中国传统文化，以求营造具有中国气质的文教环境与氛围。

第二节

传统书院景观与现代文教景观的比较

社学、义塾、家塾、书馆、文昌阁、魁星楼、文峰塔等均属于文教建筑，一般来说具有教学、旌表和祭祀等功能。在这些遍布我国城市或乡间的古代文教建筑中，尤以书院更为普遍。通过对书院历史、建筑形态的梳理，可以看出其整体空间布局、环境意境的营造与细部要素几个方面均体现出代表性与个性，展现了中国古代营造的卓越成就。基于此，本节将研究重点转向古今对比，在我国南方地区书院与当今文教建筑空间设计对比的基础之上，探索中国古代书院生态智慧对当代文教建筑设计的影响和启迪。

一、古代书院与现代文教建筑的异同

纵观我国书院发展史，书院建筑形态的形成、演变和发展与历史文化的推进息息相关，具有鲜明的时代烙印，中国古代传统书院集聚了工匠与文人的智慧，是现代文教建筑空间营造的优秀模本，但在设计参考时，应该充分考虑当代人的需求，创造符合现代需求的建筑与景观模式。以下将从规模、功能、景观小品、空间布局、园林环境等几方面论述两者的差异。

1.规模方面的差异

中国古代书院是儒家重要的教育场所，其规模也因其受重视程度、经费、环境等因素的差异而各不相同，湖南岳麓书院在古代书院中是规模较大的，其占地面积约2.1万 m^2，但相比现代的文教建筑却小了很多。当今诸多文教建筑的建筑面积十分之大，如北京大学占地约271万 m^2，与之相似，综合类的大学都将教学、研究、实验、行政等空间全部融为一体，需要较大的面积来承载丰富多样的功能，由此决定了学校的规模。相对而言，中、小学规模次之，而如公共图书馆、学术交流中心等单栋文教建筑的占地则相对较小。

2.功能方面的差异

书院的三大主要功能是讲学、藏书与祭祀，当今校园的主要功能是教学、研究与管理，且教学已成为校园中最为重要的功能。相较于中小学，大学校园的图书馆还兼具藏书的功能，部分中小学因为规模较小而没有图书馆，用"阅览室""期刊室"这样的空间代替了图书馆。此外，现今学校的图书馆还兼具提供自习空间的功能，祭祀功能已完全丧失。

3.建筑细部与构筑物的差异

书院与当代大学校园中都有诸多代表性的建筑细部彰显了文化气息。书院中最具代表性的要素有棂星门、泮池、状元桥、碑刻、楹联、匾额等，遍布的碑刻、楹联与匾额营造了浓厚的警示与教育氛围，甚至出现专门陈列碑刻的碑墙与碑廊，学子畅游其中可以受到精神的洗礼。古代书院中还经常出现石凳、石桌、石栏杆等供人们休闲使用的构筑物。而当今校园文化建设强调个人精神、学风自由，图书馆、教学楼是其标志性建筑，因此，如碑刻、楹联、匾额等细部构筑物基本没有，取而代之的是一些名人雕像或一些具有创意的雕塑品，以及休闲座椅等。

4. 空间布局方面的差异

书院空间布局受到中国传统礼制思想影响而多呈现为中规中矩的对称布局形式，大部分书院具有一条中轴线，其主要空间在这条轴线上有次序地排布；部分书院有多条轴线，主轴线上为主要空间，其他空间呈对称的形式分布在次轴线上，体现出严格的等级次序。而当代校园中建筑布局较为自由，基本不受传统礼制的影响，其主要布局原则是形成良好的人流动线，更好地满足实用功能；教学区、实验室等教学空间相邻而立，寝室、食堂、图书馆等空间自由分布，没有固定的平面形制。从立面看，书院的藏书楼与大学校园中的图书馆一般为校园中最高的建筑物，多收藏丰富的图书来给学生使用，在这一点上，两者有着相似之处。

5. 园林环境方面的差异

古代书院择址多在山水之间，因此外环境绿化较好，可以充分利用大自然的环境资源，如此，既可远离尘嚣，还可寓教于乐，在优美的环境中提升学生的学术能力与品德。此外，书院在建造时基本遵循因地制宜的原则，尽量保存原始地面形态和自然景观。而当代诸多文教建筑由于受到西方建筑设计思想的影响，较多现代化特征，人为痕迹较重，大量的建筑物与构筑物改变了当地的原始地形与景观风貌，未能体现人与自然和谐共生的原则（表8-1）。

古代书院与当代文教建筑的比较   表8-1

建筑类型 差异处	古代文教建筑	当代文教建筑		
	书院	大学校园	中小学校园	图书馆等
规模	较小	较大	较小	较小
主要功能	讲学、祭祀、藏书	讲学、科研、管理	讲学、管理	阅读、公共服务
建筑细部与构筑物	碑刻、楹联、匾额、石凳、石栏杆等	雕塑、休闲座椅等	雕塑、休闲座椅等	此类构物较少
空间布局	礼制布局方式	自由	自由	自由
园林环境	利用自然、因地制宜	人工痕迹较重	人工痕迹较重	人工痕迹较重

二、现代文教建筑空间营造中的问题

当代，大部分文教建筑时尚而前卫，但其空间营造往往忽略了许多问题：如与自然环境的分离偏离了生态保护理念；功能布局的不合理造成使用上的不便；学习氛围的破坏导致学术与文化气息的缺失；场所精神的缺失产生了空间疏离感等。

1. 与自然环境的分离

在中国，建筑的"批量化生产"现象泛滥，许多文教建筑在建造时为了降低设计成本与增强建筑建造的便利性，直接将场地环境"夷为平地"，如割掉场地附近的野草而进行人工植物的培育（图8-1），将有坡度的地形填平或挖平，再在上面进行房屋的建造（图8-2），或完全不考虑周边建筑的风格，在基地上重新建立与环境不协调的建筑等。这些做法既造成了资源的浪费，背离了生态保护理念，也与古人"因地制宜"、"天人合一"的理念完全不同。

图8-1　校园中的人工培育植被图　　　　图8-2　校园"填平式"基地

2. 功能布局的不合理

当代诸多文教建筑在建设时过分追求美观与时尚，而对于实际功能的安排却没有考虑到位。以校园为代表的文教建筑群体，其使用主体是老师与学生，校园要满足教学、自习、实验、书籍阅览、休闲活动、饮食、休息等多项功能，校园空间布局不仅要注意每个单项功能的落实，还应形成合理的活动流线。苏州科技大学校园在功能布局上便存在一些不合理的地方，如其第四教学楼孤立地建在宿舍区（图8-3）。宿舍是学生自由活动的区域，较为嘈杂，对上课的环境会产生较大的影响，且第四教学楼经常被作为外来人员的考试场所，人流量大且人员繁杂，存在一定的安全隐患。此外，苏州科技大学的校医院离宿舍区较远，而校医院的主要服务对象是学生，在校园中并没有毗邻宿舍区而建，降低了学生们就医的便利性。

图8-3　苏州科技大学第四教学楼

3.学习氛围的破坏

以校园为主的文教建筑应该营造出良好的学习氛围，为师生提供静心学术与科研的场所，这是校园十分重要的职责。南昌大学新校区在校内建筑与景观规划设计上做得较好，但其在营造校园氛围时有一些不足。南昌大学是开放式的校园，其学校的四号门通向后街社区，而后街社区与村镇相连通，乡村中的人们经常出入学校，并在后街及校内经营着一些商业活动（图8-4），大排档、KTV、网吧、酒吧等世俗性较强的商业空间生意都十分火热，极大地影响了校园单纯的学习氛围，让学生不能专心在学业上，同时校外闲杂人的自由出入也影响了学校的安全性。

4.场所精神的缺失

相比于书院，现在以大学校园为主的文教建筑在建置上缺失了许多书院空间营造中的智慧，甚至存在许多不合理的地方。如校园尺度过大、缺乏场所精神就是一个严重的问题，过大的空间没有边际，容易让人产生疏离感，西南交通大学新校区过宽的马路就让人觉得十分空旷（图8-5），没有亲切之感；大而宽阔的空间让人无法停留下来，只能匆匆走过。道路系统过分地为车行道考虑及设置较多的广场道路都在一定程度上降低了场所精神。

263

图8-4　南昌大学后街

图8-5　西南交通大学新区道路

三、传统书院景观的借鉴价值

书院作为传统人居环境儒家精神与文化继承的标志性建筑，在人类发展的历史长河中，代表了传统人居环境如何营造人与自然和谐共生的空间。理性主义和功能主义成就了世界建筑的长足发展，但其风气的盛行造成了建筑形式的趋同化，反映在人居环境建设中主要表现为同质化。中国历史上下五千年，拥有相对独立的建筑文化体系，在世界范围内建筑潮流趋势的影响下，中国人居环境营造将在对抗同质化问题之余，做到传统文化的现代性运用。传统书院以读书授业、祭祀先贤、藏书勘校等为主要功能，受到中国造园文化的影响，书院兼具赏游功能，是可学可游可居可感的多功能综合性场所。中国传统书院一般并不具有庞大的体量，但受到择址和功能的影响，景观营造仍需梳理不同层面的关系，处理诸多问题。在景观与文化联结的层面，需要厘清景观形式与儒家思想的关系，在主客体联结的层面，需要厘清人与环境的关系，在古今时间对比的层面，如何处理历史记忆与当代景观需求的冲突等。而上述问题在人居环境的营造过程中也相当棘手，解决问题的迫切性较强。传统书院在上述问题的处理中均有可以借鉴的价值。

1.突出设计的精神内核

中国传统书院与当代人居环境的明显区别之一在于前者以儒家礼乐文化作为设计内核。儒学经典认为"乐者天地之和也，礼者天地之序也，和故万物皆化，序故群物皆别"（《礼记·乐记》），尚礼的文化传统在书院设计中具有突出体现，书院成为儒家文化的具象表达，"礼乐"文化已经融进书院大到总体布局，小到景观小品、装饰及仪式活动当中了。

"礼"首先体现为书院的布局。传统书院的建筑布局一般依轴线且朝纵轴层层推进，与此同时，建筑的体量随着空间的纵深不断增大。"（礼）融会到古代大部分的建筑制式中去，从王城到宅院，无论内容、布局、外形无一不是来自礼制而做出的安排，在构图和形式上以能充分反映一种礼制的精神为最高的追求目的。"[①] 以儒家文化作为核心文化，育人作为核心功能，书院的景观营造亦成为重要的育人"环节"。礼乐观在书院景观全局的表现主要有以下两个方面：

---

① 李允鉌.华夏意匠：中国古典建筑设计原理分析[M].天津：天津大学出版社，2005：40.

其一，书院的空间格局。宋明时期，书院的价值追求、办学思想、组织制度都趋于稳定，其布局形态已经趋于成熟且日渐程式化。"均衡与对称"最大程度总结了书院的布局方式，中轴线依次贯穿牌坊、正门、讲堂、祭祀空间、藏书空间，形成主次有序且等级分明的书院建筑空间序列。学子在其间能明显感受到伦理秩序的引导和规范，接受儒家礼制的熏陶。如若将"礼乐"分开理解，"礼"促成了书院明显的中轴序列，"乐"的精神则起到了巨大的融合作用，促成了书院建筑不同空间以及建筑与人的和谐、统一。如书院内部斋舍、园林、前导空间等空间类型在设计时充分考虑其与书院院落空间大小、尺度与形状的关系，减少建筑与自然环境的对立性。尤其是山、水、草、木作为景观要素的引入，进一步拉近了自然与人的关系，使人更加容易体悟到"乐"的精神。总之，书院空间形态的形成以礼乐为精神内核，并一直延续。

其二，书院的景观意象。中国传统的书院地形与空间结构可视为书院景观的骨架，花木和楹联等成为骨架之外烘托文化氛围、突出景观意象的要素。楹联常常具有点明建筑功能的作用，凸显了景观的礼乐氛围。

在书院的主体建筑（即讲学、祭祀、藏书的区域）中，楹联内容通常点明建筑的功能，或是讲学，或是祭祀，或是藏书，并以此来营造景观的礼乐氛围。以万松书院明道堂楹联为例，其曰"倚槛俯江流，一线涛来文境妙；迎口饮湖绿，万松深处讲堂开"，而毓秀阁楹联则为"山色当窗，松声拂院，无数栋梁材，端赖读书万卷；文明古国，礼仪名邦，几多风雅事，正宜垂范千秋"。书院楹联的内容与空间功能息息相关，一般来说，祭祀空间楹联多强调尊师重道。道南祠是东林书院祭祀其创始人的重要建筑，楹联题作"道衍二程无异学，理宗一贯有真传"，以溯源归宗的主旨提醒学子对先辈的尊重。书院藏书楼的楹联内容很多都以感叹书籍浩渺为主，以文字勉励学子读书修身。以岳麓书院御书楼为例，上联曰"圣域修文，前有朱张讲坛，宋清宸翰"，下联曰"名山汲古，上藏三坟五典，诸子百家"，感叹藏书丰厚。书院斋舍多辅以园林，有些书院有专门的园林空间，丰富了书院的功能，但园林体量通常较小，小尺度的水体、山石和花木营造了宜人的环境。文因景成，景以文彰，书院园林部分的楹联主要着眼于山水风物，楹联与景观相映成趣。"放鹤去寻三岛客，任人来看四时花"，"环山皆秀色，临水自清心"分别为岳麓书院吹香亭与万松书院见湖亭的楹联，描写了书院宜人的自然风物，强调了书院中闲适的野逸情趣。

王澍认为中国近现代的新建筑一直陷于一种"内部贫困"，它们是没有内部的。如果按照传统建筑的观念，内外空间的身心关联至关重要，那么，没有内部，也不会有外部，建筑就只剩下空洞的外表。[①] 现代建筑是由功能所主导，甚至是以形式为主导的，这也恰是现代主义建筑为后现代主义所诟病之处。基于此，以地域文化作为核心的设计思路在中国现代建筑的设计已经有了很多比较成功的案例。王澍为威尼斯双年展国际建筑展所创作的作品"瓦园"（图8-6），是基于对传统家园的思考所做的成功案例。王澍"园在我心里，不只是指文人园，更是指今日中国人的家园景象，主张讨论造园，就是在寻找返回家园之路的山水文化"[②] 的建筑感悟为其设计注入了灵魂。王澍将瓦作为一种材料，将其视为中国传统建筑的典型意象，以材料唤醒观者对故去的记忆，通过这样的方式，以物质环境重塑人居环境，将其转化成为精神栖息之地。路线组织决定了空间的流动性，王澍将中国传统园林"游"的空间体验方式融汇到瓦园的设计中，竹栈桥以空间连接为主要功能，以弯曲的形态从地面延伸到瓦顶，构成了完整的路径。瓦园回顾了中国传统民居的形态，并以其为设计原点，塑造了全新面貌的当代人居环境。

图8-6　瓦园

2.注重区域特征表达

中国传统书院主要分布在我国江西、浙江、安徽、湖南、广东等地，在共性中又具有明显的区域特色。徽州地区书院追求地方情调和乡土特色，和民居的高度融合使得徽州书院具有朴实的乡土气息；云贵地区的书院受到道教文化影响更多了些浪漫情趣，而少数民族的文化又使其在装饰上用色更加大胆艳丽，建筑细部的处理更加灵活；西北地区的书院则是沉稳古朴的

---

① 王澍.剖面的视野[J].建筑学报，2010（5）：129.

② 黄晓.返回家园之路[J].中国国家旅游，2018（10）：24-37.

面貌，更强调书院的纪念性。① 反观当代人居环境严重的同质化问题，可从中国传统书院的设计汲取营养，充分认识到区域特征，充分尊重自然环境与历史文脉的差异，并利用和突出差异性。

（1）尊重并顺应自然

书院景观一般都有与自然环境和谐的特点，对自然环境的充分尊重造就了因自然差别而产生的书院景观差别，书院与自然的关系主要体现在以下几个方面：

其一，因借自然。首先，书院依照地形骨架构建空间，与山水融为一体。其建筑形式依照原有的地形地貌组织空间，形成了不同类型的空间连接方式。其次，自然环境的差异构建了多类型的书院模式。以长江流域为例，丰沛的江水塑造了山林葱郁之景，又因该地区多山，所以位于长江流域的书院较多依山就势，建筑的形制也具有更加灵活多变的属性；与之对比，我国北方的书院多建在地势平整的郊野地区，因之，形制严格按照轴线布局，规整统一。承袭中国传统造园的思想，书院也借院外景物，延长视线，扩大视觉上的景观空间。

与自然的和谐相处在当代文教空间的设计中也不乏优秀案例。以广东轻工职业技术学院南海校区为例（图8-7），校址周边山水环境比较复杂，水系将学校主要建筑分为三个部分，滨水线路曲折绵长，地势多变，高低起伏。学院建筑群在布局上不具备规则布局的条件，为了较好地利用已有的

图8-7 广东轻工职业技术学院南海校区规划模型鸟瞰

① 万书元.简论书院建筑的艺术风格[J].南京理工大学学报（社会科学版），2004：8-10.

山水环境，学院主体建筑大面积架空，同时建造桥梁和廊道联结不同的功能空间，使建筑成为一个组团，独立中保持着整体的样貌，且与自然环境融合在一起。

琴模小学位于广东省怀集县琴模村，该村自然风光秀丽。学校不仅因地制宜，并且充分利用原有的建筑资源，在老建筑的基础上完成了部分新建筑的修建。首先，建筑充分利用已有的阶梯式地形，与周边的梯田构成了完整的风景式样，以两种不同形态的人工环境形成了对立统一的环境关系（图8-8、图8-9）。校舍主要阶梯面向村庄，最大程度满足了学校举办大型活动的需求。国外的文教建筑也有充分尊重且有效利用自然资源的案例，下面所见幼儿园位于意大利境内的Valdaora地区，该幼儿园地处阿尔卑斯山脉脚下，群山环抱，与自然相拥，木质结构的建造主要是在原有幼儿园基础上的改造，却形成了强烈的意大利乡村特色（图8-10、图8-11）。

图8-8　琴模小学外部景观

图8-9　意大利木质结构幼儿园外景图

图8-10　意大利木质结构幼儿园环境

图8-11　意大利木质结构幼儿园外景图

其二，气候差异。气候条件差异造成了书院景观风貌的差异。我国幅员辽阔，区域气候差异明显，居住空间随着气候差异的变化衍生出不同的空间形态，气候的差异同样反映在书院建筑上。北方的书院与北方民居常见的合院样式一致，庭院在冬季接收更多光照，夏季却成为纳凉的佳处；南方的书院继承了民居天井式布局，尤以安徽地区书院最为典型，这类书院通常以建筑围合成庭院，屋面向内，下雨时将雨水汇集于天井中，同时这种结构还有利于形成空气的流通，方便南方地区建筑排除潮气。在建筑构造上，南北方书院建筑的墙体厚度形成强烈对比，北方墙体厚重便于在冬季保温，而南方则比较轻盈，且山墙形式多变。

其三，就地取材。这一观念是古代营建的共性。书院多靠近山林川泽之地，山林环境成为天然的资源库，与儒家生生不息的生态观念基本一致。远离城市结庐而居的生活方式，排除了远距离运输材料开展营建工作的可能。书院的植被选择一方面援引古代具有文化含义的植物，另一方面以当地植物为背景，降低了养护的成本，且大面积当地植物的栽植也可营造出特殊的景观气势。位于杭州的万松书院背靠万松岭，在原有植被条件基础上种植马尾松，植物构成了万壑松涛的胜景。

中国美术学院象山校区的扩建校区位于转塘镇，其外围环境可谓青山碧水，设计师在空间营造时遵循简洁的原则，取景于六和塔，并将视觉趣味点置于校园的景观设计中，使得游人在游览路途中不断地发现惊喜（图8-12、图8-13）。设计师王澍在校园建筑设计上保持着质朴、谦逊的本色，简约明了（图8-14），如此，建筑与景观和谐共生，营造出良好的校园意境。美国克拉克学院位于宁静的乡村之中，校园的建设有着良好的自然环境基础，设计团队还在校园中设计了一个大众通道，游人与学生都可通过这个建筑看到

图8-12　中国美院象山校区外环境

图8-13　中国美院象山校区景观

图8-14　中国美院象山校区景观

外面别致的风景（图8-15），充满了情趣，此外，设计团队还对一片包括陆地、水景、植物的区域进行了处理，使三者之间更加协调，营造出优美的环境景观（图8-16）。

图8-15　美国克拉克艺术学院校园景观一

图8-16　美国克拉克艺术学院校园景观二

江苏昆山锦溪镇素有"古砖瓦之乡"的美誉，祝家甸砖窑文化馆（图8-17）就地选址，选择当地自行烧制的青砖、红砖作为主要的建筑饰面与铺装材料，砖石的运用在文化馆体现得淋漓尽致。广场坐凳等景观小品通过堆叠的方式衍生出多种形态，兼具美观和功能的实用性。滨水的滩涂以砖砌亲水平台深入水面。植物选择遵循就地取材的原则，当地的芦苇、荻花不仅方便养护，更重要的是延续了水乡的田园气质，强化了建筑的地域特色。文化馆附近生态种植园部分则延续了水乡原有的肌理，在田埂和边角空间栽种了核桃、苦楝等乡土树种，景观整体基调保持着原有乡野风光。[①]

图8-17 祝家甸砖窑文化馆景观

因地区差异而形成的相异的书院面貌使我们不得不重新审视当今人居环境的问题，即不能仅以满足人们生活、工作、交往需要为唯一原则，进而将其视为机器且个性全无。面对不同地域的自然生态与文化生态，当代人居环境应该延续传统书院的营建逻辑，强化区域自然特色和文化特色，积极回应人与自然和谐共生的古代智慧。

（2）质沿古意

陈从周先生曾在《说园》中提到："我国名胜也好，园林也好，为什么能这样勾引无数中外友人百看不厌呢？风景洵美，固然是重要原因，但还有个重要因素，即其中有文化，有历史。"[②]将园林设计理念引入人居环境的设计当中同样适用。首先，人居环境可看作是具有深刻历史烙印的产物，历史记忆有助于独特质感人居环境的形成，发生在历史中的事件也是人居环境最终面貌的重要资料。历史记忆的形式多种多样，它既可以直接转化

① 孟庆诚，周欣萌.延续与复兴：锦溪镇祝家甸古砖窑文化馆景观设计[J].城乡建设，2018：40-43.

② 初冬.复归"山水"：从山水画到"山水城市"的可能性探析[D].天津大学，2012：118.

为传统书院的景观符号，又可以转化为书院精神文化融于建筑空间的设计当中。

其一，传统书院的历史本身可以被视作文化要素。中国古代儒家文化浸润下的传统书院，传达了当时人居环境的营造逻辑和审美特点。将传统书院分析为点线面的图示化形态，山门、碑亭等可视作点状景观，具有标志性；轴线是书院隐性但最长的线状景观，明确的线状景观要素包括长廊或用于组织交通的廊道；面状景观是最主要的景观要素，是园林环境与周边自然环境的共称，与其他要素共同形成景观要素。如今书院的身份基本完全转变，从古代的文教机构成为当下的文旅机构，部分景观要素的使用功能随之消失，但是其文化价值则在历史的进程中沉淀为文化符号，甚至成为名片，如未名湖之于北京大学，珞珈山之于武汉大学。自然山水作为标志性符号加深了校园的文化底蕴。当代人居环境同样可以凝练场所内的自然文化要素以知觉信息和身体感受的方式确立起自身的特质。

文化背景的差异构建了书院不同的历史记忆，"从建筑中寻找历史感和差异性，有助于我们更深入把握建筑的本质的东西。"[①] 文脉传承是当代人居环境营造极易忽视的问题。四川成都府河竹岛地域的教育园区在设计中充满了文化气息，开发商在项目定位时便将该园区确立为教育产业，并在园区中建立了成都七中嘉祥外国语学校、竹岛实验幼儿园等教育机构，因岛上原生有数百丛参天篁竹，园区建设时充分利用了本地的竹资源（图8-18），包括学校在内的整个园区通过铭刻楹联诗文与建设文化墙（图8-19、图8-20）、设立具有教育性雕塑（图8-21）的方式增强整个教育园区的文化性，使得校园氛围与周边文化景观十分协调，亦增强了校园的儒雅气息。

图8-18　园区内竹景

图8-19　园区内楹联

① 万书元.简论书院建筑的艺术风格[J].南京理工大学学报（社会科学版），2004：8-13.

图 8-20　园区内文化墙

图 8-21　园区内雕塑

　　书院景观作为传统文化的载体，是区域文化的重要代表，影响区域文化的发展。所以，二者相辅相成，书院成为区域文脉的重要组成，而区域内的自然与历史脉络又构成了书院的差异性。如岳麓书院不仅仅是湖南大学的精神象征，也是长沙的重要标志。

　　其二，历史是书院精神中重要的一环。中国传统书院可能始于建造，也可能始于改建，诸多书院前身即为圣贤大儒隐居之所，用以继承先辈静心读书之志。所以，书院的历史记忆不仅表现为对区域文脉的传承，还表现为对往圣先贤的崇敬。著名的石鼓书院、白鹿洞书院均有深厚的历史渊源，前者原为唐代士人李宽结庐读书之所，初唐李渤则曾在白鹿洞隐居读书。虽然多数书院历经修缮、扩建乃至重建，但承袭先人尊重自然的智慧，一般情况下，后人建设将基本维持书院的周边环境和基本格局。

　　历史文化遗产的保护是当代人居环境区域文化特征营造的切入点。"历史空间既是承载校园氛围的物质基础，又以其历史记忆成为促进氛围形成的精神源泉。承继区域历史氛围，应注重对空间环境中意义的挖掘，使之渗透进日常生活之中，与时代精神相互作用。"[①] 苏州博物馆已然成为苏州的地标性建筑，建筑设计沿用了江南地区民居建筑粉墙黛瓦的特征，屋面与建筑外形的设计具有强烈的贝聿铭设计风格，将建筑师的设计语汇与城市传统建筑的设计语汇相互融合，是传统元素现代设计的合宜表达。在庭院设计的部分，现代建筑材料钢材和玻璃"绘制"了传统苏州园林的月洞门，贝氏继承中国古代造园和山水画的智慧，"以粉墙为纸，以石为绘"，用片石、沙砾等绘制了景观中的山石肌理和远近关系（图8-22、图8-23）。苏州博物馆的设计是中国传统造园、传统民居文化精髓的现代性运用，将传统文化与设计者

---

① 刘万里.大学校园空间的文化性研究[D].哈尔滨工业大学，2009：121.

图8-22 苏州博物馆片石假山

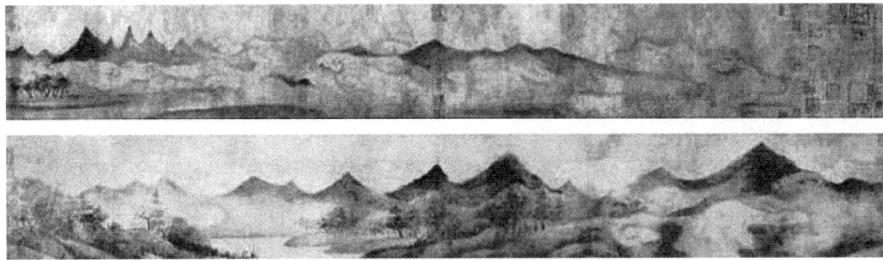

图8-23 宋代米友仁《潇湘奇观图》

的设计语汇以符号的方式展现，平衡了古与今、故与新的关系。

中国传统书院景观因善用自然环境而形成的地域特征是当代人居环境所欠缺的部分。以上面所列当代优秀的设计案例为鉴，人居环境地域特征的构建基于对区域文化、区域环境和历史的尊重和回应。

第三节

传统书院景观对当代人居环境的启迪

人居环境的塑造已经不止步于使用价值的满足，其精神价值需求的满足日益凸显。"这种秩序的建立是人对于自我认识和提升的本能需要，它的终极目标并不是摆脱人对自然的依赖，而是建立人对于自然宇宙的深度认知，与自然相互融合，相互扶持，最终达到'天人合一'的理想境界。"[1] 传统书

---

[1] 张涛.人文空间·自然场所[D].西安建筑科技大学，2010：16.

院是集合读书修身、体悟人与天地和谐的场所，儒家作为传统书院景观的核心文化和核心精神，其功能与文化的多样性可为当代不同类型的人居建筑场所提供优秀的设计思路。

一、传统书院祭祀空间与当代纪念性场所

继承儒家之"礼"，祭祀先贤是书院祭祀空间的主要功能，书院的祭祀空间是其重要的空间类型。儒家以尊重历史和礼仪制度为本，《论语·八佾》记载了孔子对于历史的感叹："周监于二代，郁郁乎文哉！吾从周。"儒家并非仅尊重礼之形式，更希冀于通过仪式延续先贤的思想和行为，以正个人的行与思。湖南岳麓书院"道南正脉"匾额为乾隆皇帝御笔，而其背后的思想意识和学术观念成为书院发展的指南，对长沙城市的发展也产生了重要的作用。"一些诸侯国为了让儒家思想发挥其塑造国人理想人格的作用，统治者采取了另外一种符号化方式，即造神、拜神运动，将儒家名人逐一神化并加以顶礼膜拜……孔圣人在被崇拜过程中扮演了十分复杂的社会角色，它既是宗教偶像、政治偶像，同时又是文化偶像、知识偶像，正是这种崇拜，使儒家思想渗透国人心灵，渗透神州大地的每个角落。"[①] 对历史的传承被充分运用在书院景观的营造中。前面已经提及，先贤读书或大儒悟道讲学之地常被用作书院择址之地，是书院择址的一大传统，有些书院原址还与佛教文化有关（表8-2）。中国古代营建书院的历史悠久，多数书院历经重建、改建，但基本保持了原有的格局和风貌，尤以祭祀空间最具代表性。以礼为本的儒家文化重视祭祀，祭祀空间通常被置于书院中心位置，所以，即使尼山书院在千余年的发展过程中历经数次改建，但祭祀空间的中心性始终未被更改。另外，书院景观借小品之名传达历史。中国景名文化由来已久，景名多出于名人典故，具有文化深意。淳安瀛山书院中的得源亭和方塘即语出朱熹名诗《观书有感》，一方面回顾了朱熹在此讲学的历史，另一方面富有中国文人

书院名称与原址用途　　　　　　　　　　　　　　　表8-2

书院名称	原址用途
白鹿洞书院	唐初文人李渤隐居读书处
鹅湖书院	朱熹、吕祖谦和陆九龄、陆九渊兄弟鹅湖之会
万松书院	唐代始建的报恩寺

---

① 袁名泽，詹石窗.儒家思想符号化及其社会功能[J].中华文化论坛，2012：157-165.

的浪漫情怀与对生活的观察。文脉传承既是物质（景观）层面回应历史的循例，也是君子品行追求的循礼，两者互为表里。

1.强调景观对人的规范作用

阿尔多·罗西在谈及集体的记忆时引述了艾帕瓦克斯的观点："当一个群体成为空间的一部分时，群体会将此部分空间转变成为自己的意象，同时群体也会屈服或顺应与之相对抗的一些具体事物。群体会限制于本身所建造的框架中。外界环境的意象与群体本身所维持的稳定关系便成为群体自己的理念。"① 环境对于个人及群体的制约和引导可见一斑。以礼制人与以礼化人内外相制，在祭祀空间中体现尤为明显。儒家文化重礼，突出表现为对祭祀的尊重，所谓"凡治人之道，莫急于礼。礼有五经，莫重于祭。夫祭者，非物自外至者也，自中出生于心也，心怵而奉之以礼。是故，唯贤者能尽祭之义。"（《礼记·祭统》）早期书院建筑就是庙（祭祀空间）与学（讲学空间）相结合的产物，在此后的发展中，祭祀活动和祭祀空间一直是书院不可缺失的部分。文庙与祠堂尤其突出庄严感的营造，通常建筑体量较大，装饰更为讲究，在尺度和建筑形式上烘托气氛，约束人的行为，体现对往圣先贤的尊重，使人产生宗教般的虔诚与敬畏之心，这种空间感受也会随着时间的增长而不断强化。纪念性景观通常通过空间营造达到约束个人或群体行为的目的，这种设计手法也可以运用到当代大学校园的设计中。由于当代大学校园并不需要配备祭祀功能，所以只运用相同的设计原理，将设计思路运用于景观配景，在空间氛围的烘托中起画龙点睛的作用。大学不仅是教育机构，也是学者、大师贡献价值、进行科学研究的地方，可设置景观小品纪念或缅怀前辈，维系学校的文脉和精神，如清华大学校园中闻一多纪念亭、王国维纪念碑以景观的形式保存了先辈的精神，用历史人物渲染和传扬校园文化精神，感染莘莘学子沿袭前辈优秀品格。

2.强调景观对人的引导作用

诺伯舒兹认为认同感意味着与特殊环境为友②，基于此研究结论，书院祭祀空间之所以能对人产生影响事实上是由于人对于空间氛围的认同。书院祭祀空间最大程度、最大密度地传达了儒家的礼制观念，将对个人行为品格

---

① 〔意〕阿尔多·罗西.城市建筑学[M].黄士钧译.北京：中国建筑工业出版社，2006：130.

② 〔挪威〕诺伯舒兹.场所精神：迈向建筑现象学[M].武汉：华中科技大学出版社，2010：7.

产生潜移默化的影响。段义孚认为个体的人类在环境中将自己置于中心和作为种族的群体会认为本群体位于世界中心。[①]形成中心认同与人在其间的活动息息相关，祭祀空间在位置上处于书院中心，在精神上亦是，对祭祀空间的认同使人自发被环境影响。所以，对书院空间和周围环境的认知往往是从祭祀空间开始的，并以其为中心向周围扩散。空间认同的根本不是对实体空间环境的接受，而是对文化秩序的信任与尊崇。通常书院祭祀空间塑造了特定的情境以隐喻丰富的历史信息，深厚的文化根基导致这种隐喻可超越时间的限制，适用于不同的空间参与者，其文化感染力世代相承。身处其间，人的内心秩序受到祭祀空间的氛围牵引，在行为上主动且自发地"克己"，从而达到"复礼"的教化目的。

当代人居环境的纪念性建筑承载着如同书院祭祀空间的功能。纪念性建筑往往也带有极强的精神性，是聚居环境中的文化中心和精神中心，扮演着环境中最富仪式感的角色。两者都通过空间敬畏感的营造，触发空间参与者的反思和自省，但又存在差别。传统书院的祭祀空间多通过纪念特定人物，强化"礼"的传承，而当代纪念性景观更加注重集体记忆的存续与传播。柏林犹太人博物馆以三条路径（图8-24～图8-26）隐喻犹太人的三种悲惨命运——大屠杀塔四周封闭仅能看到一线天光，是死亡之路，霍夫曼花园的斑驳树影和崎岖不平的园路隐喻犹太人颠沛流离的流亡之路。两条路的终点都是封闭空间，并无出处，仅在延续之路设置唯一出口，参观路线也是生命

图8-24　柏林犹太人博物
馆大屠杀塔

图8-25　柏林犹太人博物馆霍
夫曼花园

图8-26　柏林犹太人博物
馆延续之路

① 〔美〕段义孚.空间与地方：经验的视角[M].王志标译.北京：中国人民大学出版社，
　　2017：6-10.

的旅程，延续是出口也象征灵魂的救赎与净化。里伯斯金通过隐喻的手法塑造了具有讲述功能的空间，参观本身变成感受历史的过程，参观的结束意味着对生命可贵价值的纪念。由此可见，因为纪念对象的差别以及东西方文化的差异，纪念性景观在设计表达上也会有所差别。

中国传统书院的祭祀空间对人行为的规范与引导作用也是具有普遍价值的。书院以礼为核心文化，塑造空间，当代人居环境的营造也应溯源文化，以其为本。首先是景观符号的文化转译。传统书院祭祀空间包含丰富的景观意象符号，当代人居环境营建可将其转译并运用，使人居空间具有文化属性，使人居体验成为文化体验。其次，以景观空间传达文化，并获得文化认同。人居环境是人日常活动的重要场所，可将纪念性隐藏在每一个设计角落，在汇集历史灵感的空间中塑造人与空间的微妙关系，引人自省，满足功能、审美和心灵的多重需求。

二、传统书院讲学空间与当代教育场所

文化传承和育人是传统书院作为教育空间的主要责任。清康熙四十六年（1707年），福建巡抚张伯行创办鳌峰书院时指出："夫有志圣贤之学者，必身体而力行之，非以为口耳诵说之资已也。"[①] 儒家不仅通过书本典籍作为教育的工具，《易经·贲·彖传》记载"观乎天文，以察时变；观乎人文，以化成天下"，观天也能帮人体察时变与天下，所以，物质空间也是抽象人文环境的反映，这种特征在中国传统书院的讲学空间表现得尤为突出。儒家书院育人的目标不只是修身，而是以人格提升转化为更高层级的生命实践，这种育人观念渗透在儒家对于天地万物的认知中，也隐藏在书院仪式的各个环节。

大学校园是教育空间的代表，集合了教育和生活两大主要功能，与传统书院的主要功能一致。校园空间应当是整体环境中一切精神与物质要素，以及两者间关系成体系的、全面的、合乎逻辑的表达。大学校园的设计应该将具象景观和文化内涵融入景观设计，从而营造空间的精神性，将空间转化为场所，由此对人的行与思产生由内向外的影响，但在具体的设计手法上可以与书院景观相异，突出时代性。

1.象征性景观小品

儒家"比德"的观念深入书院景观营造活动，主要表现为将象征性的表

---

① 张伯行.正谊堂文集附续集[M].北京：中华书局，1985：111.

意符号运用到景观当中，并通过可阅读的符号传达君子品德、社会道德。这种符号主要出现在书院的讲学空间中，棂星门、泮池、泮桥、松柏竹梅尤为典型，它们并不承担重要的功能作用，却在以环境化育人方面非常重要。中国文化的传播和沉淀，使得这类具有极强象征意义的景观小品转化成为较为普世的文化符号，已经不仅在书院中留存，也成了传播中国文化形象和内涵的重要符号。

棂星门是中国传统书院的典型要素，是区分书院与外部空间的界限，在发展过程中，逐渐成为象征入口的石牌坊。这种形式被当代大学校园的景观设计采纳。武汉大学校门即以石牌坊作为原型（图8-27），校门正面镌刻"国立武汉大学"，与背面"文、法、理、工、农、医"相对。与棂星门相比，武汉大学校门造型简洁，但同样承担着强调入口、划分空间的作用，对传统书院景观要素的借鉴，是对传统文化的承袭，体现了文化的自信。

图8-27　武汉大学石牌坊校门

泮池、泮桥一般位于书院讲学空间的最前端。泮是古代的学校，学宫前的池水也被称为泮，"入泮"意为学子进学。泮宫是古代国家的高等院校，自然是"济济多士"之地，现在成为教书育人的象征。泮宫虽已不再，但泮池和泮桥却长久地保留在中国传统书院中，发展成为不同的形式，并有不同的命名，如南宁玉岩书院洗心池、南溪书院方塘。当代大学景观也常设置水景，香港科技大学"天一泉"（图8-28）取"天一生水"之意，以水景代表中国古代天象"河图"。该景观由五块石头组成，分别代表五大洲，代表亚洲的石头居于中部，被其他大洲包围，且利用流水将石头相连，景观小品语义明确，内涵深刻。设计师Hans Muhr教授认为一水一天，象征人与大自然的融合，科技文明与世界联系的融合。石头和水体作为景观的主要组成，形成

图8-28　香港科技大学天一泉

了材质上的对比，而在自然光线的交错中，视觉与听觉融汇，置身其中沉思冥想，洗涤心灵。

2.仪式性空间氛围

讲学空间营造的仪式感烘托了书院的学习氛围。张载云："学者必先学礼。"书院讲学空间也尊崇"礼"，礼表现为层层递进的院落，在其中学习，身体与行动自然感受到空间的秩序，学子自然可以明晰"礼"表现在方方面面。书院的布局特点使人时刻感受到礼的存在，不断受到儒家核心文化的熏陶。以岳麓书院为例，书院讲堂的空间序列严整，头门、赫曦台、大门、二门是进入讲堂之前的引导空间，门头楹联"惟楚有材，于斯为盛"引经据典，赫曦台前的庭院比较开阔，在尺度上较好地衔接了建筑空间。从二门进入即为书院重要的礼仪场所，讲堂和御书楼位于书院整体布局的末端。秩序井然的空间布局使进入书院本身产生了仪式感，随着空间的深入，情绪强化。所以，空间功能布局和空间交通构成可以规定人的活动方式，由此形成仪式感。另外，同一个景观要素在不同文化背景下表达了不同的文化语言，莲花在书院中表"香远益清，亭亭净植"的君子品德，在佛教寺院则有净土之意或具有神格。

随着当代大学校园规模的扩大，空间形态多呈现出多个单元组合的复合化特征，校园内常常有多条轴线，且基本不存在主轴或中心轴，但大学校园教学区也常见如传统书院一般逐层递进的空间结构。以合肥工业大学宣城校区教学楼为例（图8-29～图8-31），教学楼以内天井和街巷空间为空间组织方式，立面风格与徽派传统民居一脉相承，空间具有层次明确、聚合内敛的特点。建筑西侧廊道是重要的交通连接线路，既与南北向四个内天井相通，又是沟通垂直空间的通道，形成立体的空间结构。通过灵活的空间组织，重

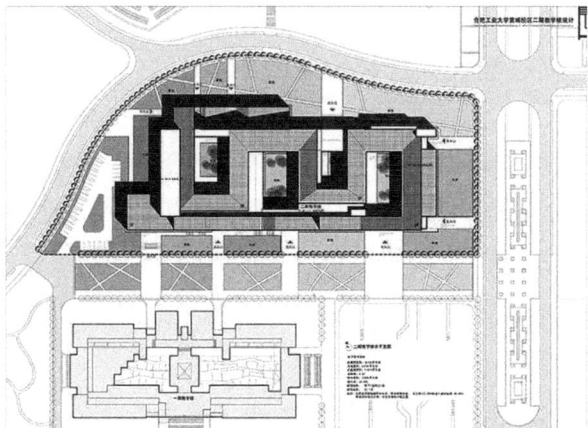

图8-29 合肥工业大学宣城校区二期教学楼平面图

图8-30 合肥工业大学宣城校区二期教学楼连廊

图8-31 合肥工业大学宣城校区二期教学楼西立面图

新演绎了传统书院的有序性，是大尺度公共建筑空间处理的有益尝试。另一个优秀的校园景观为北京东坝小学，该校位于五环路七棵树桥以东，用地狭长，并在功能空间组织上形成了两条轴线，一侧轴线贯通教室、操场、教师办公室、图书馆几个主要功能，户外庭园穿插其中（图8-32），成为不同功能区之间的天然分隔；另一侧轴线分布如实验室、活动厅、餐厅、艺术类教室等附属功能（图8-33）。庭院与建筑通过轴线协调组织，在功能和形式上都得到了满足。

图8-32 北京东坝小学户外庭园

图8-33 北京东坝小学室内中庭

三、传统书院游憩空间在当代人居环境中的演绎

中国传统书院以教学和祭祀为主要功能，并常设有游憩空间。儒家教育本质上是生命实践。学习之余的游憩是人在自然中的实践行为，亦是生命实践的重要部分。受到儒道"天人合一"观念的影响，书院的游憩环境以自然景观为主，赏游的同时也承担日常交往和交流的空间职能。书院学游空间的融合对当代人居环境塑造的启示至少包含以下几点。

1.深入挖掘自然环境的人文气质，实现内外部空间的相互渗透。

书院常择山林胜地建造，并与周边环境相互依存。中国传统书院外围常以林为墙，既形成空间边界，又柔化边界，以自然环境包裹人工环境，同时，自然环境成为天然的赏游空间，在墙与林之间形成包围与半包围的空间关系，实现自由灵活、相互渗透的空间效果，这种关系反映了中国传统融合共生的哲学观，如《中庸》所云"万物并育而不相害，道并行而不相悖"，借用天然地理条件的设计方式最大程度保留了自然环境原有的人文格局，并形成了具象可感的内外空间联系。四川美术学院虎溪校区（图8-34）在规划之初就强调建筑与自然环境的相互渗透。校园基址共有26个小山丘构成区域内的骨架，另外，代表原基址生活方式的农舍、水渠和农田等人文风貌也被全部保留。学校以设计艺术楼、综合绘画楼群为中心，学生宿舍楼群、影视动画系老街、美术教育系等楼群或自成院落，或积聚为空间组团。校园内新旧人文景观风格不同但十分融洽，形成了丰富的景观格局。建筑则由于特殊的地理形态散落于山林之

图8-34 四川美术学院虎溪校区校园景观

间，立面的爬山虎与漫山遍野的油菜花田、稻田，使建筑消隐于自然之中，身处校园却有悠游山林之感，是回归自然、返璞归真的隐逸精神之体现。

当代人居环境常设有专门的游憩空间，并非空间附属品，其内外空间的渗透包括向自然山林与城市空间两方面的渗透。游憩空间是自然环境、建筑物、地形地貌的连接过渡空间。内外空间相互渗透对于当代人居环境营造具有重要作用，可利用空间节点、柔性边界等元素，适当打破空间的封闭性，使凝滞呆板的空间更具流动性、渗透性和延续性，并赋予空间整体性。

2. 营建主题性文化景观，传递优秀的人文思想理念

受到规模的限制，除了主要的功能分区，书院景观也包含小型的人居环境单元。这种景观组团一般区别于周边自然环境，成为教学场所的外延，向外传播深刻的人文价值。书院文化的主题性展示常成为景观组团的文化内核。朱张渡是岳麓书院内的名景，传为张载渡过湘江拜访朱熹所必经的码头。书院也常有景观集称，如柳塘烟晓、桃坞烘霞、风荷晚香、桐荫别径与花墩坐月、碧沼观鱼、竹林冬翠、曲涧鸣泉并称岳麓书院八景。景观集称表达了书院历史与精神，是其物质化的表现。可通过各种手法对室外空间加以限定，使空间更加充实，更加接近人体尺度，更富人情味。游憩空间穿插在传统书院的建筑中，被赋予了特定的文化情境。当代书院在景观设计时也常突出主题性，例如温州永嘉书院借助周边天然的人文、地理条件，营造出凤凰渡、松涛舍、水心塔①、浣纱滩等游憩景观节点（图8-35～图8-37）。

当代公园设计也经常突出文化主题。北京奥林匹克中心区下沉花园共有七个院落（图8-38），分别提取传统文化元素作为景观特色主题，一号院御道宫门，二号院古木花厅，三号院礼乐重门，四号院和五号院穿越瀛洲，六号院合院谐趣，七号院水印长天，由南到北依次分布。各个院落又以不同文化主题开展设计探索。三号院以"礼乐重门"为设计主题（图8-39），将礼乐文化融入景观设计，以钟、磬、琴、鼓等传统乐器作为基础元素传播礼乐仪式文化，形成鼓墙、钟磬、塔、琴幕、排箫等景观节点。在植物配置方面，将象征文人气节的竹为主要植物类型，矩阵式种植划分空间。文化景观的主题化表达，强化了文化内容，指明了文化表达的方向，满足了文化传播的需要，并在有限的空间内充分展示了文化的特性，有的放矢地将礼乐文化贯穿其间，明确了游者的文化认知。

---

① "水心"二字取自南宋永嘉学派集大成者叶适的名号"水心先生"，又因为塔处在水当中，一语双关，故名。

图 8-35 松涛舍图

图 8-36 水心塔图

图 8-37 浣纱滩

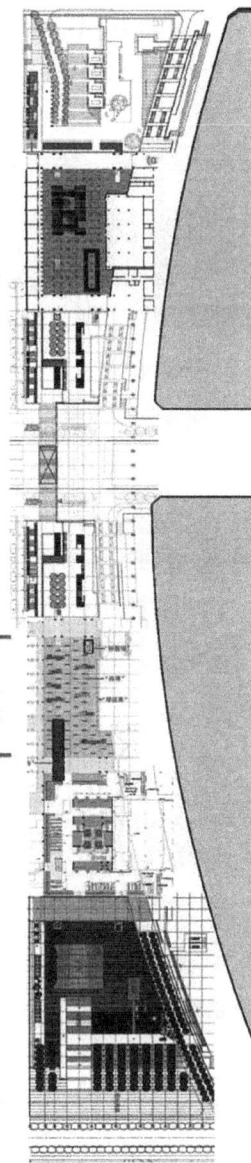

图 8-38 北京奥林匹克公园下
沉花园平面图

图 8-39 北京奥林匹克公园三号门景观

南方传统书院景观与人居环境

一、专著

1.古籍文献类

［1］［春秋］孔子著，杨伯峻，杨逢彬注译，杨柳岸导读.论语[M].长沙：岳麓书社，2018.

［2］［汉］班固撰，[唐]颜师古注.汉书[M].北京：中华书局，1962.

［3］［汉］贾谊.贾谊集[M].上海：上海人民出版社，1975.

［4］［汉］刘向撰，向宗鲁校证.说苑校证[M].北京：中华书局，1987.

［5］［汉］司马迁.史记[M].北京：中华书局，1982.

［6］［汉］应劭撰，王利器校注.风俗通义校注[M].北京：中华书局，1981.

［7］［东汉］郑玄注，[唐]孔颖达.礼记正义[M]//[清]阮元刻.十三经注疏.北京：中华书局，1980.

［8］［魏］何晏集解，[北宋]邢昺疏，[清]阮元校刻.论语注疏[M].北京：中华书局，1980.

［9］［刘宋］范晔撰，[唐]李贤注.后汉书.北京：中华书局，1965.

［10］［后晋］刘昫等撰.旧唐书：卷一百九十：刘允济传[M].北京：国家图书出版社，2004.

［11］［宋］程颐、程颢撰，王孝鱼点校.二程集[M].北京：中华书局，2004.

［12］［宋］朱熹.建宁府崇安县学田记[M]//王云五主编.丛书集成初编：2378：朱子文集（6）.北京：商务印书馆，1936.

［13］［唐］白居易.白氏长庆集：七十五卷：庐山草堂记[M].上海：上海古籍出版社，1994.

［14］［唐］贾岛.二南密旨.兴论[M].江苏：广陵古籍刻印社，1994.

［15］［宋］朱熹.衡阳石鼓书院记//四部丛刊初编：181册：朱文公文集卷七十九.

［16］[宋]朱熹撰.四书章句集注[M].北京：中华书局，1983.

［17］[明]计成，陈植注释.园冶[M].北京：中国建筑工业出版社，1988.

［18］[明]万寿堂刊本《明一统志》卷五十六，转引自：李才栋.江西古代书院研究[M].南昌：江西教育出版社，1993.

［19］[明]萧良幹修，张元忭、孙鑛纂，李能成点校.万历《绍兴府志》点校本：卷十八：学校志[M].宁波：宁波出版社，2012.

［20］[清]曹秉仁修，万经等纂，雍正撰.宁波府志：卷九[M].清雍正十一年修，乾隆六年补刊本.

［21］[清]戴均衡.桐乡书院志：卷六：书院杂议·藏书籍[M].清刊本.

［22］[清]昆冈，李鸿章修.钦定大清会典事例：卷三九五：礼部·学校·各省书院[M].光绪二十五年八月石印本.

［23］[清]苏舆撰，钟哲点校.春秋繁露义证[M].北京：中华书局，2002.

［24］[清]素尔讷纂修，霍有明，郭海文校注.钦定学政全书校注：卷六十四：义学事例[M].武汉：武汉大学出版社，2009.

［25］[清]王先谦撰，沈啸寰、王兴贤点校.荀子集解[M].北京：中华书局，1988.

［26］[清]赵宁、[明]吴道行修纂，邓洪波、谢丰校点.岳麓书院志[M].湖南：岳麓书社，2012.

［27］[清]朱彬撰，沈文倬、水渭松校注.礼记训纂[M].杭州：浙江大学出版社，1996.

［28］毕宝魁著，赵敏俐总主编.细读孟子[M].北京：研究出版社，2017.

［29］陈戊国点校.四书五经·上[M].长沙：岳麓书社，2014.

［30］邓洪波，谢丰校点.岳麓书院志[M].长沙：岳麓书社，2012.

［31］胡骄平主编.国学语录300条[M].北京：国防工业出版社，2014.

［32］黄仁生，罗建伦.唐宋人寓湘诗文集(二)[M].长沙：岳麓书社，2013.

［33］李修生.全元文(60册)[M].南京：江苏古籍出版社，1999.

［34］孙立权主编.论语注译[M].长春：吉林文史出版社，2011.

［35］谭锡永主编，屈大成导读.大般涅槃经导读[M].北京：中国书店，2007.

［36］王涵.中国历代书院学记[M].北京：商务印书馆，2017.

［37］王涵.中国历代书院学记[M].北京：首都师范大学出版社，2010.

［38］王瑞成，程云骥.中国地方志集成 浙江府县志辑[M].上海：上海书店出版社，2011.

［39］杨伯峻、杨逢彬注译，杨柳岸导读.古典名著普及读物 论语[M].长沙：岳麓

书社，2019.

［40］张载.张子语录·后录下：张载集[M].北京：中华书局，1985.

［41］赵所生，薛正兴.中国历代书院志：第13册[M].南京：江苏教育出版社，
　　　　1995.

［42］赵所生，薛正兴.中国历代书院志：第8册[M].南京：江苏教育出版社，
　　　　1995.

［43］周振甫主编.唐诗宋词元曲全集 全唐诗 第6册[M].合肥：黄山书社，1999.

［44］朱彬.礼记训纂[M].杭州：浙江大学出版社，2010.

［45］朱熹.朱熹集：卷二十[M].成都：四川教育出版社，1996.

2.国内著述

［46］《亲历者》编辑部编著.火车畅游，从北京出发[M].北京：中国铁道出版社，
　　　　2014.

［47］白新良.中国古代书院发展史[M].天津：天津大学出版社，1995.

［48］陈顺增.土地管理知识辞典[M].北京：中国经济出版社，1991.

［49］陈炎.多维视野中的儒家文化[M].北京：中国人民大学出版社，1997.

［50］邓洪波.中国书院诗词[M].长沙：湖南大学出版社，2002.

［51］邓洪波.中国书院史[M].武汉：武汉大学出版社，2011.

［52］丁钢，刘琪.书院与中国文化[M].上海：上海教育出版社，1992.

［53］恩格斯.自然辩证法[M]//马克思恩格斯选集：第4卷.北京：人民出版社，
　　　　1995.

［54］高鸿缙.中国字例[M].台北：广文书局，1960.

［55］高立人.白鹭洲书院志[M].南昌：江西人民出版社，2008.

［56］葛兆光.中国思想史：第二卷：七世纪至十九世纪中国的知识、思想与信仰
　　　　[M].上海：复旦大学出版社，2011.

［57］古风著.中国美学范畴丛书 意境探微[M].南昌：百花洲文艺出版社，2017.

［58］郭建衡，郭幸君.石鼓书院[M].长沙：湖南人民出版社，2003.

［59］郭晋平.景观生态学[M].北京：中国林业出版社，2016.

［60］杭间.手艺的思想（修订版）[M].桂林：广西师范大学出版社，2015.

［61］何忠礼.黄震全集[M].杭州：浙江大学出版社，2013.

［62］胡家祥.审美学[M].北京：北京大学出版社，2000.

［63］黄玉顺著.易经古歌考释[M].成都：巴蜀书社，1995.

［64］慧缘，军云编著.风水学现学现用[M].重庆：重庆出版社，2007.

［65］江牧.设计的逻辑[M].北京：中国建筑工业出版社，2019.

［66］孔祥林.世界孔子庙研究[M].北京：中央编译出版社，2011.

［67］李昂.读书方法探寻[M].北京：长征出版社.1983.

［68］李国钧.中国书院史[M].长沙：湖南教育出版社，1994.

［69］李天道.中国古代人生美学[M].北京：中国社会科学出版社，2008.

［70］李允鉌.华夏意匠：中国古典建筑设计原理分析[M].天津：天津大学出版社，2005.

［71］梁崇科，刘志选.中外教育发展史[M].陕西：西安地图出版社，2003.

［72］刘滨谊.风景景观工程体系化[M].北京：中国建筑工业出版社，1990.

［73］刘沛林.风水：中国人的环境观[M].上海：三联书店，1995.

［74］刘彤彤.中国古典园林的儒学基因[M].天津：天津大学出版社，2015.

［75］刘悦笛，赵强.无边风月 中国古典生活美学[M].成都：四川人民出版社，2015.

［76］柳肃.古建筑设计理论与方法[M].北京：中国建筑工业出版社，2011.

［77］卢济威，王海松.山地建筑设计[M].北京：中国建筑工业出版社，2001.

［78］卢政.中国古典美学的生态智慧研究[M].北京：人民出版社，2016.

［79］陆永耕编著.大学生心理辅导与案例分析 理工类[M].北京：北京航空航天大学出版社，2018.

［80］马锦义.公园规划设计[M].北京：中国农业大学出版社，2018.

［81］孟彤.中国传统建筑中的时间观念研究[M].北京：中国建筑工业出版社，2008.

［82］潘朝阳.儒家的环境空间思想与实践[M].台北市：台湾大学出版中心，2011.

［83］彭一刚.建筑空间组合论[M].北京：中国建筑工业出版社，1998.

［84］彭一纲.中国古典园林分析[M].北京：中国建筑工业出版社，2013.

［85］乔清举.儒家生态思想通论[M].北京：北京大学出版社，2013.

［86］睡虎地秦墓竹简整理小组.睡虎地秦墓竹简[M].北京：文物出版社，1978.

［87］孙鹏昆.中国画"天人合一"思想研究[M].哈尔滨：哈尔滨工业大学出版社，2012.

［88］邬建国.景观生态学：格局、过程、尺度与等级[M].北京：高等教育出版社，2000

［89］吴良镛.人居环境科学导论[M].北京：中国建筑工业出版社，2001.

［90］吴企明.蓻溪诗学丛稿续编[M].苏州：苏州大学出版社.2012.

［91］颜炼军著.象征的漂移 汉语新诗的诗意变形记[M].桂林：广西师范大学出版社，2015.

［92］杨布生，彭定国.中国书院与传统文化[M].长沙：湖南教育出版社，1992.

［93］杨宽.杨宽著作集西周史（下）[M].上海：上海人民出版社，2016.

［94］杨慎初.中国书院文化与建筑[M].武汉：湖北教育出版社，2002.

［95］余新晓，牛健植等.景观生态学[M].北京：高等教育出版社，2006.

［96］喻本伐，熊贤君.中国教育发展史[M].武汉：华中师范大学出版社，2011.

［97］郑新奇，付梅臣等.景观格局空间分析技术及其应用[M].北京：科学出版社，2010.

［98］周武忠主编.设计学研究：20位教授论设计[M].上海：上海交通大学出版社，2015.

［99］朱良志.中国美学十五讲[M].北京：北京大学出版社，2006.

［100］宗白华.艺境[M].北京：北京大学出版社，2003.

［101］宗白华著.美学散步[M].上海：上海人民出版社，1981.

［102］张伯行.正谊堂文集附续集[M].北京：中华书局，1985.

［103］[美]艾兰.水之道与德之端：中国早期哲学思想的本喻[M].北京：商务印书馆，2010.

3.译著

［104］（比）伊·普里高津，(法)伊·斯唐热.从混沌到有序：人与自然的新对话[M].曾庆宏，沈小峰译.上海：译文出版社，1987.

［105］（法）梅洛·庞蒂.知觉现象学[M].姜志辉译.北京：商务印书馆，2001.

［106］（美）奥尔多·利奥波德.沙乡年鉴[M].侯文惠译.长春：吉林人民出版社，1997.

［107］（美）段义孚.空间与地方：经验的视角[M].王志标译.北京：中国人民大学出版社，2017.

［108］（挪）诺伯舒兹.场所精神 迈向建筑现象学.武汉：华中科技大学出版社，2010.

［109］（意）阿尔多·罗西.城市建筑学[M].黄士钧译.北京：中国建筑工业出版社，2006.

［110］（英）Russell.中国问题[M].秦悦译.上海：学林出版社，1996.

二、期刊

［111］曹春平.明堂初探[J].东南文化，1994.

［112］常俊丽，张鑫磊.中国古代大学校园景观研究[J].安徽农业科学，2013.

［113］陈国谦.关于环境问题的哲学思考[J].哲学研究，1994.

［114］陈思思.白鹭洲书院的环境布局与其人才培养目标[J].课外语文，2016.

［115］陈义军.儒家生态伦理思想初探[J].济源职业技术学院学报，2009.

［116］邓绍秋.禅宗美学思想的生态智慧[J].美与时代，2010.

［117］丁宏伟.中国古代的祠堂建筑[J].文史知识，1987.

［118］洪永稳.论朱熹"圣贤气象"的美学意义[J].兰州学刊，2016.

［119］胡杨.岳麓山下 橘子洲头[J].丝绸之路，2010.

［120］黄晓.中国园林：归去来——返回家园之路[J].中国国家旅游，2018.

［121］焦国成.儒家爱物观念与当代生态伦理[J].中国青年政治学院学报，1996.

［122］金程宏，王欣，乐振华.风水对传统村镇空间营造的影响[J].北方园艺，2011.

［123］金银珍."吾道不孤"：记福建建阳考亭书院与考亭村[J].吉林工程技术师范学院学报，2011.

［124］卢朝升.朱熹与独峰书院[J].新阅读，2019.

［125］卢山.书院建筑的文化意向浅论[J].中外建筑，2002.

［126］蒙小英，伍祯，邹裕波.林景观的教化作用与启示[J].北京交通大学学报：社会科学版，2016.

［127］孟庆诚，周欣萌.延续与复兴：锦溪镇祝家甸古砖窑文化馆景观设计[J].城乡建设，2018.

［128］欧婧.符号六因素阐释下的孔子"兴、观、群、怨"说[J].楚雄师范学院学报，2019.

［129］乔清举.论儒家自然哲学的"通"的思想及其生态意义[J].社会科学，2012.

［130］秦彦士.汉代太学的考证与批判[J].四川师范大学学报，1997.

［131］沈旸，宝璐.明代庙学建制的"变"与"不变"：兼及国家权威的呈现方式[J].建筑学报，2018.

［132］孙海林.张栻与城南书院研究[J].湖南第一师范学报，2005.

［133］汤一介.儒家的"天人合一"观与当今的"生态问题"[J].国际儒学研究，2005.

［134］万书元.简论书院建筑的艺术风格[J].南京理工大学学报：社会科学版，2004.

［135］王贵祥."大壮"与"适形"：中国古代建筑思想探微[J].美术大观，2015.

［136］王澍.剖面的视野[J].建筑学报，2010.

［137］王硕.《儒林外史》与文昌文化[J].大众文艺，2011.

［138］王仰麟，赵一斌，韩荡.景观生态系统的空间结构：概念、指标与案例[J].Advance in Earth Sciences，1999.

［139］王正平."天人调谐"：中国传统的生态伦理智慧[J].自然辩证法研究，1995.

［140］魏妍妍."法天象地"艺术设计哲学的历史嬗变与理论研究[J].东北师大学报(哲学)，2016.

［141］吴欣，牛牧箐.园林为文化的记忆"岳麓"书院八景[J].风景园林，2010.

［142］肖祖飞等.江西白鹭洲书院植物配置研究[J].江西科学，2010.

［143］熊震，李昱.白鹿洞书院复兴与书院文化传播的主要因素分析[J].河南广播电视大学学报，2018.

［144］徐波.以"水喻"之解读看儒家性善论的多种面向[J].学术月刊，2017.

［145］薛勇民，党盛文.从"仁民爱物"到"民胞物与"：儒家仁爱思想的生态伦理意蕴[J].晋阳学刊，2018.

［146］杨明园.顺时、有度、和谐：儒家自然生态观对当代生态文明建设的启示意义[J].枣庄学院学报，2008.

［147］袁名泽，詹石窗.儒家思想符号化及其社会功能[J].中华文化论坛，2012.

［148］张凤.图像文字名读例[J].说文月刊，1939.

［149］张永刚.先秦儒家生态伦理情怀的现实观照[J].洛阳理工学院学报：社会科学版，2008.

［150］赵媛，方浩范.儒家生态伦理思想及其现代启示[J].前沿，2008.

［151］郑洪波.宋代书院的开拓与进取：中国青年报，2017.

［152］钟旭东.白鹿洞书院建筑环境浅析[J].山西建筑，2011.

［153］周华锋，傅伯杰.景观生态结构与生物多样性保护[J].地理科学，1998.

［154］朱汉民.南宋书院的学祠与学统[J].湖南大学学报：社会科学版，2015.

三、论文

［155］桑子敏雄.朱熹的环境关联性哲学 [A]//Mary EvelynTucker，John Berthrong，安乐哲.儒学与生态.彭国翔，张容南译.南京：江苏教育出版社，2008.

［156］乔清举.泽及草木、恩至水土：儒家生态文化对于自然的保护[C]//国际儒

学论坛，2010.

［157］陈植.造园词义的阐述[C].建筑历史与理论，1981.

［158］白小羽.传统山地园林景观秩序探析[D].重庆大学，2003

［159］何丽波.湖南湘江流域传统书院环境景观研究[D].湖南农业大学，2014.

［160］刘华荣.化思想研究[D].兰州大学，2014.

［161］刘万里.大学校园空间的文化性研究[D].哈尔滨工业大学，2009.

［162］罗明.湖南清代文教建筑研究[D].湖南大学，2014.

［163］童淑媛.时空融合观念下的中国传统建筑现象与特征研究[D].重庆大学，
2012.

［164］熊华希.书院空间模式在现代大学校园公共空间中的重现[D].厦门大学，
2014.

［165］胥璟.岭南明清建筑"陈氏书院"装饰艺术初探[D].西南交通大学，2009.

［166］杨欣.山地人居环境传统空间哲学认知[D].重庆大学学位论文，2016.

［167］张倍倍.杭州万松书院植物景观研究[D].浙江农林大学，2011.

［168］张涛.人文空间·自然场所[D].西安建筑科技大学，2010.

《南方传统书院景观与人居环境》一书终于付梓，这是近年来我带领的科研团队在"传统景观与人居环境研究"课题中的阶段性成果。自2017年国家社科基金立项以来，课题组就持续投入到研究工作当中，收集相关资料整理研读，奔赴建筑现场实地考察，几年来为本课题的研究打下了坚实的基础，也为后续课题的研究预备了丰富的资料和知识储备。

我国传统人居环境是一个比较大的课题，涉及建筑学、景观学、生态学、历史地理学、人类学、民俗学、文化学，甚至民族学、宗教学等领域，古人在营造人居环境的过程中综合地运用多种已掌握的知识，其分类与现代人类知识的学科分类大相径庭，许多与堪舆术、风水理论杂糅在一起，其内容有专书的很少，常散布于类书、地方志、笔记野史、诗词口诀等各种古籍之中，参差隐晦，需要仔细释读甄别。在当今地球气候环境巨变的时期，研究传统人居环境的意义更显其价值。我国先人自上古三易始，就对人与自然、环境的关系有所总结，并且形成系统性的理论，这些理论几千年来一直指导我国传统人居环境的营造，在不同的地域也形成了不同的和谐共生的方式。就书院而言，其与文庙、孔庙一道较集中地体现了儒家关于人与自然和谐共生的思想，反映了儒家思想中对人与外在关系的指导观念，对书院较为集中的我国南方地区的相关研究就显得十分必要。

在本课题的研究过程中，主要参与者有我的研究生倪文吉、周艺与朱永日，其中倪文吉参与了一到五章的资料收集整理和部分撰写工作，周艺参与了六到八章的资料收集整理和部分撰写工作，朱永日参与了部分的统稿工作。相关的研究工作也构成他们研究生阶段学习的主要研究内容，一些内容充实了他们的学位毕业论文，打开了他们的研究视野；另一方面，他们在相关领域的阅读、调研与思考也促进了课题的研究，对课题的展开亦有所裨益。在明确了研究方向和研究框架之后，科研团队成员每周召开一次课题

会，相互的交流与探讨很有效率和成果，也与课堂教学形成互补。这样一种培养研究生的方式是我一直就主张的，不仅是我在交流中指导研究生，当场解决问题，指出研究方向，同时也在这样的沟通中启发研究生的思维，交流学术思想。本书的主要学术观点亦形成于这样多次的交流之中。

本书的研究受到了国家社科基金艺术学项目和江苏高校优势学科建设工程资助项目的资助，使得研究得以按照预期目标准时完成，在此特致谢意！

江　牧

壬寅年桂月于姑苏独墅湖畔

南方传统书院景观与人居环境